Für unseren geliebten Sohn Oscar Julius Heinrich Ferdinand – denn
Herkunft lässt sich nicht abschaffen!

DÉSIRÉE NICK

Fürstliche Leibspeisen

Gerichte mit Geschichte

Signé LINGEN

DÉSIRÉE NICK

Fürstliche Leibspeisen

Gerichte mit Geschichte

Signé LINGEN

Inhalt

Pomp, Duck und besondere Umstände: In fürstlichem Ambiente geht die tägliche Hausarbeit einfach leichter von der Hand …

Zum Reisen gehört Geduld,
Mut, guter Humor, und dass
man sich durch Schwierigkeiten,
böses Wetter und schlechte Kost
nicht niederschlagen lasse!

Adolph Freiherr von Knigge

Vorwort

Tempora mutantur – die Zeiten ändern sich

Den Wunsch, ein Kochbuch zu schreiben, hegte ich in vielerlei Hinsicht schon seit langer Zeit. Und mein tollkühnes Konzept, bei einem Stand nach Rezepten zu forschen, dem Privatheit der größte Luxus ist, erwies sich als grandios. Die Suche nach den „fürstlichen Leibspeisen" führte mich nämlich in Häuser, von denen die Vorstellungen in unserer Gesellschaft eher diffus und die Vorurteile zahlreich sind. Welch kolossale Baustelle!

Es ist für mich als unbefangene Beobachterin der Aristokratie einfach beeindruckend, wie auch beim Tafeln der Geist der Geschichte lebendig werden kann. Und an Historie kommt man bei dieser hauswirtschaftlichen Exkursion nicht vorbei: Ist doch der Adel in Deutschland seit dem Jahre 1918 offiziell abgeschafft. Mit Wirkung der Weimarer Verfassung wurden vor bald 100 Jahren jegliche Standesvorrechte und Privilegien durch Geburt aufgehoben und Adelsprädikate gelten seitdem nur noch als Namensbestandteile. Das Ende des Ersten Weltkriegs brachte für den Adel epochale Veränderungen und seinen standesrechtlichen Untergang mit sich. Nun, für etwas, das es eigentlich gar nicht mehr gibt, befindet sich die Aristokratie in erstaunlich guter Verfassung. Geschätzte 100.000 Adlige, reiche und arme, gibt es in Deutschland. Viele der alten Dynastien retteten Vermögen, Grundbesitz, Schlösser, Wald und den Lebensstil über zwei Weltkriege und den Faschismus – gegen den sich der Adel nicht resistenter erwies als andere Milieus.

Es galt für die Abkömmlinge der ehemals herrschenden Klasse, sich im 20. Jahrhundert in der aus der Historie hervorgegangenen Rolle neu in unsere stetig wandelnden Gesellschaftssysteme hineinzuprojizieren. Nach wie vor bezieht die Aristokratie ihr Selbstverständnis aus den Errungenschaften der Vorfahren – und wären jene Urahnen keine starken Charaktere gewesen, dann könnte die heutige Generation sich nicht an den Privilegien eines großen Erbes erfreuen. Egal welchen kulturhistorischen Umbrüchen die alten Dynastien auch ausgesetzt waren: Hunger hatten sie genauso wie der Bürger und der Bauer! Diese Schnittstelle bringt uns letztlich alle auf einen gemeinsamen Nenner: Lieben wir es doch, uns an der ganz persönlichen Leibspeise zu laben. Und dieses lukullische Brevier präsentiert Leibspeisen vom Feinsten in Fülle!

Wie also kam es zu diesem Leckerbissen von kulturhistorischer Rezeptsammlung? Auch hier war Geschichte der Anlass für die eigentlichen Gerichte. Denn *eine* Sphäre dominieren die Träger klangvoller Namen ungetrübt nach wie vor: die Fantasie der Nichtadligen.

Im begehbaren Kamin auf Schloss Fröhstockheim prasselt das Feuer unverändert seit dem 14. Jahrhundert in der alten „Hexenküche"!

Auch mit jahrhundertealten Gerätschaften gelingen modernste Rezepte perfekt!

Und es ist nicht zuletzt der Regenbogenpresse zu verdanken, dass die Aura prunkvoller Standesherrlichkeit weiterhin ihre Magie entfaltet. Jede Woche berauschen sich Millionen Frauen an den Berichterstattungen der Medien über Liebe und Leid, Glanz und Gloria an den Höfen von Königin Silvia, den Kronprinzessinnen Máxima, Letizia, Mette-Marit, Mary und Catherine, als den zukünftigen Königinnen der regierenden europäischen Monarchien – allesamt bürgerlicher Herkunft. Die Könige von morgen haben ausnahmslos eine Blutauffrischung vorgenommen und sich eindeutig gegen standesgemäße Bräute entschieden. Auch ein Meilenstein in der Geschichte! Begleitet von sorgfältigen Hofdepeschen, welche die Speisenfolge offizieller Festivitäten der ganzen Welt verkünden. Welches Schaumsüppchen wurde gereicht? Was ist der neueste lukullische Trend gekrönter Häupter?

Derweil blüht ein wilder Handel mit Titeln und adligen Namen, ein legales Metier, das seit den 70er-Jahren des vergangenen Jahrhunderts zum lukrativen Geschäft wurde und mit Unterstützung durch Adoptionsgesetze und Namensrecht dazu führte, dass unsere Welt voll mit Aristokraten ist, die keinen einzigen Tropfen „blauen Blutes" haben und deren genetische Abstammung grundsolide bürgerlich ist. Obacht ist geboten, denn ein steigender Prozentsatz der Bevölkerung schmückt sich mit fremden Federn und spekuliert auf Privilegien hinsichtlich gesellschaftlicher Aufmerksamkeit – welche ihm die bunte Journaille bei Namenswechsel selbstredend gewährt. Fälschlicherweise assoziiert die Öffentlichkeit durch die Vermarktung der Adligen Glamour, Strass, Krönchen, falsche Orden, Operettenkostüme, neureiche Schlossbesitzer und neuerdings auch noch online bestellte Familienwappen en gros. Aristokraten werden in den Medien besetzt wie Hollywooddarsteller, und dann interessiert es den Leser wenig, ob sie nun gekauft, adoptiert, längst ausgestorben oder reine Fantasiefiguren sind.

Aber wie leben sie denn nun eigentlich wirklich, die „echten" Adligen? Und vor allem: Wie speisen sie? Kochen sie selbst? Schälen und schnippeln sie wirklich? Spült die Herzogin oder Fürstin hernach gar ab? Welch klaffende Lücke sich da in unserem Kommunikationszeitalter doch auftut! Das genealogische Handbuch des Adels – der Gotha – gibt zwar die Herkunft preis, offenbart aber nicht, mit welchem Selbstverständnis sich die Nachkommen alter Familien in unserer Gesellschaft darstellen und wie sie ihren Alltag gestalten – oder zelebrieren. So wird leider nirgends bewahrt, wie sich die individuellen Lebensmodelle der Aristokratie entfalten und vor allem, was das ganz persönliche Flair der Hausfrau ausmacht. Eine realistische Dokumentation des Hochadels mittels eines Kochbuches aufzuschlüsseln, liefert einen Rahmen, der es erlaubt, sehr persönlich, nah und direkt den Protagonisten zu begegnen. So wurde meine Rezeptsammlung zur historischen Chronik, zum lukullischen Gotha: Gerichte mit Geschichte eben!

Eine immense Chance, mit diesem illustren Almanach festzuhalten, wie es um das leibliche Wohl hinter alten Schlossmauern heute bestellt ist. Was wurde kulinarisch überliefert und bewahrt, und was wird weitergegeben?

Denn die Epoche, in der sich Macht und Privilegien des Adelsstandes von selbst ergaben und den Nachkommen in die Wiege gelegt wurden, ist untergegangen. Wer sonst, wenn nicht Madame La Nick, könnte prädestinierter sein, diese umfangreiche Recherche zu übernehmen und mit Fingerspitzengefühl Rezepte, Rituale und Ragouts zu sezieren?

Nur allzu schlichte Gemüter werden jetzt vermuten, ich hätte jemals die Nähe Adliger gesucht – umgekehrt, mit Verlaub, nachweislich umgekehrt! Ja, auch Bürgerliche können Adligen ähneln! Eine Erfahrung, die offenbar auch Prinz William, Prinz Frederik, Prinz Willem-Alexander, Prinz Haakon und Prinz Felipe machten, was diese Thronfolger veranlasste, mit charakterlicher Aufrichtigkeit der Stimme ihres Herzens zu folgen. Aristokraten haben in unserer Familie schon immer verkehrt und die besten Busenfreundinnen meiner Großmutter waren hochgewachsene, schmallippige Gräfinnen aus Schlesien. Oder meine Patentante Dagny zum Beispiel, einst Hofdame am dänischen Königshaus, der Dynastie, die mit ihrem Wirken seit 1000 Jahren die älteste Monarchie Europas stellt, plauderte nur zu gern aus dem Nähkästchen, wenn sie bei uns daheim im violetten Seidenkleid auf dem Biedermeiersofa saß und meiner feinfühligen Großmutter die Lieblingsrezepte der Königin anvertraute … Schicksalsgebeutelte Gäste haben sich bei uns immer wohlgefühlt, selbstgemachte Petit Fours genossen und Mocca aus Sammeltassen getrunken – ein Mysterium!

Das Louis Seize-Ensemble lädt nicht zum Lümmeln ein – auf Schloss Artstetten gemahnt schon das Mobiliar zu kerzengerader Haltung

Schicksalsgebeutelte Gäste haben sich bei uns immer wohlgefühlt…

Eine alte Familie, die so viel durchgemacht hat wie die jahrhundertealten Dynastien, bringt außergewöhnliche und sehr spezielle Charaktere hervor. Und speziell war meine Kinderstube auch. Nur mit anderen Akzenten. Es verkehrten bei uns Millionäre, Philosophen, türkische Putzfrauen, die örtliche Marktfrau, Kneipiers und die Lottofee von der Ecke. Meine Familie hat alle exakt gleich behandelt. Das größte Geschenk, das mir mitgegeben wurde, war, zu erleben, dass es ein Privileg ist, nicht dem allgemeinen Schnittmuster oder Standard zu entsprechen. Aus dem Rahmen zu fallen und anders zu sein, ist ein Geschenk, das man mit offenen Armen annehmen sollte.

Als Schulmädchen trug ich die Haare zu „Schnecken“ oder „Affenschaukeln“ geflochten, liebte Pepitakleider, Schottenröcke und Dirndl, musste nur einmal quer über den Marktplatz vor meiner Nonnenschule in Kreuzberg gehen und schon sprach mich irgendeine Baroness an, und wenig später spazierten wir gemeinsam zur Currywurstbude. Ich ging nämlich zu den Franziskanern auf eine Mädchenschule am Nollendorfplatz, und dort brachte man den in Berlin in der Diaspora gestrandeten katholischen Adel unter. Nach der Schule schlenderten wir über den Polenmarkt und testeten Döner oder Rostbratwürste. Das, was heute in Berlin als der letzte Schrei gilt, ist ganz einfach das Klima, in dem ich groß wurde, meine Lieben! Und offenbar ist die Herkunft meiner eigenen Familie exzentrisch und speziell genug, um mir Randgruppen-Appeal zu verleihen. Und so fühlte ich mich von Hause aus bei jenen wohl, die auf Großes zurückzublicken, die mit Disziplin klaglos ihre Aufgaben zu meistern und mit Idealismus harte Arbeit zu verrichten hatten. So etwas verbindet. Mit der Kaltmamsell ebenso wie mit der Gräfin, die ihre neun Kinder allein großzieht. Man bewältigt die Herausforderungen des Lebens eben nicht, ohne zu träumen, zu riskieren, zu wachsen und sich zu verändern, sich anzupassen und sich stetig neu zu bewähren – und zwischendurch immer wieder auf seine ganz persönliche Leibspeise zurückzugreifen. Wohl dem, der sie hat! Wenn das Leben sich von der rauen Seite zeigt, sollte man sich wenigstens eine ordentliche Hühnersuppe machen können! Oder zumindest einige der hier zusammengetragenen Köstlichkeiten, welche Kammerjungfer ebenso wie Fürstin durchs Leben begleitet, getröstet und wieder aufgepäppelt haben.

Auf Schloss Halbturn kam es zum Rollentausch: Hier hat die Autorin auf den Auslöser gedrückt und der Fotograf verkostete den Wein des Grafen zu Königsegg-Aulendorf.

Schon damals in meiner Berliner Mauerkindheit witterte ich, dass die Wirklichkeit sich kolossal von dem unterscheidet, was uns in Schmonzetten als adliger Lebensstil suggeriert wird. Und vor allem blieb mir nicht verborgen, was es bedeutet, wenn das Schloss, der Forst, die Jagd, wenn Bildung und Unabhängigkeit als Kapital verloren gehen. Denn mit dem blitzenden Auge, dem scharfen Scheitel, dem schneidigen Gang und dem Grübchen allein, lässt sich aristokratischer Lebensstil nicht aufrecht erhalten. Eher durch geflissentliche hauswirtschaftliche Planung, eine exzellente Ausbildung und eine wirtschaftlich solide Basis. Jene, die Verantwortung für den Erhalt historischer Besitztümer tragen, sonnen sich nämlich selten im Abglanz sagenhafter Zeiten. Der Umgang mit einem jahrhundertealten Erbe bestimmt und vereint die alten Dynastien. Die Lebensführung von Familien mit langer Tradition zeichnet sich auch durch die Hartnäckigkeit aus, mit der irdische Herausforderungen überwunden werden. Und 300 Gäste zu bewirten, ist wahrlich eine gigantische Aufgabe, für die eine Schlossherrin die ein oder andere erprobte Leibspeise in petto haben sollte.

Wie also kochen heute Herrschaften, die traditionell mit Hausmamsell, Küchenpersonal und professionellen Köchen, riesigen Schlossküchen und Weinkellern seit jeher Unmengen von Gästen auf Familienfeiern, Taufen, Beerdigungen, Hochzeiten und Gesellschaften kulinarisch zu verwöhnen hatten? Vor diesem Hintergrund wird sofort klar, dass eine solche Küche – ebenso wie die meine – eine praktische zu sein hat. Wenn 30 Leute überraschend als engste Verwandtschaft zum Mittagessen kommen, kann man sich nicht groß mit Deko aufhalten. Unter den Bedingungen einer Großfamilie werden auch nicht Tellergerichte serviert, sondern Platten, Terrinen und Schüsseln am Tisch herumgereicht. Eine wunderbar rustikale Schnittstelle sind gleichfalls die bäuerlichen Gepflogenheiten, den Suppentopf oder die Pfanne auf den Tisch zu stellen. Es kann so zünftig sein, wenn es schlicht zugeht. Meine schönsten Essen waren nicht selten die unkompliziertesten. Denn eine perfekte Gastgeberin beherrscht das i-Tüpfelchen der Perfektion, nämlich die ganze Angelegenheit mühelos wirken zu lassen. Niemand will das Gefühl haben, als Gast für den Nervenzusammenbruch der Köchin verantwortlich zu sein.

Der Verköstigung und der kultivierten Gastlichkeit fiel seit jeher bei Hofe eine immense Bedeutung zu. Erinnerung, Vergangenheit, Geschichte, Schicksal, Tradition, Rollenmodelle, Werte, historische Wurzeln, Anekdoten in die Gegenwart zu transportieren und auf diesem Fundament modernen Alltag mit Haushalt, Karriere und Kindern zu bewältigen, das sind die perfekten Ingredienzen für ein Koch-, Plausch-, Tratsch-, Klatsch-, Geschichts- und Frauenbuch zugleich! Und wahrlich, ich stieß auf viel mehr als ich erwartet hatte: Wir bilden hier und da sogar tatkräftige Mannsbilder ab, die sowohl Bankbilanzen erstellen und Börsenkurse verwalten, als auch den Traktor bedienen und die Ernte einfahren können, und sich sogar noch auf die Schnelle als Küchenfee profilieren. Und wenn Männer schon kochen, dann nehmen sie es ganz genau und werden Meister der Präzision und Perfektion.

Mit Ende der k.u.k.-Monarchie ging es auf Burg Clam in Österreich erst richtig höfisch zu, denn als Stammsitz der Familie war der gräfliche Haushalt stets für Besucher aus höchsten Kreisen gewappnet.

Flirtet da wer mit mir? Was meinen Sie? Ich jedenfalls, ich flirte mit der Torte …

Zwischen Burgen, Schlössern und Herrenhäusern, Palais, Schlossgärten und Parkanlagen traf ich auf die ungewöhnlichsten Charaktere – quasi die Rezeptbewahrer – mit ihren individuellen Schicksalen und Herausforderungen. Die große Freundlichkeit, Offenheit und Bereitschaft, mir und meinem Kollegen und Mitstreiter, dem Fotografen Karl Graf zu Castell-Rüdenhausen, Tür, Tor, Tiefkühler und Topfdeckel zu öffnen, mich stöbern zu lassen und generell Einblicke in Speisekammern und Schatzkisten zu gestatten, hat mich überrascht. Ich habe mit so viel Offenheit und Kommunikationsfreude ehrlich gesagt nicht gerechnet, hätte mehr Reserviertheit erwartet und habe dankbar aufgegriffen, mit welcher Großzügigkeit und Vorbehaltlosigkeit man mich mit offenen Armen aufnahm. Ich meine, ich hätte ja sonst was schreiben können, aber der Vertrauensvorschuss dieser unbefangenen, interessanten, gut ausgebildeten, patenten, fantasievollen und immer hilfsbereiten Protagonisten stimmte mich direkt milde. Adelsdünkel oder Arroganz, Ignoranz, Allüren oder Skepsis bin ich nie begegnet. Auch hier erwartete mich das Gegenteil: Bereitwillig waren die Gastgeber zu Experimenten bereit, machten aus einem kleinen Snack ein Gelage bis zum nächsten Morgen und wollten mich oftmals gar nicht wieder gehen lassen. Alte Freundschaften mündeten in neue Kontakte und aus gemeinsamen Bekanntschaften ergaben sich neue Einladungen innerhalb der Verwandtschaft.

Ich habe definitiv am Ende meiner Leibspeisenrecherche mehr gewogen, als zu Beginn der lukullischen Expedition!

Ein Kochbuch muss im Zeitalter der 3000 Kartoffelsalatrezepte im Internet schließlich mehr sein als eine handwerkliche Gebrauchsanleitung für kulinarisches Grundwissen. Lifestylebücher und vor allem *coffee table books* sind seit 30 Jahren mein Hobby – undenkbar wäre für mich eine Küche ohne ein großes Regal, in dem sich vom Klassiker bis zum Trendkochbuch nicht die Nachschlagewerke als Inspiration stapeln. Auch wenn ich das meiste vielleicht nie essen werde, dann will ich es wenigstens genauestens betrachtet haben. Sogar wenn ich auf Diät bin, helfen mir meine Kochbücher! Man wird sich einen mörderischen Schokoladenkuchen wie „Devils NY Choc Cake" ja wenigstens noch ansehen dürfen, wenn man schon darauf verzichten muss! Aber wie kann man bloß alle kulinarischen Anstöße umsetzen, wenn Alltagsstress und unregelmäßige Lebensführung es kaum zulassen, hausfrauliche Vorsätze einzuhalten? Für mich als alleinerziehende, freiberufliche Künstlerin kann es nur eine Küche geben: die praktische! Vom Einfachen das Beste!

Tausende erprobter Rezepte mögen köstlich munden – doch es kann nur eine Leibspeise geben!

Simpel muss es sein und traditionell. Unkompliziert und bloß nicht mit Spezialgewürzen oder Zutaten, deren Beschaffung ein Halbtagsjob wird. Ginsengwurzeln, seltene Beilagen und vor allem schnell verderbliche Zutaten führen bei mir ein einsames Dasein. Als Verfechterin schlichter Hausmannskost und als Liebhaberin klassischer Rezepte zaubere ich persönlich aus bescheidenen Zutaten gern unerwartet Spektakuläres. Ja, auch ich habe Geheimrezepte – und sie sind schlicht. So setze ich auf optimale Planung und Vorräte, die es ersparen, ständig einkaufen zu müssen. Mit Kartoffeln, Äpfeln, Nüssen, Mehl, Grieß, Nudeln, Fleischtomaten in der Dose, schockgefrostetem Gemüse, Eiern, Milch, Sahne, Parmesan, Kräutern, getrockneten Pilzen, Reis, Zitrusfrüchten, Schokolade, TK-Erd- und Himbeeren, Zucker, Salz und Pfeffer kann man wahrlich zur Zauberin und Küchenfee werden. Man muss nur kochen können … und den alten Leibgerichten vertrauen.

Gerade vom Lebensstil verwöhnte Gäste, die von Berufs wegen exklusiv zu speisen pflegen, lassen sich von „Skateintopf", „Falschem Hasen", „Kaiserschmarrn", Hühnersuppe und „Armen Rittern" schwer beeindrucken. Denn diese Küche, zum Beispiel meine berühmten Buttermilchpancakes mit karamellisierten Früchten, gibt's nur daheim – oder im Schloss! So habe ich schon immer ganz gegen den Trend altmodisch in der historischen Vergangenheit gekocht. Und es genossen, mit meiner Spezial-Küche „die einzige" zu sein, die prominente und verwöhnte Gäste mit so etwas hausbackenem wie „Mohr im Hemd" oder „Grießbrei mit Himbeermark", Kartoffelpuffer mit Apfelmus oder Krustenbraten beglückt. Ein Aufschrei ging jüngst durch meine Küche, als ich mit Königsberger Klopsen und Birne Helene aufwartete. Mit Hingabe habe ich auch meinen Sohn mit reanimierter Hausmannskost vergangener Zeiten verwöhnt und mit Rezepten vom Lande wie Kohlroulade, Hühnerfrikassee, Apfelstrudel und dem extra Stich Butter einen Prachtkerl großgezogen. Denn alte Rezepte sind einfach, aber spektakulär!

Meine kulinarische Reise in die Vergangenheit führte mich also nicht nur zu den Wurzeln meiner Kindheit, sondern direkt zu den alten Dynastien: sei es die Esterházytorte, das Filet Wellington, die Welfenspeise, Cumberlandsauce, sei es Fürst-Pückler-Eis oder Reis Trauttmansdorff, immer wieder trafen Gerichte auf Geschichte! Doch wenn ich als Autorin vom Kochen schreibe, dann möchte ich gleichzeitig auch von mir berichten: von meinen persönlichen Vorlieben, meinen Interessen und Neigungen. Dass also mein „fürstlicher Leibspeisenalmanach" auch mich persönlich dem Leser nahe bringt, ist durchaus beabsichtigt. Folgen Sie meiner Einladung auf diese außergewöhnliche Exkursion: Kochbuch mit Mehrwert ist die Devise – und natürlich wird auch an familiären Anekdoten nicht gespart … Es plaudert sich halt so schön am Küchentisch!

Aus den hauswirtschaftlichen Schatzkammern des Hochadels akribisch gehütete Leibspeisen zutage zu fördern, wurde mir zur Mission: Rezepte, die bislang im Verborgenen blieben, oftmals nicht einmal niedergeschrieben waren, aber seit Generationen weitergegeben wurden. Und das, ohne jemals im Gotha gewürdigt worden zu sein! Lassen Sie sich auf der Zunge zergehen, was seit Jahrhunderten als lieb gewonne Delikatesse verwöhnte Geschmacksknospen beglücken konnte … Rezepturen, die überliefert worden sind, haben nämlich den Test der Zeit bestanden – sie wurden nur aus einem einzigen Grunde zur Tradition: weil sie funktionieren!

Die Frage, die ich mit diesem Buch en passant beantworten möchte lautet: Wie lässt sich moderne Haushaltsführung mit dem Altehrwürdigen verbinden? Wie interpretieren emanzipierte, moderne Frauen ihre Rolle als Gastgeberin und Hausfrau? Steht dabei die Führung der Hauswirtschaft für die Frauen hinter den Schlossmauern wirklich noch an erster Stelle? Ist es unter Aristokratinnen immer noch üblich, das Lebensmodell der eigenen Eltern zu kopieren, hinter den Männern zurückzustehen und sich an den Biografien der Vorfahren zu orientieren, die ehemals nicht die mobilen Optionen unserer Zeit, die Qualifikationen oder die Absicht hatten, sich im Berufsleben zu profilieren? Und wie definiert sich überhaupt generell die Rolle der Frau in einer zeitgemäßen Adelsfamilie? Fest steht: So vielfältig die Herausforderungen auch sind, so unterschiedlich sind die Lebensmodelle, mit denen sich der Adel heute behauptet. Da gibt es ebenso die Alleinerziehenden und die Patchworkfamilien, wie es Karrierefrauen, Künstlerinnen, Unternehmerinnen, Vagabundinnen, Bohemiens, Anarchistinnen, Ärztinnen, Politikerinnen, Entertainerinnen, Schauspielerinnen, Aussteigerinnen, Tänzerinnen oder Pferdeflüsterinnen gibt. Es ist eine nur zu gern übersehene Tatsache, dass im aristokratischen Milieu die Emanzipation der Frauen nicht erst ein Phänomen des 20. Jahrhunderts ist. Wer sich mit Familiengeschichten des Adels auskennt, trifft seit jeher auf energische Frauencharaktere, die aller Unbill zum Trotz Widrigkeiten und Herausforderungen als Ansporn zur Weiterentwicklung verstanden.

Und so bilden auch die individuellen Frauenschicksale meiner Schlossherrinnen den Rahmen für die originellen Leibspeisen. Jede einzelne Hausfrau beeindruckte mich durch ihre persönliche Note und ihr ganz eigenes Flair. Aufgeschlossen, kooperativ, selbstbewusst, kommunikativ, ehrlich und mit viel Esprit führte das Rezept über die Hintergründe der Leibspeise in der Konversation meist vom Profanen zum Erhabenen. Ja, meine Gastgeberinnen haben mir die größte Ehre und Freude damit beschieden, dass sie ganz sie selbst waren, immer authentisch blieben und statt der glamourösen Abendrobe ihr Alltagsgesicht präsentierten. Nach einem fürstlichen Mahl, nach erheiternden Gesprächen am flackernden Kaminfeuer, nach einem edlen Tropfen und freundschaftlichen Begegnungen mit meinen alten und neuen Freundinnen, Weggefährtinnen und längst überfälligen Bekanntschaften stellten wir regelmäßig gemeinsam fest: die Leibspeisen der Fürstenhäuser entsprechen ganz meiner Kochphilosophie – sind sie doch nicht abgehoben und zeitaufwendig, sondern leicht nachzukochen, schlicht, bodenständig, unkompliziert und originell.

Die Liebe zum Detail allerdings, die Art der Präsentation, die Sorgfalt und der Stil des Anrichtens, das ist wohl der alles entscheidende Unterschied. Selbst die bescheidenste Kriegskost wurde mit Würde zelebriert. Denn fürstlich zu speisen endet nicht bei kulinarischen Genüssen. Das Flair von Haus und Garten der Herrenhäuser und kulturgeschichtlichen Juwelen, die ich besuchen durfte, bilden den Rahmen für die aristokratische Atmosphäre, die wir – natürlich neben der Leibspeise – als geschmackvoll empfinden. Kultiviertes Ambiente, nicht immer Tafelsilber, zur Mahlzeit passendes Geschirr, liebevolle Dekorationen, Kerzenlicht und geschmackvoller Zierrat sollen meiner Leserschaft Inspiration und Anregung zugleich sein, Lust auf Hauswirtschaft zu bekommen.

Hausfrau zu sein, bietet die Möglichkeit, den eigenen Lifestyle generell zu kultivieren, damit wir auch im Rahmen der eigenen Möglichkeiten, bei bescheidenem Butterbrot mit Radieschen sagen dürfen: „Wir haben fürstlich gespeist!“ Denn das sollten wir uns wert sein – auch ohne Barockschloss!

Désirée Nick

Berlin, im September 2012

Rosalie Freifrau von Landsberg-Velen

Leibspeise: Grünkohl mit Pinkel

Schloss Wocklum

Das Leben ist
mehr als nur ein Ponyhof –
es ist ein Polofeld!

Désirée

Eines der ältesten und schönsten Schlösser, die permanent bewohnt sind, soll Auftakt meiner Spritztour sein. Noch ahne ich nicht, dass meine Exkursion geeignet sein würde, den Ursprung des Idioms „das Leben ist kein Ponyhof" zu ergründen. Auf Schloss Wocklum ist das Leben eben doch ein Ponyhof – genaugenommen ist das Anwesen sogar eine Location für internationalen Spitzensport: Dressur, Springen und Polospielen! Und die Welt, in welche so manches kleine Mädchen traumverloren durch Spielsachen wie „Mein kleines Pony", „Prinzessin Sophie", „Wendy" oder „Meine kleine Farm" eintauchen möchte – es gibt sie wirklich und zwar in CINEMASCOPE!

Im 14. Jahrhundert erstmals urkundlich erwähnt, ging Schloss Wocklum als Bauwerk des westfälischen Barock im Jahre 1646 in den Besitz eines alten westfälischen Adelsgeschlechts über. 1746 heiratete dann Anna Theresia von Velen, die Erbtochter der Familie von Velen, Clemens August von Landsberg, was zu der Verbindung der Herren von Landsberg mit dem Geschlecht derer von Velen führte. Somit ging Schloss Velen mit seinem von italienischen Meistern geprägten Interieur in den gemeinsamen Besitz der Familie „von Landsberg-Velen" über. Von außen eher schlicht und reduziert, besticht das Schloss durch eine klare Gliederung von Achse und Fassade.

Dieser Eindruck ändert sich unmittelbar beim Betreten des komplett als trompe l'œil gestalteten, 35 Meter langen Flures. In virtuosen Malereien eröffnen sich dem Auge des Betrachters ungeahnte Perspektiven, und nicht vorhandene Räumlichkeiten entfalten traumhafte Fantasielandschaften. Allegorische Darstellungen und Jagdszenerien verzaubern den Betrachter der üppigen Wand- und Deckenmalereien. Wobei viele der Motive sich auf das zum Besitz gehörende Schloss Velen beziehen. Wer also einst im Schloss weilte, der betrachtete derweil das Nachbarschloss – welch schöner Zeitvertreib! Und die beiden feudalen Treppenaufgänge führen geradewegs nach Arkadien – kurz gesagt, es ist ein Märchen!

Reiterstandbilder en miniature auf spiegelndem Tableau

Über den Wassergraben geht es ins Schloss …

Natürlich schön … und in den besten Jahren!

Natürlich stellt sich während der romantischen Anreise durchs Sauerland, nur eine Stunde vom Ruhrgebiet entfernt, ab Münster eine gewisse klischeebehaftete Erwartungshaltung ein. Einerseits hatte ich schon vorab von den prachtvollen Decken- und Wandmalereien gehört, in denen sich Muschel- und Blütenkränze, Luftgeister, Schriftbänder und à-la-Mode-Figurinen zu floralen Formen und Laubgehängen verbinden und sich schier endlos durch die große Halle schlängeln. Andererseits residierte Zeit seines Lebens in diesem tollkühnen Ambiente „der Reitergraf" – Dieter Graf von Landsberg-Velen, der am 15. April 2012 verstorben ist. Er war über 30 Jahre lang der Präsident der Deutschen Reiterlichen Vereinigung (FN) sowie Vize-Präsident des Weltreiterverbandes (FEI = Federation Equestre International), Träger des olympischen Ordens vom Internationalen Olympischen Komitee, Ehrenpräsident des Malteser Hilfsdienstes, Ehrenpräsident der deutschen reiterlichen Vereinigung, und graue Eminenz par excellence. Die Elite des Pferdesports trifft alljährlich auf Schloss Wocklum auf historisch gewachsene Traditionen mit ausgeprägtem Wertebewusstsein, geprägt von geradezu „sauerländischer Sturheit" sowie einem Höchstmaß an Respekt und Durchsetzungsvermögen.

Seine Tochter, Rosalie Freifrau von Landsberg-Velen, führt seit dem Ableben dieses legendären Mannes mit viel Idealismus und ehrenamtlichem Engagement das Lebenswerk ihres Vaters in dieser edlen Sportart weiter. Sicher würde ich nun auf den museumsüblichen Filzpantoffeln im Tonnengewölbe herumrutschen müssen und so den allseits anerkannten und hochgeschätzten Vertretern des Reitsports vorstellig werden. Auch hatte ich mich auf die obligatorische Führung durch die barocke Hauskapelle als Vorspeise eingestellt. Nichts gegen eine original erhaltene historische Orgel, aber mein Anspruch ist ja dieses Mal eher hauswirtschaflicher Natur.

Die bildhübsche, sportliche junge Dame, die an der Schlosstreppe auf mich wartet, hätte ich für eine Topmanagerin des Unternehmens gehalten, aber sie empfängt mich mit einem unkomplizierten: „Nennen Sie mich einfach Rosalie" und einem strahlenden Lachen. Als zweite von vier Schwestern begrüßt mich die Tochter der Gräfin Monika Josepha von Westfalen zu Fürstenberg in rustikalen Westernstiefeln, knallengen Jeans und dunkelbrauner Lederjacke. Dass ich mich auf Empfehlung quasi selbst zum Kochen eingeladen hatte, das findet sie schlichtweg „cool"!

Und cool ist auch der Lebensweg dieser so patenten, aufgeschlossenen und exzellent ausgebildeten Society-Lady. Eigentlich wollte Rosalie Tierärztin werden, studierte dann aber Diplomsport an der Sporthochschule Köln. Und ja, die Kindheit in Wocklum war in der Tat ein märchenhaftes „Leben auf dem Ponyhof"! Ihr erstes Pony erhielt Rosalie mit acht Jahren, und der Grundstein für Verantwortung, Time-Management und lebenslange Leidenschaft waren gelegt. Die Stute Leila war ein Welshpony und hat prägende Erinnerungen hinterlassen: Sie kam aus einer Herde und war tragend. Sie wurde bis kurz vor der Geburt geritten, weil niemand die Schwangerschaft bemerkte. Plötzlich stand dann eben neben dem Pony eine Miniaturausgabe im Stall – klar, dass mit solchen Kindheitsabenteuern in der Natur kein rosa Barbiepuppenhaus konkurrieren kann ...

In den circa 60 Zimmern des Schlosses, der großen Fresken-Halle mit perfekt plan verlegten Steinplatten, ja sogar in der Kapelle durften Rosalie und ihre Schwestern alles, was den kleinen Verwandten in anderen Schlössern verboten war.

Totilas herausgeputzt mit Strasshalfter

Sei es Rollschuh- bzw. Kettcarfahren oder auch Stelzenlaufen, sei es die glänzend gebohnerten Treppen auf Matratzen hinunterzurodeln – kein Abenteuerspielplatz der Welt könnte zum Toben einladender gewesen sein. Und wie Rosalie zögerlich zugesteht: „Ja, es gingen durchaus auch mal alte Vasen zu Bruch!“

Und draußen wartete das Gestüt, in Stallungen, die formidabler gestaltet sind als manches Reihenhaus! Inzwischen lockt das Reitstadion mit dem speziell angelegten Sandboden das *Who is Who* des Reitsports zu den wichtigsten internationalen Turnieren nach Wocklum.

Und der Radius der Freifrau hat sich seit den Kindertagen auf dem Ponyhof gar nicht mal geändert, nur dass Rosalie inzwischen selber ehrenamtlich die tragende Säule des „Balve Optimum“ und des „German Arena Polo Masters“ geworden ist, die jährlich Zehntausende von Besuchern zu den großen Pferdesportevents rund um Schloss Wocklum locken. Den Respekt der Reitsportprofis hätte Rosalie wohl kaum erlangt, wenn sie sich nicht selbst in der M-Dressur und beim S-Springen ihre eigenen Sporen verdient hätte. „Ganz stolz bin ich noch heute auf mein Erfolgspferd ‚Fleetwood Mac‘. Wir haben beide klein angefangen und sind zusammen ein super Erfolgsteam geworden. Ein hohes Maß an Vertrauen hat uns beide zusammen so weit kommen lassen.“

Leider lässt das Fulltime-Management der Unternehmerin es nicht mehr zu, dem Reitsport auf professionellem Standard Raum zu gewähren. Die Leidenschaft allerdings bleibt ungetrübt und hat sich zwischenzeitlich sogar in Richtung Frauenpolo ausgedehnt. Zu den Stoßzeiten der großen Poloturniere werden auf Wocklum 250 Polopferde untergestellt, bei internationalen Reitturnieren sogar 400 wertvolle Turnierpferde. Mein Gott, wer soll nur all den Mist wegmachen? „Ich habe immer Spaß an guten Pferden, die Power unter dem Hintern haben, und Veranlagung zu mehr …“, sagt sie und ist ganz in ihrem Element, als sie mir die Stallungen präsentiert und sich der Pflege von Flitzi, einem bildschönen Warmblutwestfalen, widmet.

Auf die German Arena Polo Masters unter ihrer Ägide kann Rosalie ebenso mit Stolz verweisen, wie auch auf ihre Umwandlung des Schlosses Velen zum Sporthotel mit ungewöhnlichem Allround-Konzept: Golfplätze, Rudern, Nordic Walking, Tennis, Genusskultur in ihrer ganzen Vielfalt – 1986 hatte ihr Vater „das Märchenschloss des Münsterlandes“ zum Sportschloss umgewandelt und damit Aufgaben geschaffen, die den Erhalt des Elternhauses sichern.

Viele Mädchen träumen vom eigenen Pferd – und manche haben ein ganzes Gestüt!

Ich habe immer Spaß an guten Pferden, die Power unter dem Hintern haben …

Rosalie Freifrau von Landsberg-Velen

Rosalie hat diese verantwortungsvollen Aufgaben des „Reiterfürsten" übernommen, ohne dass sie den Besitz jemals erben könnte. Und obwohl sie exakt die Aufgaben einer Topmanagerin meistert, sieht die Erbfolge nicht vor, dass die beiden großen Schlösser, die sie unternehmerisch verwaltet, in den Besitz einer Frau übergehen. „Die Hausgesetze schreiben vor, dass Erben männlich zu sein haben."

Eine solche Hürde könnte so manchen rein ökonomisch denkenden Unternehmer veranlassen, sich in Unabhängigkeit von den Verantwortlichkeiten des Erbes zu lösen – nicht so Rosalie, die an diesem Ort fest verwurzelt ist und das Zepter fest in der Hand hält. Wie könnte eine Etagenwohnung in der Stadt auch mit solchen Entfaltungsmöglichkeiten konkurrieren? Ich glaube, Rosalie käme sich in der Stadt eingesperrt vor wie ein Wildpferd in der Box.

Wer nun glaubt, die Schlossherrin sei mit diesem Programm ausgelastet oder habe sich einseitig den Traditionen der Familie widerstandslos unterworfen, der irrt gewaltig. Die ledige Gräfin Rosalie, 50, ist alleinerziehende Mutter zweier Töchter. Marie Madeleine, geb. 1990, Wirtschaftsstudentin, und Louisanne, geb. 2002. Den Vater der beiden Töchter lernte die Gräfin mit 16 Jahren auf dem eigenen „Ponyhof" kennen… Er kam als Reiter nach Wocklum und hat seine Ausbildung und reiterliche Karriere bei Reitsportlegende Fritz Ligges begonnen. Nach seiner Karriere als erfolgreicher Springreiter ist er dann über die Zusammenarbeit mit Paul Schockemöhle in den großen internationalen Markt des Pferdebusiness eingestiegen.

Ob Ausbilder, Trainer, Züchter oder Pferdehändler, dem Vater der Kinder sollte der Besuch auf Schloss Wocklum das Fundament für seinen gesamten Lebensweg bedeuten. Um in dieser perfekten Reiterhof-Episode zwischen Romantik, edlen Pferden und erster Liebe realistisch zu bleiben, muss man feststellen, dass obwohl aus der Verbindung zwei Töchter hervorgingen, das Happyend einer Hochzeit ausblieb. Was eine Romantikerin, wie ich es bin, natürlich zutiefst bedauert – und das, obwohl es nicht einmal *mein* Leben ist! Aber wie lautet doch eine biblische Weisheit in freier Übersetzung? „When life is too perfect, God gets angry!" Stimmt!

Rehbocktrophäen am Kachelofen – saugemütlich!

Grund genug, unter diesen Bedingungen schnell beim „Du" zu landen. Das ist ja das schöne bei uns Frauen: Fünf gemeinsame Minuten auf der Toilette eines Restaurants genügen, um neben Make-up-Korrektur, Händewaschen und Notdurft die eigene Lebensgeschichte auf die wesentlichen Eckdaten zu reduzieren. Die Bibel in fünf Minuten zusammengefasst, das Drama des Lebens auf einige wesentliche Aspekte reduziert, das bietet so schnell keine Journalistenschule. Was in diesen fünf Minuten nicht zur Sprache kommt, ist eigentlich für die Biografie einer Frau auch nicht wichtig. Und so wurden wir Freundinnen, auf dem Gang durchs Schloss, bevor wir überhaupt die Küche betraten.

Einen Dresscode gibt es bei mir nicht!

Rosalie Freifrau von Landsberg-Velen

Während Rosalie mir also meinen Gästetrakt zuweist, erfahre ich, dass die Sanierung der Suite zu Ehren der Infantin Doña Pilar de Borbón, Schwester des spanischen Königs Juan Carlos, vorgenommen wurde, die in ihrer Funktion als FEI-Präsidentin, aber darüber hinaus auch durch die freundschaftliche Beziehung zum Hausherrn, selbstverständlich bei privaten Festen und Feierlichkeiten zu den Gästen des Schlosses gehörte. Das ist doch mal gastgeberische Sorgfalt, gleich einen ganzen Wellness-Bereich einzubauen und eine Nasszellensanierung vorzunehmen, wenn sich hoher Besuch ansagt. Ich finde das total korrekt.

Doch wie um Himmels willen, so frage ich beim Tee, stemmt die Gräfin einen solchen Alltag zwischen Hüpfbällen und Trampolin im Flur, Reiterball in Sportschloss Velen, Hochzeiten in der Kapelle von Wocklum, Dressur- und Springturnieren sowie Poloevents und Landpartien vor der eigenen Haustür? Wie geht das, bitteschön? Rosalie ist ein Präzisionsuhrwerk, wenn es es um Disziplin geht. Und sie ist, ganz getreu dem Klischee, auch ein Produkt ihrer Erziehung. Jeden Sonntag um acht Uhr früh mussten die Mädchen gestriegelt und feingemacht mit Lackschuhen und weißen Strumpfhosen zum Gottesdienst antreten. Dass dann auch mal in der hauseigenen Sakristei Oblaten genascht und mit dem Weinkelch gespielt wurde, konnte ja bei nächster Gelegenheit im privaten Beichtstuhl gesühnt werden.

Wer dauerhaft schick ist, braucht keinen Dresscode.

Meine Verwunderung darüber, wie Rosalie locker und dabei noch gutgelaunt diese Fülle von Verantwortung und Organisation in den Griff kriegt, spielt sie noch lockerer runter: „Aber wir haben doch Personal. Man kann sich gar nicht vorstellen, wie viel Schmutz und Kosten hier anfallen. Trotz 25.000 Euro Heizkosten pro Jahr, komme ich aus der Daunenjacke gar nicht mehr raus."

Rosalie ist wahrlich zu Hause auf jedem Parkett. Zwischen Galaevents in großer Robe auf dem Sportschloss und beruflich bedingtem Reiterdress, bevorzugt sie es privat eher lässig. Kein Wunder, denn wer soviel repräsentieren muss und nebenbei noch Hausaufgaben, Naseputzen, Kindergeburtstage, Familienfeiern, Hochzeiten, Taufen und Flötenunterricht integriert, für den sind elegante Abende keine Besonderheit mehr. „Einen Dresscode gibt es bei mir nicht", sagt Rosalie. Und man spürt, dass korrekte Kleidung für die Gräfin einfach eine Selbstverständlichkeit ist. Eine Gräfin wie Rosalie verweist mit ihrer natürlichen Autorität alle Aufschneider oder Angeber auf ihren Platz. Arroganz hat in ihrem Umfeld keine Chance.

Und wer so agiert, der rennt auch nicht mehr für 100 g Aufschnitt zum Metzger, oder sucht nach der letzten Zwiebel, nein, da wird eben auch der Haushalt optimal stukturiert. Wie ich immer sage: Schmalz und Zwiebeln, Kartoffeln und in diesem Fall der TK-Grünkohl als Vorrat, und schon wird ein rustikales Mahl gezaubert, das in jeder Reiterklause der Knüller wäre.

Rosalie Freifrau von Landsberg-Velen

Grünkohl mit Pinkel

Zutaten für 4 Personen:
1 EL Schweineschmalz
2 Zwiebeln, fein gewürfelt
150 g Speck, geräuchert und gewürfelt
1 Lorbeerblatt
1 kg Grünkohl
500 ml Fleischbrühe
8 Pinkel oder Kochmettwürste
Salz, Pfeffer, Muskatnuss

Das Schweineschmalz in einem großen Topf zerlassen. Zwiebeln und Speck dazugeben und anschwitzen. Den Grünkohl waschen, putzen, die Blätter vom harten Strunk befreien und klein schneiden (oder TK-Grünkohl verwenden). Dann das Lorbeerblatt und den Grünkohl hinzufügen und mitdünsten. Mit der Fleischbrühe ablöschen. Die Hitze auf geringste Stufe reduzieren, den Topf abdecken und alles etwa 1 Stunde garen.

Die Pinkelwürste dazugeben und eine weitere Stunde bei geringer Hitze unter gelegentlichem Rühren köcheln lassen. Eventuell etwas Wasser zugießen, damit der Grünkohl nicht anbrennt.

Die Pinkel herausnehmen. Den Grünkohl mit Salz, Pfeffer und Muskat abschmecken. Auf Tellern anrichten, je 2 Würste darauflegen und sofort servieren.

Dazu schmecken köstliche Salzkartoffeln.

„Grünkohl mit Pinkel ist ein typisches herbstliches Essen unserer Region. Zur Leibspeise wurde es, weil es speziell zu den hiesigen, westfälischen Reitjagden serviert wird“, erklärt Rosalie.

Auch in der Küche eine gute Figur …

Perfekte Hausfrauen!

Ich liebe Wasserschlösser – selbst wenn sie Arbeit machen …

Wir lieben typisch rustikale Hausmannskost.

Rosalie Freifrau von Landsberg-Velen

Aus der Mode gekommen und deshalb „in": der Tischgong!

Ein Teil des 110 m² großen Salons wird auf Wocklum als Speisesaal genutzt. Figurprobleme kommen bei solch einem sportlichen Lifestyle gar nicht erst auf. Ja, man langt tüchtig zu und kann schwer widerstehen, wenn die fesche Gastgeberin zweimal Nachschlag anbietet – ich bin ja nicht gekommen, um zu fasten! Auch wenn ich selbst, im Gegensatz zu Rosalie, eher ein sitzendes Dasein friste.

Rosalie erzählt von den regional im Umland weit verbreiteten eigenen Schlachtereien. Ich wäre nicht Désirée Nick, wenn mir da nicht die prekäre Frage nach dem Pferdefleischverzehr auf den Lippen brennen würde: „Und? Wie schmeckt's? Schonmal probiert?" Die Antwort überrascht mich nicht: „Niemals würde ich bewusst Pferdefleisch essen können. Die Tiere, die mir so ans Herz gewachsen sind, kann ich doch nicht gleichzeitig auf der Gabel in meinen Mund schieben", sagt Rosalie. Das hätte ja auch was Kannibalisches!

Und überhaupt sind die Leibspeisen der Schlossherrinnen äußerst bodenständig: Studentin Madeleine liebt Geschnetzeltes süßsauer mit Spätzle, und die siebenjährige Louisanne Spiegeleier und Ravioli. Das sind doch wahrlich überschaubare kulinarische Ansprüche. Denkt die Gräfin an das Leibgericht der eigenen Kindheit, so leuchten ihre Augen bei Erinnerungen an Urlaube in der Steiermark mit legendärem Zwetschgendatschi und lauwarmen Marillenknödeln. Guter Geschmack eben! Es gibt ihn wirklich, und darüber lässt sich nicht einmal streiten!

Der große Park rund um das Wasserschloss verführt ganz automatisch zu einem Verdauungsspaziergang, vorbei an den Stallungen und weitläufigen Koppeln, die nicht nur ein Traum vom Leben auf dem Ponyhof, sondern für die Gräfin purer Alltag sind. Die Selbstverständlichkeit, mit welcher solche natürlich gewachsenen Privilegien zum Alltag werden, und die in Fleisch und Blut übergegangene Disziplin, die ohne große Pose daherkommt, das bleibt mir als persönliche Note der Reichsfreiin Rosalie in Erinnerung. Sie wird das Erbe an ihre Töchter weitergeben, die reich beschenkt sind mit einer bodenständigen, patenten und selbstbewussten, modernen Mutter, die keine bessere Repräsentantin des Konzeptes „Zukunft braucht Herkunft" sein könnte. Ein solch entschlackter Geist wohnt zwangsläufig in einem drahtigen, jugendlichen Körper. Das halbe Jahrhundert sieht man der Blondine mit den blauen Augen und der mädchenhaften Figur nicht an: ganz im Gegenteil. Die sportliche Aristokratin bestätigt meine Philosophie: Wenn Grazie auf Falten trifft, stellt sich ein völlig neuer Zauber ein.

Und entgegen aller boulevardesken Klischees, kann ich mir Rosalie von Landsberg-Velen zwar wunderbar beim Ausmisten des Pferdestalls vorstellen, niemals aber als Trägerin einer profanen rosa Handtasche!

Tatiana Gräfin von Saurma-Jeltsch

Leibspeise: Shepherd's Pie

Schloss Plausdorf

Ein gutes Gericht, wenn man nicht genau weiß, wann und vor allem wie viele Gäste kommen!

Tatiana Gräfin von Saurma-Jeltsch

Sich hinter den Fassaden alter Gemäuer auf eine Reise in die Vergangenheit zu begeben, ist den meisten Menschen wohl nur als Tourist im Urlaub vergönnt: Keine Reise nach Rom wäre komplett, wenn sie nicht einen Ausflug ins Kolosseum beinhaltete. Selbst Kulturbanausen nehmen als Erinnerung an Ägypten Impressionen der Pyramiden und staubiger Schotterwege durchs Tal der Könige mit zurück.

Erstaunlicherweise habe ich mich, ganz gegen den Strom der Zeit, seit frühester Kindheit vom Wert alter Gemäuer beeindrucken lassen. Überhaupt, das *Junge* muss keineswegs das Wertvollere sein! Durchlöcherte Pullover, an denen ich hing, mussten strategisch durch neue Kleidungsstücke, die meine Mutter heimlich in den Schrank schmuggelte, ersetzt werden, bevor ich mich von ihnen trennen konnte. Ob ausgetretene, alte Lederstiefel, alte Krokotaschen, alter Schmuck, alter Käse, alter Wein, alte Autos, Käthe-Kruse-Puppen statt Barbies, immer zog ich jene Dinge vor, denen nicht das Attribut „jung und frisch“ anhaftete, sondern denen die Spuren der Vergangenheit erst ihren Charme verliehen. Ich oute mich hiermit als schamlose Bauhaushasserin!

Nun kann man sich kulturhistorisch auf Erkundungsreise durch verlassene Ruinen begeben, aber man wird doch nie erfahren, welcher Zauber sich erst dann in dem alten Gemäuer entfaltet, wenn die Bewohner es mit Wärme und Glanz zum Leben erwecken. Wer in Schloss Plausdorf als Gast seinen Fuß über die Schwelle setzt, tut dies an derselben Stelle, an der es bereits die Raubritter mit scheppernden Rüstungen seit 1556 taten. Schloss Plausdorf ist ein romantisches Landgut in der Großgemeinde Amöneburg in Hessen. Die schlossartige Anlage besteht aus einem Herrenhaus und einer Wassermühle aus dem 16. Jahrhundert, sowie zahlreichen, Anfang des 20. Jahrhunderts erfolgten Erweiterungen. Das Anwesen ist von einem gut fünf Hektar großen Park umgeben.

Teil der Aussteuer: des Grafen antike Rezeptsammlung mit Goldschnitt!

1463 wurde die Mühle und der dazugehörige Hof erstmals erwähnt. Das eigentliche Herrenhaus wurde 1565 im Renaissancestil erbaut. In den Wirren vergangener Zeiten, 1701 und 1728, verlief die Grenze zwischen Mainz und Hessen direkt durch das Gut, wobei das Herrenhaus auf Mainzer Seite lag. Man kann unter diesen Bedingungen wohl davon ausgehen, dass die Bewohner auf ihrem Territorium ständige Grenzgänger gewesen sein müssen, die es hoffentlich mit den Zollbedingungen nicht allzu genau genommen haben.

1899 erwarb Familie von Goldammer den Hof. In den Jahren 1901 bis 1914 ließ die Familie das Gut zu einem Landschlösschen im Stil des Historismus ausbauen. Es ist wahrlich eine der denkwürdigsten Fügungen, dass ich meine Kindheit in den 1960er-Jahren mit Aissa und Cara von Goldammer teilte – meine besten Schulfreundinnen, die sich dann als Abkömmlinge der einstigen Besitzer Plausdorfs entpuppten. In kratzigen Strumpfhosen schnappte ich mir nach der Schule meinen Roller und jagte einmal um den Block in Berlin-Charlottenburg, um in der Wielandstraße bei den Goldammers meine Freizeit zu verbringen. Die Mädchen waren ein paar Jahre älter als ich, sodass sie mir umso mehr wie It-Girls erschienen. Dort, wo heute die großen Anwaltskanzleien und renommierten Vermögensberater ihr Domizil bezogen haben, spielten wir auf dem Hängeboden „Kreißsaal". Oder wir vandalierten den begehbaren Kleiderschrank der Mutter, die zunehmend oft verreist war. Der zehn Meter lange Flur, der für die verschnittenen Berliner Altbauwohnungen so typisch ist, wurde zum Laufsteg umfunktioniert. Wir praktizierten dort frühes „Tussitum". Ich war „die Arme, die versucht mitzuhalten …" – mein Gott, waren das herrliche Zeiten. Ich war spindeldünn, rosig und faltenfrei, mit taillenlangen, glatten, glänzenden Haaren. Die sich bewegten! Lange vorbei. Es gab einfach nichts, in das ich nicht hineingepasst hätte. Und es war die Zeit der Hot-Pants mit Kniestrümpfen und Plateauschuhen! Courrèges, Balenciaga, Paco Rabanne, Pucci, Balmain … alles im Schrank! Die Mutter trug einen rosefarbenen Schlangenledertrenchcoat von YSL und sprach hamburgerisch. Heidi Klum mit GNTM hat uns 40 Jahre später kopiert und mein Konzept geklaut!

Kunstvolles Fachwerk nebst dicken Mauern verrät Bodenständigkeit.

Die Töchter von Goldammer wurden im Laissez-faire-Stil großgezogen und kamen mir vor wie Prinzessinnen, die alles durften. Manchmal gaben die Eltern sogar Cocktail-Partys, und dann brummte das Haus, und Helfer richteten in der Küche kalte Platten mit Häppchen an. Diese Herrschaften waren anders als alle anderen, die ich kannte – und auch ich war anders, das verband uns.

Ich erinnere mich, wie die größere Tochter einmal Schuhe durchprobierte und ich mit meinen acht Jahren ihre Beine in den seidenen Strümpfen so wunderschön fand, dass ich mich hinkniete und sie völlig unbescholten von unten nach oben abküsste. Die Goldammers liebten mich. Wir kreischten und lachten von früh bis spät. Die Mädchen kamen mir vor wie meine Schwestern. Endlich war ich nicht mehr

Einzelkind. Manchmal ging auch unsere aus einer alteingesessenen Weimarer Familie stammende Großmutter, deren Vorfahren Erzieher am Hofe Anna-Amalias von Sachsen-Weimar-Eisenach gewesen sind, die wiederum eine geborene Prinzessin von Braunschweig-Wolfenbüttel war, mit uns am Kurfürstendamm Kaffeetrinken, feingemacht mit Lackschuhen, Hüten und Handschuhen, und das, was heute nach einem unspektakulären Pflichttermin mit Oma klingt, war für mich die ganz große Welt! Einmal dinierten wir sogar im Grillroom des Kempinski-Hotels, und am Tisch wurde mit einem Servier-Wagen und der Cognacflasche flambiert. Wäre mir James Bond erschienen, hätte ich das nonchalant als Selbstverständlichkeit quittiert. Schließlich saß am Nebentisch Ilja Richter. Ich war elf …

Von der Vergangenheit wurde damals selten gesprochen. Es ging bei den beiden Freundinnen, die ich so sehr anbetete und bewunderte, eher um Mode, Schuhe, Handtaschen und Outfits. Sex and the City in den 70ern also. Sie hatten eine Musiktruhe im Zimmer, die eine Single nach der anderen automatisch auf den Plattenteller fallen ließ. Ich war tief beeindruckt. Bei den von Goldammers nahm ich erstmals die Musik der Beatles wahr. Bei uns daheim wurde Mahler gehört … Dass also im Jahre 1899 die Familie von Goldammer einst die Hofanlage Plausdorf erworben hatte und dort aus Ruinen dieses bezaubernde Landschlösschen im Stile des Historismus erbaut hatte, wurde nicht einmal erwähnt.

Heute leben auf dem Anwesen Patrick Graf von Saurma Freiherr von und zu Jeltsch und seine Ehefrau Tatiana, geborene Gräfin zu Solms-Laubach. Dieses Paar vereint jene Qualitäten, deren es bedarf, um zurückgezogen auf dem Lande einen Stammsitz zu erhalten und dennoch mitten im Leben verankert zu sein.

Die Familie, die sich seit 1647 von Saurma-Jeltsch nennt, stammt aus Schlesien, wo sich in Laskowitz das Stammschloss des Adelsgeschlechts befindet. Jeltsch gehörte nach dem Ende des Zweiten Weltkriegs zu Polen.
Die Grafen von Saurma-Jeltsch mussten im Zuge dieses fürchterlichen Krieges nach jahrhundertelanger Herrschaft ihre zahlreichen Latifundien in Schlesien verlassen. Glücklicherweise stand Plausdorf als Sommersitz der Familie zur Verfügung, sodass sich der damalige Chef des Hauses seiner Tätigkeit als Landrat ausgiebig widmen konnte. Seinerzeit verfügte Plausdorf bereits über die Attraktion einer noch heute erhaltenen Kegelbahn, sowie eines leider inzwischen eingeebneten Swimmingpools – alles zur Zerstreuung der Gäste.
Es muss geradezu wie ein avantgardistischer Erlebnispark gewirkt haben.

Unser Gastgeber Patrick Graf von Saurma wuchs mit seinen Geschwistern in dieser so britisch anmutenden Gutshofanlage auf und begegnet Alteingesessenen nicht selten auf dem Traktor, wenn er Feld, Acker und Wiesen bewirtschaftet.

Ein Schlosspark ist bei jedem Wetter schön!

Welch glückliche Fügung also für den Hausherrn, in direkter „Nachbarschaft“, nämlich auf Schloss Laubach, der damals 14-jährigen Tatiana Gräfin zu Solms-Laubach begegnet zu sein. Immer wieder bin ich verleitet, wehmutsvoll auf das geniale Netzwerk zu blicken, in welches die Jugend des Adels hineingeboren wird, um sich dann auf zahlreichen Bällen, Festivitäten und *sejours* zwanglos – letztlich über die miteinander befreundeten Eltern – kennenzulernen. Und näherzukommen.

Ich vertrete den Standpunkt, dass behütet aufgewachsene Geschöpfe mit solch einer ererbten Verwandschaft nicht die leiseste Ahnung haben, was es heißt, als einsame Einzelkämpferin auf sich selbst gestellt, irgendwie Kontakte zu knüpfen, Anschluss zu finden und Wurzeln zu schlagen. Kinder, deren Eltern bemüht sind, zur Zerstreuung des Nachwuchses wunderbare Feste zu geben, sind wirklich privilegiert. Immer eingebettet und aufgefangen von einer großen Verwandschaft, werden sie vor Einsamkeit und Langeweile bewahrt und finden durch ihre Geschwister und Cousinage immer Anknüpfungspunkte und neue Kontakte.
So war es nichts Ungewöhnliches, dass der attraktive Graf von Saurma in seinem Umfeld auf seine spätere Gattin traf. Und man schätzt sich zuweilen überglücklich, festzustellen, dass man nicht völlig gleichen Blutes ist und eine Partnerschaft wegen verwandtschaftlicher Beziehung ersten oder zweiten Grades nicht von vornherein ausscheidet.

Als Tochter der Gräfin Madeleine zu Solms-Laubach enstammt Tatiana nicht nur einer Großfamilie mit acht Geschwistern, sondern ihre Herkunft zeichnet sich auch durch ausgeprägt künstlerische Neigungen aus. Die schönen Künste zu pflegen, sie zu fördern und zu bewahren, haben die Solms-Laubacher ebenso im Blut, wie die Bereitschaft, die eigenen Talente aktiv zu entfalten. Sei es die bildende oder darstellende Kunst, es ist Teil der familiären Tradition mit Theaterspiel, Gesang, Malerei, Rezitation und Hausmusik das Leben zu füllen und diese Talente ganz natürlich bei gesellschaftlichen Ereignissen in kultivierter Runde zu präsentieren.

Eine äußerst glückliche Verbindung also, wenn auch der Hausherr selbst mit natürlicher Selbstverständlichkeit auf Schloss Plausdorf Literatur-, Chanson- und musikalischen Abenden Raum gewährt – nicht aus kommerziellen Interessen wohlgemerkt, sondern aus persönlicher Vorliebe. Der Graf ist Germanist und pflegt vielfältige Interessen in dieser Richtung.

So massiv die Mauern des Schlosses auch äußerlich wirken, so idyllisch und gemütlich empfangen sie den Besucher sobald er eintritt. Kaminfeuer prasselt im Entree, und sowohl matschige Gummistiefel als auch nasse Hunde können dem Interior Design nichts anhaben.

Ein altehrwürdiges Anwesen zu einem entspannten Heim zu machen, würde nicht gelingen, wenn nicht die Handschrift einer Hausfrau mit viel Liebe zum Detail und Sachverstand den Möglichkeiten der ungewöhnlichen Architektur gerecht würde. Wer mit außergewöhnlich langen Fluren nicht umzugehen weiß, macht daraus bestenfalls eine Lagerhalle für Antiquitäten. Und auch die Gestaltung eines Turmzimmers hat ihre Tücken. Erfreut man sich in einer Altbauwohnung in Berlin 2,50 Meter hoher Decken, dann bestaunt man in Plausdorf 3,10 Meter hohe Gemächer. Wer einmal auf Plausdorf den ausladenden Weihnachtsbaum mit altem Kinderspielzeug und hölzernem Baumbehang gesehen hat, wird klopfenden Herzens dieses stimmungsvolle Bild in der Erinnerung bewahren. Über die Frage, wie man die gigantische Tanne aus dem Forst in den Salon gekarrt und hochgehievt bekommt, sollte man gar nicht erst nachdenken. Das gute Stück zu entsorgen, wenn die Zweige angetrocknet sind und schön nadeln, das ist jedenfalls nichts für jemanden mit Single-Haushalt und angespanntem Nervenkostüm …

Gräfin Tatiana betreibt einen Einrichtungsladen in Kloster Arnsburg, in der Nähe ihrer alten Heimat Lich. Und es wäre mit Sicherheit nicht gelungen, unter den speziellen architektonischen Herausforderungen, Schloss Plausdorf in einen Ort voller Charme und Gemütlichkeit zu verzaubern, wenn nicht Fachwissen, Geduld und Erfahrung die persönlichen Vorlieben der Hausfrau abrunden würden. Geschmack und Stil lassen Natur, Renaissancebau und Räumlichkeiten zu einer harmonischen Struktur verschmelzen. Und welch ein Idyll hat die Gräfin aus Plausdorf gemacht.

Mit 19 Jahren wurde Tatiana das erste Mal Mutter. Der älteste Sohn Benjamin machte die jugendliche Dame jüngst als Erste zur Großmutter im Reigen ihrer zahlreichen Geschwister. Tatiana kam schließlich erst durch ihre zweite Ehe im Jahre 1985 ins Schloss und zog dort zwei weitere Söhne auf, die sich allesamt zu einer Riege stattlicher Edelmänner und prädestinierter Herzensbrecher gemausert haben. Man müsste als Frau ja aus Stein sein, wenn man da nicht zweimal hinschaut … Manchmal haben eben attraktive Eltern tatsächlich auch noch bildschöne Kinder. Man möchte meinen, diese Familie vererbt ein Beauty-Gen.

Mit Leichtigkeit wird hier in musischem und kultiviertem Ambiente mit der für mich unfassbar großen Verwandtschaft und vielen Freunden aus Kunst und Kultur eine selbstverständliche Heiterkeit gepflegt. Ja, in Plausdorf wird noch Konversation gepflegt. Und vor allem sind die Räume mit Gelächter gefüllt – wenn es passt, auch mit schallendem!

Ein Berner Sennenhund, ein Mallorquinischer Schäferhund und eine Französische Bulldogge wachen über ein Heim voller Musik, Freunde und Kinder. Gepflegte Gastlichkeit und eine große Familie, mit dem Jahreskalender voller Jubiläen, Hochzeiten, Taufen oder Geburtstage, schaffen im Leben der Schlossherren einen Rahmen, der ständig für Mobilität, neue Impulse und viele Begegnungen sorgt. Hier in Plausdorf versteht man, was es heißt, Traditionen zu pflegen. Weder Steifheit noch überzogene Etikette hätten dort Platz. Und mit wie viel Offenheit diese Familie ihre Freunde an ihrem Glück teilhaben lässt! Man spürt die innige Verbundenheit und Liebe des Paares, die Plausdorf zu einem Ort des Glücks macht. Schloss Plausdorf ist für mich wahrlich ein magischer Ort. Dass man wie verzaubert wieder heimfährt, liegt an dem Esprit der Herrschaften und ihrer selbstverständlich gelebten Kultur.

Für den Besucher dürfte Plausdorf auch den Beweis liefern, dass es der guten Gastfreundschaft halber keineswegs eines Esszimmers bedarf. Egal ob Weihnachten oder Silvester, gegessen wird immer in der Küche – und das wäre auch beim Staatsbesuch nicht anders. Kein Wunder, wenn man eine solche Küche hat! Für mich die gemütlichste ochsenblutrote Küche der Welt. Der Blick schweift durch Butzenscheiben über eine englische Parklandschaft, folgt dem Lauf des Baches und schwebt zu den Wipfeln des alten Baumbestandes empor. Die Jahreszeiten im Wandel lösen immer neue Stimmungen und Farbgebungen aus, die sich in der regionalen Küche und den Bräuchen des Jahreskalenders reflektieren. Die Küche in Plausdorf ist von einer Gemütlichkeit, die jede formelle Tafel in den Schatten stellt.

Und mit derselben Entspanntheit, mit der man auf Plausdorf Gäste zu empfangen pflegt, kocht man dort auch. Das Rezept des Shepherd's Pie kam durch die englische Schwiegermutter in die Familie, die in Irland aufgewachsen ist. Das Familiengericht darf getrost als Leibspeise gelten, da es gut vorzubereiten, stets für viele Gäste portionierbar und als Hausrezept der Söhne durchaus geeignet ist, im Freundeskreis zu punkten, wann immer gemeinschaftliches Kochen auf dem Plan steht. Viel kann man nicht falsch machen, auch der eher unerfahrene Junggeselle wird damit seine Herzensdame beeindrucken können!

Was für ein blendend aussehender Henkelkorb!

Tatiana Gräfin von Saurma-Jeltsch

Shepherd's Pie

Zutaten für 6 Personen:
Butter für die Form
2 große Zwiebeln
750 g Gehacktes vom Lamm
Pfeffer
Salz
Senf
1 EL gehackte Petersilie
2 EL gehackte Minze
600 ml Hühnerbrühe
500 g geriebene Möhren
4 große Kartoffeln, mehlig kochend
60 ml Milch
30 g Butter

Eine Auflaufform mit Butter einfetten. Die Zwiebeln in Ringe schneiden und im heißen Fett goldgelb anbraten, Lammgehacktes dazugeben und ebenfalls anbraten. Mit Pfeffer, Salz, Senf, Petersilie und Minze würzen. Mit Hühnerbrühe ablöschen und gut vermischen. Vom Herd nehmen und in die Auflaufform füllen. Nun die geriebenen Möhren in die Pfanne geben, kurz anbraten und dann als zweite Schicht auf das Lammgehackte geben. Für den obersten Belag die gekochten Kartoffeln stampfen, mit Milch, Butter, Salz und Pfeffer abschmecken und als oberste Schicht in die Auflaufform geben.

Schließlich den Auflauf in den auf 200 Grad vorgeheizten Backofen geben, 40–45 Minuten backen, bis der Kartoffelbelag goldbraun ist. Je nach Geschmack verfeinern kann man das Ganze natürlich mit der Zugabe von Erbsen oder mit anderem Gemüse, und auch den Würzvariationen sind mit Rosmarin, Oregano oder Knoblauch keine Grenzen gesetzt.

Dazu grünen Salat!

Beschürzte Gräfin Tatiana …

… mit Castellschem Wappen und gartenfrischer Ernte.

Ertappt: Autorin und Graf mit typischer Handbewegung.

Ich musste das Rezept natürlich gleich ausprobieren und verstand einmal mehr, was es heißt, in der Hauswirtschaft übersichtlich zu planen. Im Grunde ist auch der Shepherd's Pie ein praktisches Resteessen. Eine alte Käserinde kann zur rechten Zeit am rechten Ort zu unerwarteten Ehren kommen, wenn man sie als i-Tüpfelchen über den Kartoffelbrei reibt. Und wer wahrhaft hausfraulichen Ehrgeiz besitzt, der füllt den Kartoffelbrei in eine Spritztülle und setzt ihn in Form kleiner Rosetten auf.

Der „Kuchen des Schäfers" ist traditionelle Hausmannskost der guten, alten englischen Küche.

Man könnte sagen, der Shepherd's Pie symbolisiert das britische Gesellschaftssystem und besteht grundsätzlich aus drei Schichten: einer Unterschicht, einer Mittelschicht und einer Oberschicht. Letztere kommt neuerdings immer öfter gebräunt daher – zum Anbeißen halt! – Désirée

Jutta Gräfin zu Reventlow

Leibspeise: Krebsessen

Gut Wulfshagen

Ich war immer top!

Jutta Gräfin zu Reventlow

Ein Park mit über 100 Eichen, 550 Hektar Ackerland, ein beachtlicher Waldbestand, eine Tannenbaumzucht und zahllose Hühner, Pfauen, Gänse, Esel, Pferde, die fast alle einen Namen tragen, sowie seltene Mufflons – das ist nicht die Kulisse für einen tschechischen Märchenfilm, sondern das norddeutsche Gut Wulfshagen, in der Gemeinde Tüttendorf zwischen Kiel und Eckernförde. Ich rumple vom idyllischen Hotel „Kieler Kaufmann" über holpriges Kopfsteinpflaster und freue mich auf ein bestens erhaltenes Kulturdenkmal in Schleswig-Holstein. An schönen Häusern hängt kein Bausparvertrag, sondern Historie.

Nach der Bundesstraße münden die langen Alleen in eine malerische Einfahrt, von der aus sich eine barocke Gutsanlage mit zwei Torhäusern, mächtigen Reetdachscheunen, zwei Kavaliershäusern und einem neunachsigen, weiß geputzten Herrenhaus eröffnet. Andreas Reichsfreiherr von Liliencron, geheimer Rath und Ministerresident in Wien, hat 1699 das schlichte und weitläufige Gut erbaut. Berühmter Vorfahr der heutigen Besitzer war Christian Ditlev Graf Reventlow, der 1784 von Frederick VI., dem König von Dänemark, zum Geheimen Staatsminister ernannt wurde. Reichsfreiherr von Liliencron verkaufte das Gut an die Familie von Qualen. Karl von Qualen war mit Benedicte Gräfin Reventlow verheiratet. Die Ehe blieb kinderlos und so vermachte Benedicte Wulfshagen an ihren Neffen Ludwig Graf Reventlow.

2005 übernahm Moritz Graf zu Reventlow das 300 Jahre alte Gut mit seinen 30 Zimmern. Graf Reventlow ist 40 Jahre alt, blond, hat blaue Augen, rote Wangen und ein Gesicht wie aus der Zwiebackwerbung. Nicht immer trägt er dunkelblauen Blazer mit Einstecktuch oder englischen Tweed. Nein, heute kommt er in karierten Knickerbockerhosen gerade von der Schnepfenjagd – und ich finde das grandios. Selbst wenn er im Oldtimer-Cabriolet vorgefahren wäre, hätte dies eine solche Selbstverständlichkeit gehabt, dass man ihm unverkrampfte Natürlichkeit bescheinigt hätte. Das Gut mit seinem 18 Hektar großen Park ist ein wahrlich königlicher Landsitz – geradezu märchenhaft.

Doch Besitz schafft auch Last. Das weiß man auf Gütern und Herrensitzen am allerbesten. Vorbei die Zeiten, als das Feiern zwischen Plöner See und Geltinger Bucht kein Ende fand, man im Herbst von einer Treibjagd zur nächsten pilgerte und zur Rotwild-Brunft nach Ungarn reiste, während die Damen daheim in Literaturzirkeln Goethe diskutierten. Längst lautet das Gebot der Stunde, Einfälle zu generieren, wie der Familienbesitz in diesen Zeiten zusammenzuhalten ist, will man nicht bei maroder Heizung hinter dicken Mauern sitzen und über mögliche Erbtanten spekulieren.

Die Hofanlage aus dem Bilderbuch ist in Wulfshagen Realität

Nichts für praktisch Denkende, aber ein „Must“ für Ästheten: Weißes Tor im Walde, welches die räumliche Unterteilung des Forstes suggeriert – nicht nur schön im Herbst!

Während der Spross aus dem alten holsteinisch-dänischen Geschlecht auf knarzenden Dielen mit den Worten „alles uralter Familienbesitz“ durch die Flure schreitet, bin ich auf Anhieb fasziniert von der im Jahr 1885 vom berühmten Orgelbauer Marcussen aus Apenrade erbauten Hausorgel. Tritt man in die große Halle ein, ist das Instrument das erste, was ich wahrnehme. Dort wo ein schwedisches Möbelhaus die Kleiderhaken eingedübelt hätte, gemahnt hier eine vier Meter hohe Pfeifenkonstruktion an regelmäßige Andacht. Und wahrscheinlich strenge Übungsstunden … Erwartet hätte ich Vorrichtungen dieser Art eher im katholischen Bayern. Doch auf Gut Wulfshagen wurde bis zum Jahre 1918 das Personal regelmäßig zur Hausandacht mit der Herrschaft gerufen. Kein Wunder, dass hier gern der Dirigent Leonard Bernstein und andere berühmte Dirigenten übernachteten, wenn sie beim Schleswig-Holstein-Musikfestival gastierten. An die Halle mit der imposanten Orgel schließt sich ein 1790 mit edelster Stukkatur ausgestatteter Gartensaal an, sowie das 1730 entstandene Blaue Kabinett, auch Liliencron-Zimmer genannt, welches mit Tapetengemälden in Öl auf Leinwand an die Trends vergangener Tage erinnert.

So mancher Stadtmensch hat schon Angst davor, hier draußen nur allein zu schlafen.

Moritz Graf zu Reventlow

Überhaupt die Ölahnen – hier sind sie omnipotent vertreten, blicken blass und streng aus schlichten Ebenholzrahmen und sind mittels einer gravierten Messingplakette als die von und zu Qualen ausgewiesen. Man vertiefe lieber nicht die Frage nach der Herkunft dieses inzwischen ausgestorbenen Familienzweiges. Nomen muss ja nicht immer Omen sein, oder etwa doch?

Zum Begrüßungsdrink nehmen wir am Kamin in der in einen Salon übergehenden Halle Platz und bestaunen erst einmal den wunderschönen Weimaranerrüden Jeff. Vom Hund kommen wir direkt aufs Herrchen. Graf zu Reventlow ist gesellig und kommunikativ: „Ich bin Landwirt und Kaufmann, aber kein Urkonservativer, nur traditionell. Wo ich lebe, ist nicht die Stadt, und so mancher Stadtmensch hat schon Angst davor, hier draußen nur allein zu schlafen.“

Richtig. Der grelle Schrei des Pfaus, der Ruf des Kauzes, der Marder im Dachgesims kann einen gestressten Städter hilflos dreinblicken lassen. Nun, ich, die Urberlinerin vom Kurfürstendamm, bin ein solches Stadtkind, aber ich habe trotzdem gelernt, taktvollerweise nicht gleich heraushängen zu lassen, wenn ich mich irgendwo sauwohl fühle. Man zeigt nicht gleich, wenn man sich am liebsten breitmachen würde, wurde mir per Kinderstube mitgegeben –, aber hier im Hause Reventlow wäre ich auch ohne die Einladung zum Krebsessen, schon allein durchs Plaudern gesättigt wieder abgefahren. Ist die norddeutsche Verspanntheit und Schmallippigkeit etwa nur ein überholtes Klischee? Auf Gut Wulfshagen muss man jedenfalls vergeblich danach suchen.

Das schöne Anwesen würde den Besucher nicht so einladend umarmen, wenn sich Jutta Gräfin zu Reventlow hier nicht mit ihrem besonderen Talent als Gastgeberin und Interior Designerin verwirklicht hätte. Die stattliche, elegante Dame mit auffallend jugendlicher Haltung, begrüßt mich mit einem großen Sympathie- und Vertrauensvorschuss. Mein Wissen, dass ich hier auf die Inneneinrichterin des wunderschönen Hotels „Stadt Hamburg" auf der Insel Sylt treffe, begeistert mich vorab. Bin ich doch ein Fan von textilen Wandbespannungen, klassizistischen Tapeten und elektrifizierten Lampenfüßen, die im früheren Leben einmal etwas anderes waren. Eine Vase, ein Kandelaber, eine Skulptur oder ein Stoßzahn zum Beispiel.

Weil das Atelier der Gräfin einen exzellenten Ruf weit über die Grenzen Deutschlands genießt, bin ich hin und weg vom Geschick der Gräfin, aufgearbeitete Antiquitäten mit den edelsten Textilien zu verbinden, ohne dass sie dabei überdekoriert oder pompös wirken. Gräfin Jutta schwelgt in Stoffen, und wenn man mir nur eine bescheidene Pritsche in ihren überquellenden Showroom im Souterrain stellen würde, fühlte ich mich dort schon daheim. Eigentlich dealt die Dame mit Kostbarkeiten aus Samt und Seide. Doch wie sie berichtet, wurde ihre Kompetenz nicht immer gewürdigt. „Als ich hier ankam, und zu damaliger Zeit als Mutter von vier Kindern berufstätig war, gab das Anlass zu großer Skepsis." – So ändern sich die Zeiten. Denn heutzutage möchte niemand mehr auch nur ansatzweise den Verdacht erregen, eine Prinzessin auf der Erbse zu sein.

Jutta vermählte sich mit Friedrich Carl Heinrich Graf zu Reventlow am 17. November 1961. 1982 erbte der Vorsitzende des Landesfachausschusses Agrarpolitik der FDP in Schleswig-Holstein seinen heutigen Besitz. Die blendend aussehende junge Frau war bürgerlich. Ein Skandal vor über 50 Jahren! Die Familie hat lange nicht mit ihr geredet, der Gatte wurde zeitweilig enterbt. Doch ein Edelmann steht zu der Frau, die er liebt.

„Heute werden selbst in katholischen Königshäusern geschiedene TV-Journalistinnen geheiratet, und Mette-Marit kommt ja nun noch wieder ganz woanders her. Man mischt sich mehr. Nur Hamburg ist noch spießig: Wo wohnst du, auf welcher Schule warst du, was macht dein Vater, so geht es doch. Warst du Alsterpirat? Nein, war ich nicht. Oh Gott!", ereifert sich Graf Moritz.

Dem Umdenken in dieser Debatte ist auch die englische Krone gefolgt, denn Prinz William hat mit seiner Liebe zu Kate Middleton in der Aristokratie ein definitives Zeichen gesetzt. Die Royals der existierenden europäischen Monarchien haben mit ihrer Brautwahl einen Quantensprung vollzogen. Dass die bürgerliche Tochter einer erfolgreichen Online-Unternehmerin, ehemaligen Stewardess und engagierten Karrierefrau die zukünftige Königin des British Empire sein wird, und von der Queen mit offenen Armen in den Schoß der Familie aufgenommen wurde, ist wahrlich ein Wake-Up-Call für alle Ewiggestrigen.

Zahllose Versorgungsehen und Zweckgemeinschaften mussten erst in die Brüche gehen, wahrscheinlich in einem „von Qualen" begleiteten Lebensweg, bis diese neue Ära zum Zeichen der Zeit wurde. Und wie bei jeder Pro-Contra-Diskussion ist man schnell mitten in der lebhaftesten Debatte. „Adel ist kein Privileg mehr, rechtlich ist es ein Teil des Namens. Wer noch einen Besitz hat, genießt ein anderes Standing, aber viele wohnen doch längst auf der Etage und verkaufen Schuhe", erklärt Graf Moritz. „Ich finde das ja toll", fügt er hinzu, „früher haben Frauen ein bisschen Kunst studiert oder Hauswirtschaftsschulen besucht, heute sitzen sie in Anwaltsfirmen. Die wollen nicht mehr nur Frau Soundso sein. Bloß – wo der Individualismus wächst, sinkt die Kompromissbereitschaft. Wer steckt zurück, wer kümmert sich um was?

Man mischt sich mehr. Nur Hamburg ist noch spießig.

Moritz Graf zu Reventlow

Festlich eingedeckte große Scheune

Das war früher klarer festgelegt. Wenn's trotzdem krachte – Scheidung war verpönt –, dann lebte man halt etwas großzügiger im gleichen Haus, hatte Liebhaber oder Mätressen. Das kommt doch in unseren Familien seit Hunderten von Jahren vor.“ Dem ist nichts hinzuzufügen. Da kann man einander nur noch einvernehmlich zuprosten. Ein Hoch auf die Mätressen, sie haben so manche Ehe gerettet!

Doch zurück in die Gegenwart: Als umsichtige Hausfrau fragt man sich natürlich, wie sich so ein großes Haus überhaupt bewirtschaften lässt. Man müsste ja von morgens bis abends putzen, damit nur das Nötigste erledigt wird. So viel Personal, wie man bräuchte, um 30 Zimmer instand zu halten, kann man heute gar nicht mehr bezahlen. „Als ich Kind war, gab's hier noch einen Gärtner, der die Wege gekiest und geharkt hat“, erinnert sich Graf Moritz und beschreibt treffend: „Auf dem Land bist du dein eigener Hausmeister. Morgens wird das Wasser mal nicht warm, und wenn's reinregnet, stopf ich auf dem Dachboden die Löcher. Als Selbstdarsteller kommt man da nicht weit.“ Umso mehr verblüfft es mich, dass Gräfin Jutta ihren gesamten Haushalt mit der Hilfe nur einer einzigen Haushälterin managet. „Annemarie kam zu uns als sie 16 war, das war vor 57 Jahren, und sie spielt eine sehr große Rolle: Sie hat zum Beispiel alle Geburtstage im Kopf!“ Wer derartig mit dem Hausstand verwachsen ist, wer die Kinder gehütet und Freud und Leid geteilt hat, wird in aller Diskretion zum Familienmitglied. Verantwortung für Personal zu tragen und es über Jahrzehnte zu integrieren, ist noch immer ein Qualitätsmerkmal der Hofhaltung. Kindermädchen zu verschleißen, ständiger Zoff mit Angestellten und Überforderung der Hausfrau bei der Wahl des Personals sprechen nicht für einfühlsame Handhabung und Empathie eines Hauses.

Nun, in einem vorbildlich geführten Haushalt ist vom großen Tischservice bis hin zum Silberbesteck und den Damasttischdecken in Übergrößen im Prinzip auch alles vorhanden. Aber das, was vorhanden ist, will entsprechend gepflegt sein. Schließlich erhalten die Besitzer lebende Museen. Und die sind nun einmal kein Catwalk. „Unser Leben spielt sich nicht nur im Salon ab, wo man nur in die Hände klatscht und alles passiert. Ich putze meine Schuhe selbst, räume mein Ankleidezimmer auf“, erläutert der junge Graf. Und ich könnte ihm stundenlang zuhören: „Faul auf der Chaiselongue liegen, ist nicht die norddeutsche Art, und ich mach ja nun nicht unbedingt auf Salonlöwe.“ Neben der Hofhaltung ist Moritz zu Reventlow Geschäftsführer einer Immobilienfirma. „Ich möchte zeigen, dass auch der Adel dem Modernen gegenüber aufgeschlossen ist und dass eine Hofhaltung eine große Verantwortung bedeutet. Das Gut zu erhalten, ist zugleich Verpflichtung und eine schöne Aufgabe.“ Auf allen Ebenen gelingen ihm diese Vorhaben.

Faul auf der Chaiselongue liegen,
ist nicht die norddeutsche Art …

Moritz Graf zu Reventlow

So wird's gemacht: einfach mit dem Sieb rausholen!

Perfekt: Tischtuch und Porzellan spiegeln die Farben des Gerichtes wider.

Und, der Graf selbst ist sogar begeisterter Koch! Dies liegt wohl in der Familie, denn auch sein Bruder Nicolaus lädt gern zum Tafeln nach Gut Eckhof und hat sich im Laufe der Jahre zum Gourmetkoch entwickelt. Wer als zukünftige Gräfin auf Gut Wulfshagen infrage kommen will, sollte mehr als ein naturverbundenes Mädel sein. Ohne Parkettsicherheit, Gastgebertalent, Blumen- und Placementarrangements ginge es wohl nicht. Und Gräfin Jutta, mit ihrer kerzengeraden Haltung, hat wahrlich Maßstäbe gesetzt. Ihre sprichwörtliche Gastfreundschaft, ihre perfekten Gesellschaften hatten zur Folge, dass Wulfshagen ein Geheimtipp für die Buchungen von Familienfeierlichkeiten und Abendgesellschaften geworden ist.

Hier stimmt alles, wenn Gäste kommen, und die Planung verläuft minutiös. Die restaurierte Fachwerk-Scheune aus dem 17. Jahrhundert kann für bis zu 150 Gäste hergerichtet werden und erstrahlt bei Gesellschaften in rustikaledlem Glanz: Kronleuchter treffen auf ehemaligen Getreidespeicher aus Fachwerk mit gigantischem Reetdach.

So freue ich mich besonders, von der Gräfin selbst angeleitet zu werden und an einem ihrer berühmten „Krebsessen" teilzunehmen. Krustentiere sind nicht unbedingt mein Metier. Es mag daran liegen, dass Zubereitung und Verzehr mich immer an einen chirurgischen Eingriff erinnern.

Wie stets im Leben, ist Erfolg eine Frage des Vorbereitetseins. Im Hause zu Reventlow kombiniert man exzellenten Geschmack mit praktischer Erfahrung, Übung und routinemäßiger Logistik. Denn was sich am Schluss umwerfend präsentiert, ist schon im Vorfeld lückenlos durchstrukturiert.

Jutta Gräfin zu Reventlow

Krebsessen

Zutaten für 4 Personen:

Für die Erbsensuppe (als Vorspeise):
1 Pckg. TK-Erbsen
500 ml Gemüsebrühe
Sahne und Meerrettich zum Anrichten

Für das Krebsessen:
1 TL Kümmel
1 Bund Dill
100 g Salz
4 kg oder 40 Stück Krebse
Kresse, Dill und Zitronen zum Anrichten

Für die Champignonbutter (als Beilage):
400 g gehackte Champignons
400 g weiche Butter
Salz

Für die Cocktailsauce (als Beilage):
100 g Crème fraîche
100 g Sahne
6 EL Ketchup
1 EL Cognac
Salz
Pfeffer

Im Handumdrehen lässt sich als solide Grundlage für den bevorstehenden Eiweißschock eine grasgrüne, sämige, heiße Erbsensuppe zaubern. Die TK-Erbsen werden gekocht und durch ein Sieb passiert. Die samtige Masse wird mit der Brühe nach Bedarf aufgegossen, ein Schuss Sahne und etwas Meerrettich hinzugefügt, angerichtet, fertig.

Für das Krebsessen benötigt man entsprechendes Equipment. Ein größtmöglicher Topf wird mit einem Sud aus Kümmel, Dill und Salz angesetzt. Die Gewürzmischung wird am besten in einem Gewürzsäckchen in den Topf gehängt. Die Krebse werden am unteren Rumpf gefasst und kopfüber in den brodelnden Sud getaucht. Anfangs gräulich, nehmen sie innerhalb von 10 Minuten eine satte, korallenrote Farbe an und werden dann mit einem großen Schaumlöffel herausgefischt. Die maritimen Köstlichkeiten werden auf einer Platte mit Kresse, Dill und Zitronen drapiert und serviert.

Für die Champignonbutter die gehackten Pilze mit der Butter verrühren und mit Salz abschmecken.

Für die Cocktailsauce die Crème fraîche mit der Sahne, dem Ketchup und dem Cognac verrühren und mit Salz und Pfeffer verfeinern.

100 Punkte für die Präsentation der Schalentiere!

Die liebevoll dekorierte Tafel, die bei allem Prunk dennoch heimelige Atmosphäre am Kamin, die wohldurchdachte Dekoration mit silbernen Fingerschalen, das Farbenspiel vom Porzellan bis hin zur Tischdecke, all das spiegelt subtil die Nuancen der Speisen wider und verleiht uns das Gefühl, in ein Stillleben eingetaucht zu sein. Man möchte gar nicht mehr aufstehen, sondern dieses herrliche Gelage ausdehnen. Und ein Krebsessen, bei dem der Alkohol fließt, wird ganz unmerklich zur Erlebnisgastronomie: Es gehören Leinenlätzchen und Fingerschalen dazu, denn man isst mit den Händen. Und prostet sich mit Aquavit zu, für jeden gut ausgepulten Krebs!

Das Krebsessen ist ein Gesellschaftsessen, bei dem man sich zwanglos kennenlernt. Der Trick der kompetenten Hausfrau liegt auch hier darin, organisatorisch jederzeit die Kontrolle zu behalten, bilden sich doch fortwährend Berge von Schalen, geleerten Panzern und Zangen, die vom umsichtigen Personal unauffällig aber regelmäßig in Porzellanterrinen entsorgt werden wollen. Wenn es jemals ein perfektes Promi-Dinner gegeben hat, dann hier, auf Gut Wulfshagen! Man könnte das Ganze natürlich auch auf einem Rasen als Picknick stattfinden lassen, dann sollte man aber unbedingt die Entsorgung im Auge behalten.

Wer die Herausforderung annimmt und sich inspiriert fühlt, der schließe das Dinner mit einer erfrischenden Nachspeise ab, welche nochmal als i-Tüpfelchen das Erlebnis abrundet. Die Engländer würden hier eine meiner unschlagbaren Lieblingsspeisen folgen lassen, die jeder Junggeselle bewältigen kann und die selbst ein misslungenes Dinner immer wieder „rausreißt"!

„Eton mess": auf eine große Platte gehäuftes Vanilleeis mit Erdbeeren und zerstoßenen Baiserschalen dekorieren und mit Schlagsahne überhäufen. Auf dem jeweiligen Teller bestens geeignet, nach eigenem Gusto zermatscht und vermantscht zu werden. Das sieht richtig sexy aus, wenn es in Kristallschalen auf Platztellern mit silbernen Löffeln bei Kerzenschein stattfindet. Eton mess ist geradezu ein *old school boy syndrom* und gilt als unschlagbarer Renner. Gräfin Jutta zu Reventlow servierte „Scheiterhaufen". Eine Mischung aus Baiser, Sahne, Vanilleeis und frischen Früchten.

Beim Mocca im Salon sinniere ich dann schon, welch glückliche Braut auf Gut Wulfshagen wohl in die Fußstapfen der schwarzen Stiletto-Louboutins der Gräfin zu Reventlow treten mag. Ob es wohl noch junge Damen gibt, die sogar die Orgel bespielen können? Es wäre doch gar zu schön an einem stürmischen Herbstabend!

Und wieder einmal bringt es Graf Moritz norddeutsch knapp auf den Punkt: „Nur bitte keine Perlenkette im Faltenrock! Der Albtraum, so eine spießige Elbschleiche. Nein, witzig muss sie sein. Die kann auch ruhig schon mal verheiratet gewesen sein,

mit Kind. Nur zu burschikos oder leger ist anstrengend, das kriegst du auch nicht raus. Sie kann auch witzig aussehen, wie in Pink mit Glitzer, fände ich amüsant. Eine Frau soll schließlich auch ein bisschen Spaß in die ‚gute Stube' bringen."

Recht hat er. Von übermütiger Kontaktaufnahme aufgrund dieses Beitrages bitte ich an dieser Stelle höflichst abzusehen.

Eine Frau soll schließlich auch ein bisschen Spaß in die „gute Stube" bringen.

Moritz Graf zu Reventlow

Zurück zum Lätzchen! Steht nicht nur den Damen …

Sabine „Fanny“ Freifrau von Süsskind

Leibspeise: Pichelsteiner Eintopf

Schloss Dennenlohe

Ein großes Haus zu führen, klappt nur mit Mut zum Chaos!

Sabine „Fanny“ Freifrau von Süsskind

Mit sanftem Schnurren öffnet sich das massive, zweiflüglige Holztor und gibt den Blick frei auf Schloss Dennenlohe. Ein Pfau schlägt stolz sein farbenprächtiges Rad, vor den Ställen sonnt sich ein schwarzer andalusischer Hengst, Singvögel zwitschern dem Besucher ein morgendliches Konzert und Rhododendrenanlagen verführen geradezu, die gepflegten Parkanlagen zu betreten und den Kieswegen zu folgen. Gerne landet man dann im Oldtimermuseum, selbst wenn man sich sonst überhaupt nicht für Autos interessiert. Umgekehrt ebenso: Der Oldtimerfan verweilt bestimmt plötzlich gern im Kräutergarten, denn Dennenlohe verführt seine Besucher – ganz wie sich das für ein ehemaliges Lustschloss gehört. Aber Achtung: „Privatbesitz“! Dass Dennenlohe, eingerahmt von Kavaliershäusern, Gärten und einem Gutshof, wie aus der Zeit gefallen wirkt, hat mittlerweile auch die Filmindustrie erkannt. Für Fernsehserien wie „Schloss Hohenstein“ und „Frankenberg“ diente es als märchenhafte Kulisse.

Ausdruck eines Lebensgefühls – das ist Dennenlohe. Ein kleines luxuriöses Barockschloss, wunderschön gelegen im Fränkischen Seenland, südlich von Ansbach, im verwunschenen Unterschwaningen. Wer dem Zauber englischer Landschaftsgärten verfallen ist, möchte einfach nur bleiben und verweilen. Britischer als die Parkanlagen Dennenlohes kann die veredelte Natur innerhalb Deutschlands kaum sein. Ein nur dem Schein nach natürlicher Garten, der auf strenge Geometrie verzichtet und mit Sichtachsen und Landschaftsgestaltung die Illusion von Räumen unter freiem Himmel schafft. Der unbescholtene Spaziergänger, der an der hohen Gartenmauer versucht, einen Blick aufs Schloss zu erheischen, wird sich kaum vorstellen können, welch eine moderne und unternehmungslustige junge Familie die Schlossherren auf Dennenlohe sind. Bereits in der achten Generation wohnen die Freiherrn von Süsskind in dem prächtigen Barockschloss aus dem Jahr 1734, das Leopold Retti entworfen hat. Auf seinem Reißbrett entstanden auch das Neue Schloss in Stuttgart und Teile der prachtvollen Ansbacher Residenz.

Die rot-blaue Flagge in den Familienfarben ist gehisst wie einst und flattert stolz im Wind. „Ist der Lappen draußen, ist der Lump drinnen“, geht es mir durch den Kopf und schon ruft eine freundliche Stimme: „Frau Baronin kommt gleich!“ Doch weitgefehlt – denn erst mal kommen die Hunde! Ein Rudel von fünf ausgewachsenen, hüfthohen Airedale Terriern empfängt mich und begleitet mich im Spalier zur Freitreppe. Frau Baronin, das ist Sabine „Fanny“, Freifrau von Süsskind, die hier zusammen mit ihrem Mann Robert und dem Zwillingspärchen Victor Leopold Gottlieb und Emilie Leontine Serafina Pomeline lebt. „Sorry, aber ich habe gerade 30.000 Osterglocken gepflanzt!“, begrüßt mich die attraktive, sportlich gekleidete Münchnerin und lädt mich gleich zum Spaziergang in den Lustgarten unter der Lindenallee ein. „Zur Verlobung bekam ich einen Airedale Terrier geschenkt. Jetzt ist daraus eine Schar von fünf Hunden geworden, die unser Anwesen bewachen und mit uns leben.“

Nur einer vom stattlichen Rudel der fünf „blonden“ Airedale Terrier …

Neben Schloss, Wald, Pavillon und See ist das größte Erbe der Süsskinds der gute Humor!

Baron Robert hat seine Ehefrau Sabine einfach in „Fanny“ umbenannt …

Perfekt referiert die Diplom-Kauffrau, die ehemals erfolgreich in New York und London als Bankerin tätig war, über die historischen Wurzeln des Barockschlossensembles. Und man spürt sofort: Längst sind die Zeiten vorbei, in denen sich der Adel hinter hohen Mauern verschanzte, um einem ausschweifenden Lebensstil zu frönen. Heute bedeuten große Besitztümer für viele Standesgenossen nicht nur angemessenen Wohlstand, sondern ebenso kaufmännische Verantwortung. Zeitgemäße Adlige haben daher schon länger einen Umdenkungsprozess durchlaufen. So auch Freiherr Robert von Süsskind und seine Gattin Sabine. Denn schließlich wollen die Eltern zweier Kinder den Besitz später einmal intakt hinterlassen. Hier sind also Kreativität und Initiative gefordert. „Denn was nützt das schönste Anwesen hinter schmiedeeisernen Zäunen, wenn es vom Zahn der Zeit dahingerafft wird?“, so Baron Süsskind.

Die von Süsskinds haben die Offensive gewählt und die Parkanlagen von Schloss Dennenlohe in einigen wesentlichen Bereichen der Öffentlichkeit zugänglich gemacht. „Was spricht dagegen? Der eine vermarktet sein Talent als Designer, der andere als Winzer oder Architekt“, bekräftigt der Baron seine Entscheidung. „Wir vermarkten unseren Besitz, um ihn als jahrhundertealtes Kulturgut für nachfolgende Generationen zu erhalten.“ Führungen, die der Schlossherr persönlich leitet, Fragestunden und Lesungen aus prämierten Gartenbüchern, Vorträge, Ausstellungen und Konzerte prägen den Veranstaltungskalender ebenso wie die alljährlich stattfindenden Schloss- und Gartentage, eine der ersten großen Gartenmessen Deutschlands, zu denen Baron Süsskind nicht mit großen PR-Aktionen, sondern vor allem durch Mundpropaganda die Gartenliebhaber von weither lädt.

Ich habe gerade 30.000 Osterglocken gepflanzt!

Sabine „Fanny“ Freifrau von Süsskind

Die Baronin schildert mir derweil geübt und lebhaft die bewegte, schicksalsreiche Familiengeschichte Dennenlohes und hat sich der Bewahrung des herrschaftlichen Erbes mit der perfekten Professionalität einer studierten Karrierefrau verschrieben. Und die Spurensuche ergibt, wie sehr Dennenlohe stets von charakterstarken Frauen geprägt wurde. Intelligenz, Takt, Anmut und unauffälliger Wohlstand haben sich hier durch die Schlossherrinnen über die Jahrhunderte als Atmosphäre etabliert. Urkundlich erwähnt wird Schloss Dennenlohe erstmals 1167. Besitzer ist Hartwicus Freiherr von Lierheim, 36. Bischof von Augsburg. Im Jahre 1825 verkaufte Graf Friedrich Albert zu Pappenheim das Schlossgut Dennenlohe an Johann Gottlieb Freiherr von Süsskind aus Augsburg. „Wer in der ersten Hälfte des vorigen Jahrhunderts in Augsburg von den führenden Persönlichkeiten des wirtschaftlich-sozialen Lebens sprach, der pflegte an erster Stelle den Namen Süsskind zu nennen“, erfahre ich lustwandelnderweise, während wir den imposanten Vasengang entlang schreiten, der Schloss und Orangerie, gesäumt von 100 langen Staudenbeeten, miteinander verbindet. In seinem Testament von 1846 betrug das Vermögen des Barons von Süsskind 2,7 Millionen Gulden und er war damit der reichste Schwabe seit dem Dreißigjährigen Krieg. Für seine sieben Kinder erstand er vor seinem Tod sieben Schlossgüter, von denen sich heute noch drei in Familienbesitz befinden. Seit 1978 hat Robert Freiherr von Süsskind in nunmehr 7. Generation Schloss Dennenlohe nebst Ländereien übernommen.

Und was der Graf zu Pappenheim einst in die Hände der Barone Süsskind legte, wäre niemals ohne die leidenschaftliche Hingabe seiner ersten, exzentrischen und für damalige Zeiten geradezu verwegen emanzipierten Ehefrau entstanden. Ich stelle fest: Tradition ist toll! Und oft auf den zweiten Blick so gänzlich anders, als man vermutet. Ich erfahre, dass Anna Lucie Wilhelmine Christine, verheiratete von und zu Pappenheim, am 9. April 1776 als Gräfin von Hardenberg-Reventlow in Hannover geboren wurde. Sie war die Tochter von Karl August von Hardenberg, dem späteren preußischen Staatskanzler, und von Juliane Fredericke Gräfin von Reventlow. 20-jährig wurde Lucie mit dem Reichsmarschall und regierenden Grafen Carl Theodor von Pappenheim vermählt und lebte nach ihrer Trennung von ihm 15 Jahre auf Dennenlohe. Selbstbewusst nutzte sie dort die durch ihren gesellschaftlichen Stand gegebenen Entfaltungsmöglichkeiten und lebte ein eigenständiges Leben. Die Spuren, die Lucie von Hardenberg in Dennenlohe hinterließ, legten laut Baron Robert von Süsskind den Grundstein für die heutige Landschaftsparkgestaltung. Lucie pflegte mit vielen Zeitgenossen einen intensiven Kontakt und führte ein geselliges Haus. Um 1815 schließlich reiste sie nach Berlin, wo sie dem späteren Fürsten Hermann von Pückler begegnete. Prompt ließ sie sich scheiden und wurde in zweiter Ehe zur Fürstin Pückler, Gemahlin des Mannes, mit dem sie ihre „Parkomanie" ausleben konnte. Als Mit-Schöpferin von Muskau und Branitz, Kleinode, welche in der Landschaftsarchitektur neue Maßstäbe setzten, sollte Lucie später als „die grüne Fürstin" in die Geschichte eingehen.

„Meine herzensgute Schnucke" oder „gute Pulvertonne" – so nannte Fürst Pückler seine geliebte Seelenschwester. In Lucie fand Fürst Pückler eine vollendete Weltdame mit hervorragender Bildung und künstlerisch-kreativem Feingefühl. In ihrem 79. Lebensjahr verstarb Lucie, die einstige Herrin auf Dennenlohe, als Fürstin von Pückler-Muskau in Branitz. Und was sie nicht alles für ihre Lebensvision in Kauf nahm! Lucie war eine Frau zum Pferdestehlen und kein Opfer war ihr zu groß. Umfassend gebildet und fortschrittlich in ihrem Denken, umgab sie sich mit einem Kreis historisch interessanter und bedeutender Frauen. Von der gemeinsamen Vision beseelt, Europas schönste Schloss- und Gartenanlage zu erschaffen, hat sie sich ausgesprochen pfiffig durchzuschlagen gewusst und mit immer neuen Mitteln den Muskauer Park finanziert. Schließlich hatte sie einen Gatten, der solch extravagante Vorlieben pflegte, wie sich mit einer zwölfspännigen Kutsche, gezogen von weißen Hirschen, durch die Ländereien fahren zu lassen. Fürstin Lucie verstand ihren Mann und sie gab alles: Im Jahre 1826 ließen sich Fürst Pückler und seine geliebte Ehefrau pro forma scheiden, lebten aber trotzdem bis zu ihrem Tod 38 Jahre in wilder Ehe zusammen. Die Scheidung war lediglich eine Finte, denn der hoch verschuldete Fürst Pückler plante, nach England auszuwandern und „reich zu heiraten", um seine Park- und Gartenträume umsetzen zu können. Bei der „Brautschau" stand ihm Lucie jahrelang zur Seite und hielt ihm den Rücken frei, damit der Muskauer Park weiterhin finanziert werden konnte. Das nenn ich doch mal einen Masterplan!

Die Englandreise war allerdings wenig erfolgreich, und während der Fürst auf der Suche nach exotischen Gewächsen weiter Nordafrika bereiste, „gärtnerte" Lucie derweil daheim. Selbst als Fürst Pückler auf dem Sklavenmarkt in Ägypten die bildhübsche und noch dazu blutjunge Machbuba ersteigerte, mit ihr weitere Jahre umherreiste und selbst ganz Berlin mit ihr verzauberte, reiste Lucie schließlich ihrem Exmann hinterher und stand nach einer Aussprache weiterhin an seiner Seite! Die Kapazität zu soviel Freiheit aus Liebe in einer Beziehung wie sie die Fürsten Pückler verband, ist wahrlich nicht jedem gegeben. Aber so legendär die kulturhistorische Hinterlassenschaft des Paares, so exzentrisch eben auch ihre Partnerschaft. Bei den Pücklers hatte alles eine andere Dimension – was ich auf meiner kulinarischen Reise schließlich vor Ort in Branitz noch live erfahren sollte. Diese Herrschaften waren eben das genaue Gegenteil von kleinkariert und engstirnig.

Während ich die Biotope des Dennenloher Landschaftsgartens mit seinen botanischen Attraktionen bestaune, drängt sich mir die Frage auf, warum so mancher Hobbygärtner sich redlich aber doch vergeblich um die Pflege des Rasens müht und wir in unseren Breiten nur selten das erreichen, was uns als „englischer Rasen" vorschwebt. Darüber trösten nicht einmal die Gartenzwerge liebevoller Kleingärtner hinweg.

Gott sei Dank ist fachfraulicher Rat an meiner Seite und die Baronin erläutert, der englische Rasen setze deshalb Maßstäbe, da er jeden zweiten Tag gemäht und jegliches Unkraut ohne chemische Hilfsmittel ausgestochen werde – und dies seit 500 Jahren! „Bis das Unkraut sich benimmt – indem es wegbleibt", wie Baronin Süsskind hinzufügt! „Kein einziges Gänseblümchen weit und breit", stellen wir in einem Atemzug fest. Mit ihrem Organisationstalent, Fachwissen und dem Elan, immer neue Projekte zu stemmen, ist Baronin Süsskind wahrlich prädestiniert, als Initiatorin des Bayrischen Gartennetzwerks seit 2008 neue Strukturen und Kapazitäten zu schaffen.

„Ich brauche jedes Jahr ein neues Projekt, mit dem ich mich beschäftigen kann, und bei mir laufen alle Fäden von Garten, Haus und Landwirtschaft zusammen. Erst die jahrelange Renovierung des Schlosskomplexes, dann des Gutshofes mit Marstall-Restaurant und Oldtimermuseum, die Initiierung und Vergabe des Deutschen und Europäischen Gartenbuchpreises, zwischendrin MBA, Gründung des Bayrischen Gartennetzwerks, eine neue Gartenbuchbibliothek in der Schmiede und dazu noch meine Dissertation. Wir haben bisher 30.000 Gäste pro Jahr – 100.000 sollen es in den nächsten zehn Jahren werden, und zu Stoßzeiten ziehe ich mich zehn Mal am Tag um!", und ich glaube es ihr prompt. „Führungen, Termine im Büro, Baustellen, Hunde, die mich mit dreckigen Pfoten anspringen, Pferdestall ausmisten, pflanzen, Rasenmähen – bei all dem schmutzt man schnell ein! Und dann kommen auch schon wieder Gäste zum Cocktail-Empfang ..."

Bei solcher Hektik geht Sabine „Fanny" Süsskind dennoch die Dinge gelassen an. Den verantwortungsvollen Aufgaben, vor allem aber auch dem Willen, den Herausforderungen hartnäckig zu begegnen, stehen eine souveräne Haltung und Aufgeschlossenheit für die Möglichkeiten unserer Zeit gegenüber. Wir nehmen Platz auf einer Teakholzbank am Weiher und genießen die beschauliche Idylle. „Hier bearbeite ich gerne abends meine E-Mails, wenn ich mal aus dem Büro rauskomme", sagt die Baronin. Nun, dieses Plätzchen ist wahrlich ein Büro mit Ausblick auf einen Garten Eden: Zwölf kleine Inseln mit unterschiedlichen mythologischen Themen unterteilen einen sechs Hektar großen See und sind durch elf romantische Brückenläufe verbunden. Eine stimmungsvolle Landschaftsgestaltung, die selbst den nüchternsten Betrachter zum Träumen einlädt. Zu einem „richtigen" Schloss, so erläutert die Baronin, gehören nun mal Wald, Seen, Felder, Wiesen, Park und Gartenanlagen – allein ein prachtvolles Haus zu beziehen, mache einen noch lange nicht zum Schlossherrn.

Da liegt doch die Frage nahe, wie sich See, Wald, Feld, Wiese, Park und Feld neben Kindern, Tieren, Gästen und Haushalt organisieren lassen? „Wer keinen Mut zur Lücke hat, der hat hier keine Chance!", lacht die Baronin. Ständig gehe irgendwas kaputt, stressresistent müsse man sein, kreativ und bereit anzupacken. Sieben Monate lang habe sie, als die Kinder noch klein waren, einen ganzen Winter lang die Ölfarbe im Treppenhaus abgekratzt, mit dem Presslufthammer 70 Stunden lang den 50er-Jahre-Boden aus dem Frühstückszimmer bearbeitet, um an die alten Solnhofner Platten zu kommen. Baronin im Gewand einer Bauarbeiterin. Was macht die Baronin aus? Wie bewältigt man Familie und Haushalt neben diesen vielfältigen Aufgaben? „Man muss lernen im Hier und Jetzt zu leben. 119 Fenster in 32 Zimmern? Wer da Angst vorm Chaos hat, geht unter. Wer meint, in solch einem Besitz den Prinzessinnentraum träumen zu dürfen, wird schnell auf den Boden der Tatsachen zurückgeholt. Man muss", sagt die Baronin mit einem Augenzwinkern, „als Schlossherrin durchaus flexibel sein. Und ich verrate Ihnen etwas: Keiner unserer Freunde hält es hier – bei dem Stress – länger als drei Tage aus!"

Und schon schlendern wir zurück ins Schloss und machen es uns in der weitläufigen Schlossküche bequem. Gekocht wird bei vielen Gästen tatsächlich immer noch am Herd von 1910 mit unterirdischem Abzug. Im großen Gartensaal wird dann an der langen Mahagonitafel eingedeckt. „Silberbesteck ist bei uns Alltagsgerät", sagt die Baronin und ich bestaune die prachtvollen Alkovenschränke mit Pokalen, Kelchen, Platten und Leuchtern aus altem, graviertem Sterling. Von Frau zu Frau wägt man da schon mal ab, wie man Herrin der Lage bleibt und mit welcher Methode der strahlende Glanz dauerhaft erhalten bleibt. „Meine Faustregel ist: zwei mal im Jahr Silberputzen und alle fünf Jahre zum Versiegeln“, meint die Baronin und dekoriert direkt an ihrem persönlichen Gedeck eine Hohlraumserviette im wunderschönen Serviettenring mit der ziselierten Gravur „Fanny“. „Eigentlich heiße ich ja Sabine“, erläutert die Baronin und verweist auf das Ahnenölgemälde, welches die schöne Fanny Baronin von Süsskind zeigt, die 1860 als Enkelin von Konsul Platner, dem Begründer der Eisenbahnlinie Nürnberg-Fürth, nach Dennenlohe einheiratete. Mit dessen Vermögen leistete „Tante Fanny“ einen nicht unerheblichen Beitrag zum Erhalt des Schlosses. Und sicher auch zum Aufstocken der Silberkammern. „Als ich das erste Mal nach Dennenlohe kam, legte mir mein Mann diesen Serviettenring neben meinen Teller und sagte: also deinen Namen kann ich mir irgendwie nicht merken, aber da schau her, ab jetzt nenne ich dich Fanny!“ Wie schön, dass auch Humor zum Familienerbe der Süsskinds gehört. Und so deftig wie der Humor des Schlossherrn, so zünftig wird auch gekocht!

Nein, eine perfekte Hausfrau sei sie keine, gesteht die Baronin, und während sie die bereits präparierten Zutaten des Pichelsteiner Eintopfes zusammenstellt, geht unsere hausfrauliche Plauderei weiter. Tischdecken hat sie im Alltag schon allein aus praktischen Gründen bei zwei halbwüchsigen Kindern und vielen Hunden abgeschafft. Einzig auf gestärkte Stoffservietten wird bestanden. Und wer, wie Baron Robert von Süsskind, aus einer Schilf- und Brennnesselwüste einen 14 Hektar großen Park geschaffen hat, täglich als „grüner Baron“ persönlich umgräbt, buddelt und gestaltet, der plädiert für eine unkomplizierte Küche, die man schnell wieder aufwärmen und stets auf dem Herd bereithalten kann. „Meistens essen wir mittags alleine. Wir warten nicht mehr mit dem Essen, mein Mann kommt schon, wenn er Hunger hat. Im Sommer immer später als geplant ... Schauen Sie, dieses Rezept ist sogar noch von Tante Fanny persönlich“, und die Baronin präsentiert mir ein antiquarisch bestens erhaltenes Kleinod: Das Kochbuch mit dem Titel „Frauenhilfe im Krieg“, mit Fannys persönlichen, handgeschriebenen Notizen. Und der Pichelsteiner Eintopf lag zu Fannys Zeiten voll im Trend!

Es gilt als erwiesen, dass die ursprünglich aus Kirchberg im Wald stammende Gasthauswirtin Auguste Winkler, geborene von Kiesling, den Eintopf erfunden hat. Das schnell zubereitete Gericht erfreute sich beim traditionellen „Freilichtkochen“ im Bayrischen Wald nahe dem Ort Büchelstein großer Beliebtheit. Ab 1874 traf man sich alljährlich am Kirchweihmontag zum Pichelsteineressen – und diesen Brauch gibt es noch heute! „Das Schöne am Pichelsteiner ist, ich setze ihn auf, er köchelt von selbst, und in der Zeit kann ich die Kinder von der Schule abholen, noch im Büro arbeiten oder schnell zum Reiten gehen.“

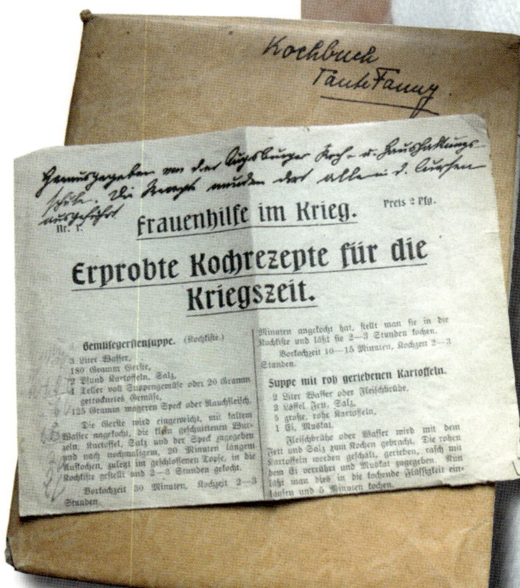

Sabine „Fanny" Freifrau von Süsskind

Pichelsteiner Eintopf

Zutaten für einen großen Topf:

250 g Sellerie
250 g Weißkohl
250 g Karotten
1 Stange Lauch
250 g Kartoffeln
3 Zwiebeln
200 g Rindfleisch
150 g Schweineschulter
200 g Lammschulter (oder Hammel)
250 g Butter
Salz
Pfeffer
frischer Majoran
0,75 – 1 l Gemüsebrühe
frische Petersilie

Zuerst muss das Gemüse vorbereitet werden. Sellerie, Weißkohl, Karotten, Lauch, Kartoffeln und Zwiebeln putzen, schälen und in Würfel oder Scheiben schneiden. Da es ein herzhafter Eintopf ist, können die Würfel und Scheiben ruhig grob geschnitten werden. Sie sollten etwa gleich groß sein. Das geputzte Gemüse in einer großen Schüssel miteinander vermischen.

Das Fleisch muss nun ebenfalls verarbeitet werden. Das Rindfleisch in Würfel schneiden. Gegebenenfalls von der Beinscheibe lösen.

Die Schweine- und die Lammschulter ebenfalls in Würfel schneiden. Ursprünglich gehört Hammelfleisch in den Pichelsteiner. Da wir das nicht immer bekommen, gibt es eben Lamm stattdessen.

In einer beschichteten Pfanne etwas Öl, oder laut Fanny 1/4 Pfund Butter, erwärmen. Das Fleisch nacheinander darin kurz anbraten.

Dann in einem großen Suppentopf zuerst das Fleisch einer Sorte schichten. Darüber kommt nun eine Lage Gemüsemischung. Mit Salz, Pfeffer und frischem Majoran würzen. Ein Drittel von der Gemüsebrühe darübergießen.

Dann kommt das Schweinefleisch dazu und wieder eine Lage Gemüsemischung. Mit Salz, Pfeffer und Majoran würzen und ein weiteres Drittel Gemüsebrühe darübergießen.

Zum Schluss wird das Lammfleisch hinzugefügt. Dieses wird mit dem Rest der Gemüsemischung überdeckt. Das Ganze mit Salz, Pfeffer und Majoran würzen und den Rest der Gemüsebrühe dazugeben.

Den Pichelsteiner Eintopf auf den Herd stellen, zum Kochen bringen und zugedeckt bei schwacher Hitze ca. 1 Stunde schmoren lassen. Nach der Kochzeit die Petersilie fein hacken und in den Eintopf geben.

Am besten heiß servieren mit frischem Brot.

Ohne Kräutergarten geht bei der Baronin gar nichts!

In der guten Vorbereitung liegt das Geheimnis des Pichelsteiner: Man braucht nur die richtige Küchenmaschine!

Im Nu aus dem Nichts zu einer meiner Leibspeisen emporgestiegen, kocht sich der solide Eintopf quasi von selbst.

Der Pichelsteiner ist und bleibt ein deftiger Traditionseintopf aus dem Bayrischen Wald. Er schmeckt köstlich! Anstatt Weißkohl lässt sich auch Wirsingkohl und anstatt Gemüse- auch Rinderbrühe verwenden. Die Fleischteile sollten mager sein und von Fett und Sehnen befreit werden. Eine tolle Alternative ist, einen dekorativen Schmortopf mit Deckel zu versehen und im Ofen bei 180 Grad garen zu lassen. Dies kann 1,5 Stunden dauern – die Zeit reicht also zum feucht Durchwischen und Staubsaugen auf jeden Fall aus! Der gesamte Topf kann dann, wenn man es rustikal liebt, mit Untersatz und Suppenkelle auf den Tisch gestellt werden, wo man Petersilie am besten frisch hineinstreut. Aber egal ob zünftig präsentiert oder in eine schöne Porzellanterrine umgefüllt, der Pichelsteiner beeindruckt immer: als ein echtes Familienessen – eine gesunde Leibspeise, aus natürlichsten, frischen Zutaten. Ideal, um im Herbst und Winter Leib, Seele und Herz zu erwärmen. Dazu Omas Krustenbrot – herrlich!

Nur die Schnippelei sollte man – wenn's geht – delegieren, die kann zeitraubend sein.

Sabine „Fanny" Freifrau von Süsskind

Annabelle Gräfin von Oeynhausen-Sierstorpff

Leibspeise: Rehrücken aus gräflicher Jagd

Gräflicher Park Bad Driburg

Es wäre einfacher gewesen, wenn ich mit einem Krönchen und ein bisschen Geld hier angekommen wäre.

Annabelle Gräfin von Oeynhausen-Sierstorpff

Im Jahre 1781/82 erwarb Caspar Heinrich Freiherr von Sierstorpff das Gebiet, auf dem der Paderborner Fürstbischof 1665 die Driburger Naturparkquellen zur gesundheitlichen Nutzung ausbauen ließ. Und selbstverständlich wird der Gast mit einem Glas sprudelnden Quellwassers empfangen. Bereits wenn man den 60 Hektar großen englischen Landschaftspark erreicht, wähnt man sich an einem „Ort des ländlichen Vergnügens" – so die Vision des Gründers im Jahr 1782 –, lässt man doch die Hektik des Alltags hinter sich und spürt die Gastfreundschaft und diskrete Freundlichkeit, die sich hier schon seit über 230 Jahren etabliert haben. Im 18. Jahrhundert war es in der Aristokratie „der letzte Schrei", Kurbäder zu eröffnen, die der vornehmen Gesellschaft sowohl einen Kuraufenthalt verschafften, als auch gleichzeitig der Zerstreuung dienten. Als Treffpunkt für Gäste aus ganz Europa, als Ort der Inspiration, der Begegnung und Erholung, ist der Gräfliche Park heute lebendiger denn je. Es braucht schon eine besondere Leidenschaft, um das einzige Kurbad, das sich noch in Familienbesitz befindet, im 21. Jahrhundert weiterzuführen.

Erwartungsvoll sehe ich also meiner Begegnung mit der Begründerin der Diotima Gesellschaft e.V. und des READ-Festivals entgegen. Meiner Einschätzung nach kann es sich nur um eine fabelhafte Person handeln. Richtig geraten! Denn ohne Liebe zur Kunst hätten diese umfangreichen Kulturprojekte keine Chance gehabt, sich zu etablieren. Schon beim Empfang im „Gräflicher Park Hotel & Spa" besticht die aparte Gräfin Annabelle von Oeynhausen-Sierstorpff mit feinsinnigem Charme in farbenfrohem Look und einem extravaganten Mantel, und verströmt sofort zeitgemäßes Flair im historischen Gemäuer. Der gekonnte Mustermix und die ausgeprägte Stilsicherheit der Gräfin vermitteln mir sofort, dass die Hotelchefin nicht nur genau weiß, was ihr steht, sondern gern originelle Akzente setzt. Ja, man kann offenbar in ländlicher Region auch ohne Gummistiefel überleben! Gräfin Annabelle macht es vor.

„Wir leben im großen Park neben dem Hotelkomplex, mit vielen Schotterwegen, und deshalb liebe ich Plateauschuhe, vor allem, weil ich damit über das Gras gehen kann. Meine High Heels und Pfennigabsätze sinken ein und gehen da immer sofort kaputt." Nein, die Heirat mit einem Adligen hat den persönlichen, urbanen Stil der Gräfin nicht verändert. „Ich weiß sogar noch ganz genau, was ich trug, als ich meinen Mann kennenlernte", sagt sie, während wir es uns in den tiefen Polstern am Kamin der orangeleuchtenden Bar des Hotels bequem machen. Schon Friedrich Hölderlin und Annette von Droste-Hülshoff genossen von hier aus den Ausblick auf den Teutoburger Wald im östlichen Westfalen.

Autorin und Gräfin erfreuen sich an Wohlfühltempel, Schönheitsfarm und Garten Eden …

Wildgehege in einem echten Paradies

Ich bin das genaue Gegenteil von einer Nur-Hausfrau.

Annabelle Gräfin von Oeynhausen-Sierstorpff

„Wir sind uns auf einer Hochzeit bei Wien begegnet. Da war ich in meiner punkigen Phase, trug gefärbte, abstehende Haare und hatte mir aus rotem Chintz-Vorhangsstoff ein Kleid machen lassen. Es sah aus wie ein wildes, rotes Lederkleid, der Effekt wurde aber durch den braven Laura-Ashley-Schnitt gebrochen. Es war ein seltsamer Mix, und ich sah darin garantiert anders aus als alle anderen. Insofern war es nett, dass mein späterer Mann mit mir flirtete." Dies war im Jahre 1987. Doch erst fünf Jahre später wird aus den beiden ein Paar.

Der sechs Jahre ältere Marcus Graf von Oeynhausen-Sierstorpff war in der Tat einer der wenigen, die den Mut hatten, auf dieser Hochzeit mit der damals 20-jährigen Annabelle Hünermann, der Nichte Gabriele Henkels, zu reden. Doch Dank ihres Vaters, der für deutsche Konzerne als Krisenmanager durch die Welt reiste, verfügte Annabelle über das Fundament einer Familie, die sich nicht unbedingt an den Normen des Gewöhnlichen orientiert hat. Schon ihre Kindheit verlief eher ungewöhnlich.

Annabelle wurde 1967 auf einem Küchentisch geboren. Es war der einzige Raum im amerikanischen Militärkrankenhaus in Karatschi, in dem eine Entbindung möglich war. Ihre Mutter hatte also keine andere Wahl. Es gibt eben Situationen im Leben einer Frau, bei denen man nicht zimperlich sein sollte. 29 Jahre später steht die Frau, die in Pakistan unter unbequemsten Bedingungen zur Welt kam und inzwischen schon in Sevilla, Barcelona und Venezuela gelebt hatte, vor der größten Herausforderung ihres Lebens: Es war der Moment, in dem aus Annabelle Hünermann, Annabelle Gräfin von Oeynhausen-Sierstorpff wurde – und das, ohne kochen zu können!

„Ich bin das genaue Gegenteil von einer Nur-Hausfrau. Ich habe auch nie viel Zeit aufs Kochen verwendet", winkt sie ab. Sehr konkrete Vorstellungen hatte sie jedoch bei schicksalsträchtigen Entscheidungen: „Mein Hochzeitskleid habe ich mir aus hochglänzender Duchesse-Seide nähen lassen. Es ist ein ganz enges Korsagenkleid, dessen Rock erst am Knie glockig wird. Dazu gehört ein tailliertes, kurzes Jäckchen mit Stehkragen. Ich trug einen Familienschleier und ein altes Diadem aus dem Familienbesitz meines Mannes." Bereits ein Jahr vor der Hochzeit hatte Marcus Graf von Oeynhausen-Sierstorpff das Erbe seines Vaters Caspar angetreten und die Geschäftsführung der gleichnamigen Unternehmensgruppe, die insgesamt mehr als 1.000 Mitarbeiter beschäftigt und damit einer der größten Arbeitgeber der Region ist, übernommen. Er ist seit Ende 1995 Chef mehrerer Reha-Kliniken, eines Mineralwasserbetriebs mit diversen Quellen, sowie des Spa-Resorts. Gräfin Annabelle hat nicht nur einen Ehemann, sondern ein Unternehmen geheiratet. Die Hochzeit war in der Familiengeschichte der Grafen Oeynhausen-Sierstorpff zwar nicht die erste Verbindung zwischen einem Grafen und einer Bürgerlichen, da mit der Schwiegermutter, der legendären Ramona Gräfin von Oeynhausen-Sierstorpff, einer geborenen von Wedel, die Bad Driburg sehr geprägt hat, bereits bürgerliches Blut in die Linie kam. „Was ja auch durchaus heilsam sein kann", wie die Gräfin bemerkt.

Wie mag es wohl anfangs verlaufen sein, als Annabelle sich neben den neuen Aufgaben und gesellschaftlichen Verpflichtungen auch den Schatten der Vergangenheit gegenübergestellt sah? „Es wäre leichter gewesen, wenn ich ein Krönchen gehabt und ein bisschen Geld mitgebracht hätte. Aber das hatte ich nun mal nicht. Ich bin früher immer nur Essen gegangen, wenn mich jemand eingeladen hat." Dafür verfügte Fräulein Hünermann aber über eine Fülle von Qualitäten und Eigenschaften, die man für kein Geld der Welt erwerben kann, da sie materiell nicht aufzuwiegen sind. Und diese unbezahlbaren Qualifikationen haben Gräfin Annabelle Kapazität, Stabilität und Format verliehen, mit dem sie als starke Persönlichkeit ihre Repräsentationspflichten überzeugend modern erfüllt. Ihr Leben lang war Annabelle eine unverwechselbare und eigenständige Persönlichkeit, ja, eine Individualistin.

Nach dem Abitur in Essen absolvierte sie zunächst eine kaufmännische Lehre in Düsseldorf und arbeitete dann in verschiedenen Galerien für zeitgenössische Kunst. Unter diesen Strömungen stets liebäugelnd mit einem Kunstgeschichtsstudium, konnte sie sich doch dazu nicht durchringen, da sie keinesfalls mit Siegelring- und Schottenrockträgerinnen im Twinset mit Perlenkette in einen Topf geworfen werden wollte. War das vielleicht Angst vorm Look? Ja, war es! Daherzukommen wie eine ungeschminkte, diplomierte Forstwirtin mit trittfestem Schuhwerk ist mittlerweile selbst im Landadel verpönt.

Annabelle hatte jedenfalls Panik davor, mit uniformiert auftretenden Töchtern in ihren Barbourjacken in derselben Vorlesung zu sitzen. Um ihre Einstellung zu ändern, musste erst die Berliner Mauer fallen. An der Freien Universität Berlin trat sie schließlich ohne jegliche finanzielle Unterstützung, auf eigene Faust ihr Kunstgeschichtsstudium an. „Eigentlich war dieses Studium nur ein Alibi, um mich zu amüsieren", sagt sie heute und schildert, wie sie sich trotz vielfältiger Ablenkungen der neuen, experimentellen Hauptstadtszene gewissenhaft das Studium mit einer Vielzahl von Jobs in Galerien und Museen selbst verdient hat. Nach vier wilden Jahren und zahllosen durchtanzten Nächten im „90° Grad" schließt Annabelle Hünermann mit Magister in Kunstgeschichte ab. „Damals gab es bei mir entweder Nudeln, Salat oder gefüllte Paprikaschoten", beschreibt sie ihr Single-Dasein. Denn Graf Marcus lebte in Mailand und war für einen amerikanischen Waschmaschinen-Hersteller für den Europavertrieb zuständig und deswegen ständig unterwegs. „An den Wochenenden trafen wir uns an irgendeinem herrlichen Ort, irgendwo in Europa, immer dort wo er gerade zu tun hatte, oder wir besuchten uns gegenseitig."

Nach dem Studium bekommt die junge Kunsthistorikerin Anfang 1996 das Angebot, die Leitung einer Galerie in der venezolanischen Hauptstadt Caracas zu übernehmen. Sie sagt für drei Probemonate zu. „Alle haben mich gewarnt: ‚Geh da bloß nicht hin. Du wirst auf offener Straße ausgeraubt und umgebracht.' Doch ich wollte nicht in Deutschland auf der Stelle treten. Warum auch? Ich sah gar keinen Grund, das Angebot auszuschlagen. Marcus und ich kannten uns zwar schon vier Jahre, waren aber nicht verheiratet." Mit einem Timing, das jeder Soap Opera einen perfekten Cliffhanger bescheren würde, machte ihr in der letzten Nacht vor der Abreise nach Caracas Graf Marcus einen Heiratsantrag. „Ich bin völlig überrumpelt worden, als er um meine Hand angehalten hat. Natürlich fand ich es ein bisschen ärgerlich, dass ich erstmal nach Venezuela musste, aber ich hatte fest zugesagt und versprochen ist nunmal versprochen. Ich wusste ja auch, dass ich wiederkomme – nach der Probezeit." Annabelle sagte aus vollem Herzen „ja", reiste aber trotzdem ab. Immerhin, seit sie in Bad Driburg lebe, sei sie erfreulicherweise „endlich zum ersten Mal in der Lage, Kleidung lagern und aufbewahren zu können. Vorher ging das nicht, weil ich so oft umgezogen bin."

Plötzlich nur noch Hausfrau und Mutter zu sein und auf dem Land zu leben, ist wahrlich ein Kontrastprogramm gegenüber dem freien, mobilen und polyglotten Dasein, welches Annabelle in den Metropolen dieser Welt geführt hat. Doch der Wechsel in den neuen Lebensabschnitt dürfte kein allzu hartes Opfer gewesen sein. Ein Paradies erwartete sie: Das von der Schwiegermutter Ramona Gräfin von Oeynhausen-Sierstorpff mit vollendetem Geschmack hergerichtete Gräfliche Haus ist ein Eldorado der Stilsicherheit. Ein Heim, wie man es sich schöner nicht erträumen kann! Der Kurpark in Bad Driburg wurde zum Lebenswerk der 2003 im Alter von 75 Jahren verstorbenen Gräfin Ramona, die bis heute als Stilikone verehrt wird. Die Handschrift der legendären „Gartengräfin" war berühmt: ein bisschen snobistisch, ein bisschen tiefstapelnd. Und alles immer mit einem Blick in die Bäume, in den Park. Wahnsinnig schön!

Ich reite nicht, ich habe keinen Hund, arbeite ungern im Garten und ich hatte gerade mal ein Paar Gummistiefel.

Annabelle Gräfin von Oeynhausen-Sierstorpff

Das nenn ich doch mal eine professionelle Traumküche!

Sehr schnell kommt 1997 bei Annabelle und Marcus Tochter Alice zur Welt, Sohn Louis zwei Jahre später, Christoph dann 2002. Wie ist die unkonventionelle Gräfin in die Herausforderung des neuen Lebensstils hineingewachsen? Schließlich hieß es, eine neue Identität zu finden und sich in einem neuen Umfeld zurechtzufinden. „Da waren meine eigenen Interessen erst mal ausgeschaltet", sagt sie heute. „Ich reite nicht, ich habe keinen Hund, arbeite ungern im Garten und ich hatte gerade mal ein Paar Gummistiefel", beschreibt sie ihre Anfangszeit als Unternehmersgattin auf dem Lande. Bei dem Versuch sich in die neue Rolle einzuleben, machte sie – wie sie selbst erzählt – „wahnsinnig viele Fehler". Doch ihr Mann vertraute ihr und dachte sich, Annabelle wird das schon hinkriegen. „Aber ich habe ein paar Federn lassen müssen." Ich wäre nicht Désirée Nick, wenn ich an diesem Punkt nicht nachhaken würde. Waren die ersten Jahre etwa mit Fettnäpfchen gepflastert? Die sympathische Gräfin gesteht: „Ja, ich habe einiges falsch gemacht. Ich habe zum Beispiel die falschen Kleider zu falschen Anlässen getragen. Ich habe einiges durch manche leidvolle Erfahrung lernen müssen. Es gibt eben keine Stellenbeschreibung für die Ehefrau eines Unternehmers. Das muss man für sich selbst herausfinden – und dabei gleichzeitig authentisch bleiben. Sie können nicht versuchen, eine Rolle auszufüllen, die nichts mit ihrer eigenen Persönlichkeit zu tun hat. Und untreu sollte man sich selbst niemals werden."

Inzwischen hat die dreifache Mutter ihre unverwechselbare Position nicht nur in der Familie, sondern auch in der Unternehmensgruppe gefunden. Heute ist sie offiziell die Leiterin der Unternehmenskommunikation und arbeitet unterstützend an dem Konzept, der Gestaltung und der Innenarchitektur für das „Gräflicher Park Hotel Spa". Mit ihrem Mann verbindet sie die Leidenschaft, den Park noch attraktiver zu machen. Während er sich um Sichtachsen, Parkplätze und ähnliches kümmert, berät sie zusammen mit dem Leiter des Landschaftsgartens dessen florale Gestaltung im Wechsel der Jahreszeiten. Überall erkennbar ist inzwischen die Handschrift der Hausherrin: „Es gibt keine Steckdose im Hotel, die nicht von mir abgesegnet worden ist." Und in der Einrichtung der 135 Zimmer, der 13 Tagungs- und Veranstaltungsräume (z.B. dem Fest- und Theatersaal), des neu errichteten Garten Spa, der „Oscar's Bar" und den Restaurants „Pferdestall" und „Caspar's" spiegelt sich ihre Vorliebe für Farben wider. Gräfin Annabelle hat den Holzboden aus geseifter Douglasie und jede einzelne Kommode und Lampe ausgesucht. Aus dem einstigen Reitstall mit Gewölbe hat die stilsichere Gräfin das Restaurant „Pferdestall" konzipiert. In den einstigen Pferdeboxen sind gemütliche Nischen entstanden, Eichenholz, Ziegelwände und die mit Leder bezogenen Bänke sorgen für das richtige Ambiente. Und überall liebevoll ausgesuchte Dekorationsstücke, alte Sättel und Kerzenschein in Futterkrippen. Die ehemalige Sattelkammer wurde zur offenen Küche mit „showcooking-appeal" umgebaut. Hier hat die Gräfin nichts dem Zufall überlassen. „Wir wollen Alt und Neu verbinden, eine private Atmosphäre schaffen. Bei uns soll man sich fühlen wie ein gut behütetes Kind", erklärt sie.

Nie hätte sie sich ein Leben auf dem Land träumen lassen. Doch Luxus, Zeitgeist, Landleben und Plateauschuhe schließen einander nicht aus. Schon öfters ist der 60 Hektar große englische Landschaftspark unter die schönsten Parks

Deutschlands gewählt worden. Vor einigen Jahren wurde er in das „European Garden Heritage Network" aufgenommen, das nur wenige herausragende Gärten in England, Frankreich und Deutschland würdigt. „Zu verdanken haben wir das nicht nur dem visionären Badbegründer, sondern vor allem meiner Schwiegermutter Gräfin Ramona", betont Annabelle. Diese verschrieb sich nicht nur mit Leidenschaft der Gestaltung des Parks, sondern sie engagierte die weltweit wichtigsten Landschaftsarchitekten, um ihn weiterzuentwickeln. So findet man einen Brunnen von Angela Conner, die Lilienwiese von Gilles Clément und die Hotelterrasse von Lady Arabella Lennox-Boyd. Dafür, dass die Gräfin den historischen Charakter des Parks bewahrt und trotzdem moderne Akzente gesetzt hat, ist sie mit dem „Goldenen Lindenblatt" ausgezeichnet worden.

Das ganze Spa Resort liegt, ebenso wie seine Eigentümer, im Trend der Zeit. Ob für ein Wellness-Wochenende, für eine Entgiftungskur, zum Abnehmen, zu Tagungen oder zum Golfen: hier, am Fuße des märchenhaften Teutoburger Waldes, findet jeder seine Mitte wieder. Die Gäste erfahren auf ihrem Weg zur Balance von Körper, Geist und Seele auch kulturelle Inspiration: Lesungen, Konzerte, Theaterstücke, Ausstellungen und das READ-Festival machen Bad Driburg zu einer Oase und zum *melting pot* für Kulturschaffende.

Verlockend für die Künstler ist, dass sie dort eine schöpferische Pause einlegen, wo der Dichter Friedrich Hölderlin die sechs glücklichsten Wochen seines Lebens mit seiner „Diotima" verbrachte. Nur sechs Wochen! Doch diese Zeit genügte, um ihr ein literarisches Denkmal zu setzen. Als Hauslehrer der Familie Gontard reiste Friedrich Hölderlin mit Susette Gontard und ihren Kindern 1796 nach Driburg – wo die Liebesbeziehung entflammte und unbeobachtet ausgelebt werden konnte. Als „Diotima" verewigte er Susette in seinem Werk und setzte ihr ein dichterisches Denkmal. Durch die Diotima Gesellschaft e.V., den Kulturverein, den Gräfin Annabelle gründete, bleibt die Erinnerung an das kurze, aber unsterbliche Glück dieser Liebe lebendig.

Doch frage ich mich, wie man es aushalten kann, permanent ein nahezu öffentliches Leben inmitten der vielen Gäste zu führen? Verlangt die ständige Präsenz der Gräfin nicht auch Opfer ab? Wann kann man sich wirklich aufs Private zurückziehen? Wie wahrt man unter diesen Umständen die Intimsphäre? Obwohl Beautyfarm, Heilfasten, Golfplatz und eigene Jagdgründe zur Verfügung stehen, Sauna, Dampfbad und Massage jederzeit verfügbar wären, möchte man doch wohl kaum von den Besuchern als Hausherrin beim Burn-Out-Präventionsprogramm oder beim Busen-Bauch-Po-Training erwischt werden? Es ist in Bad Driburg gelungen, das offizielle und das private Leben optimal miteinander zu verknüpfen. Dennoch bedarf es sicher auch eines Höchstmaßes an Disziplin, immer präsent, ansprechbar und in Form zu sein, da Repräsentationspflichten nunmal zum Alltag der Gräfin gehören. Da wäre es geradezu obskur, zu erwarten, dass die Gastronomie des Hauses nicht in fachmännische Hände gelegt worden wäre. Nein, zum Supermarkt eilen muss die Gräfin sicher nicht. „Neulich bin ich von einem Journalisten gefragt worden, ob wir goldene Löffel haben. Die haben wir nicht," sagt sie lachend. Dafür gibts aber Wohlfühlatmosphäre jeglicher Couleur, denn sich kulinarisch verwöhnen zu lassen, gehört zum Gesamtkonzept des Gräflichen Parks.

Neulich bin ich von einem Journalisten gefragt worden, ob wir goldene Löffel haben. Die haben wir nicht.

Annabelle Gräfin von Oeynhausen-Sierstorpff

Küchenchef Silvio Eberlein und seine Crew umsorgen mit innovativen, leichten und raffinierten Gaumenfreuden den Feinschmecker. Die dezente Eleganz des Gourmetrestaurants „Caspar's" oder das rustikale Ambiente des Restaurants „Pferdestall" laden ebenso wie Bars und Cafés mit reizvollen weiten Blicken in die Parklandschaft zum Genießen ein. Zwischen „Oma's Bohnentopf" und „Wolfsbarsch mit geschäumtem Tee von Curryblättern, Mangold und Bottarga-Risotto" gerate ich in größten Entscheidungskonflikt. Eigentlich ist ja die schlichte Kost mein Fall! Also warum nicht einmal einen typisch westfälischen Pickert probieren? Diese Art Pfannkuchen ist wahrlich eine regionale Spezialität und kann mit Rosinen und Pflaumenmus oder aber salzig mit Leberwurst serviert werden. Nach dieser Vorspeise im Stehen, frischer als frisch genossen, wohne ich also dem Spitzenkoch bei der Arbeit bei und entscheide mich für ein à-la-carte-Gericht, das wohl jede Hausfrau an die Grenzen ihrer Belastbarkeit treiben würde. Hier kocht der Profi und das ist dann eben auch schon wieder eine Kunst.

Ich denke mal, Gräfin Annabelle mit ihrem Repertoire von Nudeln in allen Varianten oder den gefüllten Paprikaschoten von einst sieht das genauso! Vieles hat sich geändert für Annabelle in den letzten Jahrzehnten: Die Vorliebe für mutige Farbkompositionen und kräftige Akzente ist geblieben –, aber außer Haus essen geht die Gräfin jetzt auch, wenn sie *nicht* eingeladen wird!

Annabelle Gräfin von Oeynhausen-Sierstorpff

Rehrücken aus gräflicher Jagd

im Kastenpickertmantel mit Rosinensauce und Steckrübennudeln

Zutaten für 4 Personen:

Für den Rehrücken:
500 g Rehknochen
2 EL Öl
2 Zwiebeln
2 Möhren
1 Stange Lauch
1 EL Tomatenmark
Wacholderbeeren, Piment, Pfefferkörner, Lorbeer
Rotwein
600 g Rehrücken (schier)
50 g Rosinen
2 EL kalte Butter zum Abbinden der Sauce

Für die Farce:
70 g Geflügelbrust
70 g Sahne
Salz, Pfeffer

Für den Pickert
(eigentlich mit Rosinen, aber wir machen sie ja in die Sauce):
1 kg Kartoffeln
500 g Mehl
250 ml Milch
32 g Hefe
2 EL Zucker
2 Eier
1 TL Salz

Für die Steckrübennudeln:
600 g Steckrüben
3–4 EL Crème fraîche
Salz, Pfeffer, Zucker
gehackte Petersilie

Für den Rehrücken die Rehknochen mit etwas Öl anrösten. Zwiebeln, Möhren und Lauch putzen und in grobe Würfel schneiden, zu den Knochen geben und mit anrösten. Tomatenmark und Gewürze dazugeben und mit einem Teil des Rotweins ablöschen. Weiter anrösten und noch einmal mit Rotwein ablöschen – diesen Arbeitsschritt bis zur gewünschten Farbe wiederholen. Dann ca. 2 l Wasser dazugeben und bei geringer Hitze ca. 4 Stunden köcheln lassen. Den Fond durch ein feines Sieb passieren und um die Hälfte einkochen.

Für die Farce das Geflügelfleisch mit der Sahne, etwas Salz und Pfeffer zu einer feinen Masse mixen, anschließend kalt stellen.

Für den Pickert die Kartoffeln schälen, grob reiben und die Flüssigkeit abgießen. Das Mehl in eine Schüssel geben, die in der Milch aufgelöste Hefe, den Zucker, die Eier, das Salz und die Kartoffeln dazugeben. Ca. 1 – 1 1/2 Stunden abgedeckt gehen lassen, dann den Teig in eine Brot- oder Kuchenform geben und bei 200 Grad 30–40 Minuten (je nach Größe und Dicke der Form) backen. Anschließend auskühlen lassen. Tipp: Am besten einen Tag zuvor zubereiten.

Den Rehrücken in gleich große Stücke, den Kastenpickert in dünne Scheiben schneiden. Anschließend jedes Stück Rehrücken mit der Farce bestreichen und mit den Pickertscheiben einwickeln. Mit Klarsichtfolie ganz stramm einwickeln und kalt stellen.

Für die Steckrübennudeln die Steckrüben waschen und anschließend schälen. Auf einer Aufschnitt- oder Brotmaschine in 1,5 mm dünne Scheiben und danach in Streifen schneiden.

Den Rehrücken vorsichtig in einer Pfanne auf allen Seiten anbraten, in den Ofen geben und bei 160 Grad ca. 7 Minuten garen. Den Rehrücken herausnehmen und an einem warmen Ort ruhen lassen. In der Zwischenzeit die Steckrüben mit der Crème fraîche und den Gewürzen fertig kochen.

Nun den eingekochten Fond aufsetzen, Rosinen dazugeben und mithilfe eines Schneebesens die kalte Butter nach und nach einrühren.

Gräfin Annabelle ist nach eigener Auskunft ein seltener Gast in ihrer Küche.

Aber einmal angelernt, zeigt sie sich willig.

Bloß kein falscher Ehrgeiz: das Werk eines Profis!

Wir versuchen es zumindest – taugen aber in der Profiküche nur als ungelernte Hilfskraft!

Anrichten:
Steckrüben mit der gehackten Petersilie zusammen in die Mitte des Tellers geben. Den Rehrücken auf die Steckrüben setzen. Die Sauce darum geben und servieren!

Katharina Gräfin von Strachwitz

Leibspeise: Sunday Roast – Roastbeef

Burg Braunsberg

Was als Nationalgericht Großbritannien, Kanada, Irland und Australien erobern konnte, das muss ein tiefes Geheimnis haben.

Rupert Graf von Strachwitz

Ich bin sehr froh, dass ich römisch-katholisch bin und noch dazu Religionslehrerin! Auf diese Weise kann ich mich in Österreich überall mit gutem Gewissen blicken lassen. Dass sich für mich als studierte Theologin nochmal Türen außerhalb des Vatikans öffnen würden, hätte ich mir auch nicht träumen lassen, hatte ich doch einst eine Karriere auf dem Heiligen Stuhl angepeilt. Aber man soll dort dienen, wo Gott der Herr einen hinstellt, und die Vorsehung hat es für mich nun einmal bestimmt, in irdischen Gefilden durch meine Werke Gutes zu tun. Und wer mich einmal im Dirndl gesehen hat, glaubt sowieso, ich hätte meine Bestimmung verfehlt und sollte eigentlich mit Henkelkorb zu Glockengeläut am Traunsee über die Wiesen springen.

Umso glücklicher bin ich, einer Einladung auf die Burg Braunsberg in der mediterranen Region zwischen Meran und Bozen folgen zu dürfen – wenngleich solche Stippvisiten bei mir stets von Wehmut begleitet sind, da es doch daran erinnert, wie privilegiert die dort Heimischen gegenüber all jenen sind, die das Paradies bestenfalls im Urlaub genießen dürfen. Wer dann das große Glück hat, auf der gut versteckt gelegenen Stammburg des Grafen Rupert von Strachwitz persönlich geladen zu sein, wird zu der Erkenntnis gelangen, dass es wahrlich nicht die feudale Größe ist, die ein Anwesen begehrenswert macht, sondern vielmehr der unverwechselbar romantische Charme. Und auf dieser Liste rangiert Braunsberg ganz oben. Das Stammwappen derer von Strachwitz und Groß-Zauche zeigt in Rot einen blutenden schwarzen Keilerkopf mit silbernen Hauern. Auf dem Helm mit schwarz-roten Decken stehen eine rote und eine schwarze Straußenfeder. Das ist ja fast wie im Lido – welch ein theatralisch verwegener Showeffekt!

Die Familie Strachwitz gehört zum Uradel Schlesiens, ihr gleichnamiges Stammhaus lag bei Breslau. Urkundlich erstmals 1285 erwähnt, beginnt 1329 mit Nicolaus von Strachwitz die lückenlose Stammreihe. Der im Grafenbrief vom 6. Juli 1798 festgesetzte Name des gräflichen Familienzweiges lautet: Grafen Strachwitz von Groß-Zauche und Camminetz. Meine Gastgeberin Katharina Gräfin zu Solms-Laubach ist Cousine ersten Grades meines geschätzten Fotografen Karl Graf zu Castell-Rüdenhausen und seit September 1997 mit dem britischen Burgherren Rupert Graf Strachwitz verheiratet. Man hatte sich in London kennengelernt, wo „Katha" bei einer Bank tätig war. Ja, das Geschlecht derer von Strachwitz hat sich weltweit ausgedehnt und zu kolossaler Verbreitung gefunden. Abkömmlinge des Mannesstammes haben ihre Familien weltweit gegründet und dafür gesorgt, dass es global unzählige Sippschaften und Namensvertreter gibt.

Fast wie bei „The Sound of Music"…

Wann immer der Familienwagen die in den Bergen gelegene, aber dennoch ebenerdige Anfahrt der Burganlage erreicht, dauert es nicht lange, bis die Fahne gehisst wird und man bis ins Tal vernimmt: Die Grafen sind da! Und dann hat im wahrsten Sinne des Wortes ein anderes Stündlein geschlagen: Im rustikalen Bauernschrank der Gräfin hängen jede Menge traditioneller Dirndl und der kleine Graf Oscar schlüpft sofort in seine Tiroler Lederhose. Die „Sound of Music"-Atmosphäre ist ansteckend. Hier fallen Hektik und Stress ab, und gänzlich andere Themen rücken in den Fokus: das Wetter, die Ernte, die Natur, der Blütenstand, die Weinlese, der Gottesdienst, der Herr Pfarrer, Kontakte zu den Nachbarn und das Kaminholz führen die Familie zu den Basics zurück. Wenn die Tafel nach Blumenschmuck verlangt, pflückt man eben einen Strauß Wiesenblumen vor der Tür und arrangiert das Gebinde in einem Einweckglas. Und während andere Kinder bestenfalls eine Ritterburg aus dem Malbuch kennen oder als Playmobil-Bausatz, so müssen sich Johanna, Alexa und Oscar nicht in eine Fantasiewelt träumen, sondern lernen eine Burg als Besitz „begreifen".

Die ins Mauerwerk eingelassenen, uralten Familienwappen, der Glockenturm der in das Anwesen integrierten Kapelle, der Glöckner: alles steht auf Braunsberg in einem größeren historischen Zusammenhang, der einem in zahlreichen Anekdoten die Familiengeschichte nahe bringt. Überschaubar und verwunschen verzaubert die kleine Burg den Besucher, der sich nahezu in einem Märchenfilm wähnt. Braunsberg liegt an einer wunderschönen Stelle, mit einem Blick auf Lana, das weite, fruchtbare Etschtal und das Meraner Talbecken. Es ist von südlicher Vegetation umgeben, im Hintergrund erheben sich eindrucksvolle Bergspitzen. Schon von Ferne grüßen bei der Anfahrt Palmen und Zypressen. Die malerische Burganlage beeindruckt durch überdachte Stiegen, dicke Mauern, holzgetäfelte Stuben mit kleinen Fenstern und niedrigen Decken, die mit eingeschnitzten Herzen verziert sind und aus dem 16. Jahrhundert stammen. Rustikale Gemütlichkeit entfaltet sich vor geradezu heimatfilmtauglicher Kulisse. Es stellt sich auf Burg Braunsberg gar ein Bedürfnis nach Volksmusik und Trachtenlook ein.

Dank Wappen und Fahne vergisst man nie, wo man speist …

Dass diese Welt so unverfälscht und im Original erhalten geblieben ist, hat sicher damit zu tun, dass die Burg zu klein war, um für eine Eroberung von Interesse gewesen zu sein. So hat gerade die Bescheidenheit der Anlage dazu beigetragen, dass sie in ihrer Ursprünglichkeit erhalten blieb, was heutzutage ja äußerst selten ist. Die exzeptionelle Lage dieser romantischen Burg war strategisch klug gewählt, denn ein Angriff war stets nur von einer Seite her möglich: Auf der Rückseite liegt eine tiefe Schlucht mit steilen Felswänden. Im Jahre 1510 soll durch ein Erdbeben der weit sichtbare Turm der Burg in die Schlucht hinabgestürzt sein. Stefan von Meyerhofen schreibt in einer Chronik „ … der ganze Turm ist hinuntergefallen". Na so ein Pech aber auch! Doch auch dieses Malheur konnte Braunsberg nicht hinwegraffen.

Die Burg wechselte des öfteren den Besitzer. Am 9. Februar 1492 verpfändete Kaiser Maximilian seine Besitzungen im Ultental an die Brüder Jakob und Jörg von Trapp, in deren Besitz Braunsberg die nächsten 500 Jahre blieb. Und wer denkt bei dem Namen Trapp nicht an die Trappfamilie, die sich hier sicherlich wohl gefühlt hätte. Das musikalische Meisterwerk, das durch den Hollywoodfilm „The Sound of Music" mit der genialen Julie Andrews als singender Nonne, die schließlich zur Stiefmutter der acht Trappkinder wird, beflügelt seit Jahrzehnten die Fantasie und die Vorstellung von heiler Welt. Mit Liedern wie „Edelweiß" und „My Favourite Things", wurde die Identität Österreichs weltweit musikalisch illustriert. Wer glaubt, all dies sei Filmkitsch, den es nur im Musical gibt, der hat Österreich nie von seiner schönsten Seite kennengelernt. Hier auf Braunsberg ist das, worum sich Hollywood bemüht, schlichtweg der Alltag!

Weit gefehlt allerdings, jetzt anzunehmen, die Burg und ihre Besitzer hätten nur rosige Zeiten erlebt: Auch hier gab es einen jahrhundertelangen Dornröschenschlaf, der das von einer dicken Burgmauer umgebene Anwesen von den Einflüssen verschiedener Epochen isolierte. Lange Zeit war die Burg auch von einem Einsiedler besetzt und die ältesten Bilder, die sich von Braunsberg finden, weisen den verwahrlosten Zustand der Burg, die auf der Ostseite vollständig mit Efeu überwuchert war, unverkennbar nach. Einmal mehr zeigt sich, wie Domizile dieser Art nur mit emotionaler Hingabe ihrer Eigentümer zum Leben erweckt werden können. Natürlich ist der Wert solch illustrer Objekte nicht nach praktikablen Gesichtspunkten messbar. Und in einer Pro-Contra-Debatte wiegen sowieso niemals alle Argumente gleich schwer. Ein einziges von Herzblut getragenes Argument kann zehn andere, rationale Beweggründe vom Tisch fegen. Das war wohl noch niemals anders, denn dass Braunsberg kein leichtes Erbe ist, davon zeugt ein hofseitiges Fenster im ersten Stock, welches eine schwarz-weiß gespachtelte Putzrandung aufweist. Zwischen stilisierter Sonne und Mondsichel erteilt folgende Inschrift der Menscheit einen guten Rat:

Der ist weis und wohlgelert der
ale ding zum pöstn kert.

Er ist weise und wohlgelehrt, der aus Allem das Beste macht – das könnte auch mein Motto sein! Und da muss ich erst nach Braunsberg kommen, um dort mein Mantra in Stein gemeißelt zu finden …

Über der an die Burg angrenzenden Kapelle thront die große, weithin sichtbare Turmuhr. Sie ist mit den Wappen von Österreich und Tirol und dem der Familien von Trapp versehen, ausgemalt Ende des 16. Jahrhunderts. Die Gewichte der Uhr und der Mechanismus des Schlagwerks bestehen aus kleinen Steinbrocken, die sich in offenen Blechbehältern befinden.

Überdachte Treppen und Laubengänge bestechen durch zauberhaftes Lokalkolorit.

Dieses System macht es möglich, die Uhrzeit durch das Wegnehmen oder Hinzusetzen von kleinen Steinen genau einzustellen. Und zum regelmäßig anberaumten Gottesdienst versteht es der Glöckner (Santer Alois) als seine Pflicht, sich ans Seil zu hängen und mit dem handbetriebenen Geläute zur heiligen Messe zu rufen. Es ist dieser intakte Mikrokosmos, der Braunsberg zu einer geschlossenen Welt macht. Also wenn ich Katharina wär, ich würde dort hinziehen! Es ist wirklich schlimm, dass ausgerechnet eine so romantische Seele wie die meine, voll der Sehnsucht nach einer heilen Welt und dem familiären Idyll schlechthin, dazu auserkoren wurde, in der Mitte der Mitte unserer deutschen Metropole im Kreuzfeuer des Lebens mit dem Schwert in der Hand ihre Schlachten zu schlagen und für mich und meinen Sohn die Rechte zu erstreiten. Nein, geschenkt wurde ausgerechnet mir gar nichts – und leider Gottes ist genau dies die Formel, mit der man eine Fülle von Qualitäten erwirbt, die einem keiner nehmen kann.

Welch glückliche Fügung also, wenn Besitztümer mit alter Geschichte von Schlossherren bewohnt werden, welche ihr historisches Gemäuer mit dem Komfort der Gegenwart versehen: Braunsberg verfügt über funktionierende Kachelöfen, moderne Bäder, Heißwasserzufuhr und WLAN. Der großflächige Herd gibt sich zeitgemäß, wird aber nach wie vor mit Holzscheiten befeuert und wärmt die gesamte Stube. Körbe, Keller und Vorratsräume lassen eine Vorliebe für herzhafte Kost erahnen: Und mit dem betörenden *flavour,* der hier in der Luft liegt, lässt sich bereits der Hauch der Toskana erahnen. Dazu eine kräftige Prise der britischen Kultur des Hausherrn, der die Burg von seinem Vater übernahm, und wir befinden uns in einer Keimzelle des guten Geschmacks! Was also könnte schlichter, regionaler und naheliegender sein, als eine Einladung zum perfekten, englischen Roastbeef? Lassen wir den Hausherren zu Wort kommen: „Was mit Gemüse, *roast potatoes* und Yorkshire-Pudding als Nationalgericht Großbritannien, Kanada, Irland und Australien erobern konnte, das muss ein tiefes Geheimnis haben." Und in den Ferienzeiten, die auf Burg Braunsberg der Familie gehören, versteht es sich von selbst, dass die ganze Familie auf der Spur dieses Geheimnisses zusammen kocht. Welch Spaß offenbar für die Kinder, die sich um Kartoffelnschälen, Tischdecken und Zwiebelnhacken geradezu rangeln. Das perfekte Familienidyll ist knapp davor, dass dem Vater das größte Stück Fleisch zugeteilt wird – aber Gott sei Dank bin ich zu Gast und schnappe die prachtvollsten Bissen als erste von der Steingutplatte, welche den Bauerntisch krönt, weg. Ich bin ja schließlich eingeladen – und bei mir kriegen die Gäste auch immer das Beste! Also bringe ich doch die versierten Gastgeber gar nicht erst in Bedrängnis und zeige ihnen heute mal, wie kräftig ich zulangen kann, wenn es mir wirklich schmeckt! Der gute Anstand, der es gebieten mag, das letzte Stück mit *noblesse oblige* zurückzulassen, wäre doch auch nur Heuchelei, vor allem, wenn es sich um ein Roastbeef handelt, dessen Rezept den Adern des Schlossherrn in jahrhundertelanger Tradition entsprungen zu sein scheint.

Nicht ganz mein Oscarchen …

Vertiefen wir uns also in die Materie und kommen wir dem Geheimnis des Sunday Roastbeefs auf die Spur. Qualität glänzt umso mehr in Vollendung, wenn sie im Wechselspiel zu einer kontrastreichen Komponente steht – und die ideale kulinarische Komposition besteht in diesem Fall aus knusprigen, krossen Bratkartoffeln mit Countrypotato-Appeal nach Rezept ihrer Laubacher Großmutter – nämlich geschnibbelte rohe Kartoffeln in Butterschmalz in der Pfanne lange auf geringer Hitze gebraten und nur wenige Male umgedreht. Was das Sahnehäubchen auf dem Pflaumendatschi, das ist beim Roastbeef außerdem die hausgemachte Remoulade. Das ist so wie mit den Accessoires beim perfekten Look: Was nützt das schickste Outfit, wenn oben der falsche Kopf rausguckt? So wie die Haare der Rahmen fürs Gesicht sind, so wäre es doch arg lieblos, bei der Remoulade die Flinte ins Korn zu werfen und einen kulinarischen Klassiker mit unwürdiger, gekleckster Begleitung aus der Tube zu servieren. Man sollte als Hausfrau diese geniale Remoulade geradezu trainieren, proben und kultivieren – denn ein Roastbeef von hausgemachter cremiger Sauce begleitet ist das kleine Einmaleins der gehobenen Gastlichkeit! Ja, es gibt ein Leben jenseits von Bouletten mit Kartoffelsalat. In diese nationalen Grundkenntnisse der englischen Küche, die mit dem *Sunday Roast* allwöchentlich der Welt eine Lektion in perfekter Zubereitung des Rindfleischs erteilt, hat sich auch Gräfin Katharina eingearbeitet.

Es beginnt damit, dass man sich mit dem Fleisch auskennt. Wer nur immer Eingeschweißtes aus dem Supermarkt kauft und nie dem Metzger beim Zerlegen beiwohnt, dem kann man x-beliebiges Fleisch vom Rind als Rumpsteak andrehen – allerdings wird das Ergebnis ernüchternd sein. Wir wollen kein Filetfleisch, kein Sirloinsteak und keinen Tafelspitz oder gar Gulasch, wir wollen uns auch nichts beim Metzger andrehen lassen, was sich am besten verdauen lässt, wenn man es durch den Fleischwolf dreht. Und diese Offenbarung fleischlicher Gelüste wird sich nur erschließen, wenn der Fleischfachmann unseres Vertrauens das Zwischenrippenstück vom Hinterviertel des Rindes zwischen Hochrippe und Hüfte vom Knochen löst: Dies ist das sogenannte Rib-eye-Stück. „Das magere Kernstück, welches als ‚rundes Roastbeef' bezeichnet wird und zungenartig in die Hochrippe hineinragt, das muss es sein." Lernen Sie am besten diesen Text und sagen Sie ihn auswendig beim Einkauf auf – man wird beeindruckt sein und Sie sofort als Profi akzeptieren. Das „flache Roastbeef" hingegen, stammt vom unteren Rücken des Rindviechs und ist in Deutschland der sogenannte Lendenbraten, der im

Seit Jahrhunderten ein Ausblick auf unverbaute Landschaft, dank bester „Lage, Lage, Lage"!

Steak House als T-Bone- oder Porterhouse-Steak serviert wird. Zu wissen, was man einkauft, ist das Entscheidende, denn je nach Sektion und Fleischfaser ändert sich die Zubereitungsart.

Geheimtipp aus dem Buckingham Palace gefällig? Am besten ist das knochenfreie Endstück von ca. 1,5 kg mit einer Fettschicht. Diese wird mit dem Messer gitterartig eingeritzt, damit sie im Ofen gut abschmelzen kann und das *beef* im eigenen Saft tränkt. Wenn dieses Stück Fleisch dann bei schwacher Hitze von 60 – 80 Grad in ca. drei Stunden im Ofen langsam sachte vor sich hin gart, bewahrt diese Methode den Braten davor, fest zu werden. Das Ergebnis: ein Frischfleisch, das – am Rande knusprig, innen butterweich – zartrosa, saftig und aromatisch auf der Zunge zergeht! Sehr sexy also. Englisches Roastbeef ist etwas für Kenner, Könner und Gourmets. Hier geht es um Nuancen in der Zubereitung und Sachkenntnis, die schon beim Einkauf beginnt. Wer aber einmal das optimale Resultat genossen hat, wird mit seinem sonntäglichen Roastbeef eine lebenslange Liebesbeziehung eingehen. Es ist einfach in der Zubereitung, preisgünstig, und das, was übrig bleibt, ist das Köstlichste und Praktischste, was man sich aufs Sandwich legen kann. In Alufolie verpackt, wird der Aufschnitt im Lauf der Woche zum Star ihrer kalten Küche avancieren. Das Paradoxe daran ist nur: Wenn ein Roastbeef wirklich perfekt ist, wird davon nichts übrigbleiben! Machen Sie also gleich zwei: ein Roastbeef für den kalten Verzehr von Montag bis Freitag und eines für Gäste wie mich, die pietätlos nach dem letzten Happen schnappen. Und so gehts:

Katharina Gräfin von Strachwitz

Sunday Roast – Roastbeef

Zutaten für 4 – 6 Personen:
Für das Roastbeef:
ca. 1,5 kg Roastbeef mit Fettschicht
Salz
Pfeffer
8 frische Knoblauchzehen, geschält
Olivenöl oder Bratenschmalz

Für die Bratkartoffeln:
ca. 1,2 kg Kartoffeln, gekocht
Butterschmalz
Salz

Für die Remouladensauce:
5 Cornichons
1 Glas Kapern (20 g)
1 Bund Petersilie
1 Bund Schnittlauch
1 Bund Kerbel
1 hart gekochtes Ei
3 Sardellenfilets (aus dem Glas)
350 g Mayonnaise (50 % Fett)
Salz
2 TL Zitronensaft
frisch gemahlener weißer Pfeffer

Für das Roastbeef den Backofen auf 90 Grad vorheizen. Das Fleisch zimmerwarm und nicht aus der Kühlung mit einem scharfen Messer gitterartig auf der Fettseite einritzen. Dann das Fleisch mit Salz und Pfeffer gut würzen. 8 kleine Schnitte rings um das Fleisch setzen und in diese Ritzen die Knoblauchzehen stecken. In einer Fettpfanne kurz rundum anbraten und dann auf den Rost im Backofen legen. 1½ – 2 Stunden garen lassen. Anschließend in Alufolie einschlagen und abkühlen lassen. Wenn das Roastbeef heiß serviert werden soll, nach dem Braten mindestens 15 Minuten bis zum Anschneiden in der Folie ruhen lassen.

Für die Bratkartoffeln von den gekochten Kartoffeln die Schale abziehen. Die Kartoffeln in dünne Scheiben schneiden. Butterschmalz in einer Pfanne erhitzen und die Kartoffeln hineingeben. Langsam unter gelegentlichem Wenden knusprig braun braten. Zum Schluss salzen.

Für die Remouladensauce die abgetropften Cornichons und Kapern, die gewaschenen Kräuter, das geschälte Ei und die Sardellenfilets fein hacken. Alles unter die Mayonnaise rühren. Mit Salz, Zitronensaft und Pfeffer abschmecken.

Guten Appetit!

Graf Oscar serviert emsig.

Perfektes Roastbeef vom Briten …

… gibt's nicht nur sonntags!

Wer aber einmal das optimale Resultat genossen hat,
wird mit seinem sonntäglichen Roastbeef eine
lebenslange Liebesbeziehung eingehen. – Désirée

Carl Philip Graf von Clam-Martinic

Leibspeise: Zitronentarte à la Clam

Burg Clam

Nach 300 Jahren wird eine Staubschicht nicht mehr dicker – Désirée

Auf einem Felsen, hoch über der Klam-Schlucht, die Donauauen überblickend, thront die mächtige Burg Clam. Otto von Machland ließ die Festung 1149 errichten, um sein Reich zu kontrollieren. Das war gut geplant, denn, obwohl das Leben auf der Burg über die Jahrhunderte von kriegerischen Auseinandersetzungen geprägt war, ist die Burg niemals eingenommen worden. Sicher nicht nur dank ihrer Lage, ihrer Vorrichtungen, der vier Tore und dreier Zugbrücken, sondern auch wegen der Klugheit ihrer Verteidiger. Selbst bei monatelangen Belagerungen durch die Hussiten, die auf ihren Raubzügen mit mobilen Wagenburgen und gefürchteten Waffen von den Alpen bis zur Ostsee wüteten und den Markt Klam zweimal niederbrannten, hielt die Festung dem Druck der Angreifer stand und widersetzte sich erfolgreich der Eroberung. Burg Clam fiel auch keinen größeren Bränden zum Opfer und kann deshalb neben ihrer außergewöhnlichen Lage und Architektur mit einer museal vorzüglich erhaltenen Inneneinrichtung aufwarten.

Nach 300 Jahren wird eine Staubschicht ja nicht mehr dicker. Und so werde ich heute Türen öffnen, die seit 1630 nicht verändert wurden und deren Klinken auch nie geölt worden sind. Diese Türen wurden nicht repariert, weil sie nie kaputt gegangen sind. Und sie sind deshalb nie kaputt gegangen, weil sie täglich benutzt wurden. Solide Bautechnik bekommt hier eine völlig neue Dimension. Auf Clam wird Kunstgeschichte nicht betrachtet, sondern gelebt. Otto von Machland hat definitiv die richtigen Entscheidungen getroffen. Wo sind nur die Männer geblieben, die den Grundstein für die nächsten 1000 Jahre legen? Zur Belohnung für die umsichtigen Werke des wackeren Otto heißt die Region entlang des Nordufers der Donau bis zum unteren Mühlviertel auch seit jeher „das Machland". Und als wäre dies nicht genug der Ehre, so dient das Familienwappen der Machländer bis heute als das oberösterreichische Landeswappen. Sowas muss man sich erst einmal verdienen.

Fast meine ich, dem tatkräftigen Otto gegenüberzustehen, denn als sich das große Burgtor zum Schlosshof elektronisch öffnet, taucht aus dem Schatten des Burgfrieds ein ruppig-rustikaler Knappe mit Visier, Schild, Kettenhemd und kompletter Ritterrüstung auf. Doch dieser eilt nur behend seinem Schlossherrn voraus, der mich formvollendet mit einem Handkuss im buttergelben Leinenlodenjanker mit jagdgrünen Aufschlägen begrüßt. Gott sei Dank bin ich bestens vorbereitet auf den Besuch einer Burg, die als die „schönste Burg Österreichs" gilt! Da musste ich unbedingt nachsehen, um mich davon selbst zu überzeugen. Andere gehen im Sommerschlussverkauf zur Schnäppchenjagd auf Mode aus der Dritten Welt, ich schnüre mein Bündel und überprüfe, ob der Anspruch, den Schlösser und Burgen erheben, auch korrekt ist.

Standesgemäßer Empfang: Knappe, weitgereiste Autorin und Graf Clam, ein moderner Schlossherr in 23. Generation.

Die Grafen von Clam sind österreichischer Uradel und ihre Linie lässt sich bis ins 13. Jahrhundert zurückverfolgen. Der 37-jährige Carl Philip ist in 23. (!) Generation Besitzer der Burg und Chef der Familie Clam-Martinic, die hier ununterbrochen seit 550 Jahren ansässig ist und die Festung instandhält. Wo auf dieser Welt gibt es noch eine solche Familientradition! Noch seltener sind allerdings die Kontraste, welche sich auf der Burg Clam gegenüberstehen. Nirgends projiziert sich die Vergangenheit prägnanter in die Gegenwart: Das Moderne könnte nicht origineller auf das Alte stoßen. Wenn Riten, Sitten und Brauchtum des Mittelalters hier den Hintergrund für Konzerte von Rock-Stars wie Pink, Sting, Billy Idol und Beth Ditto bieten, ist das faszinierend und grotesk zugleich. Extreme Welten stehen sich gegenüber und dies entbehrt nicht einer gewissen Skurrilität: Vom mit Efeu überwucherten Arkadengang blickt man über die 500 Jahre alte, stillgelegte Zugbrücke auf Open-Air-Konzerte am Fuße der Burg mit 12.000 Zuschauern. Das Klappern des Rüstzeugs meines Knappen wird vom Gothic Sound und dem Soundcheck der E-Gitarren begleitet: Eine apokalyptische Impression jenseits jeglicher Zeitmessung, in der Historie und Zukunft miteinander verschmelzen. All das gäbe es nicht ohne den unkonventionellen, 1975 geborenen Schlossherrn. Und, mit Verlaub, dieser originelle Schlossherr, der es sich nicht nehmen lässt, Gäste persönlich durch das Schloss zu geleiten, ist selbst ein Unikum! Gott sei Dank ein Unikum mit Intellekt … Was ja reine Glückssache ist, im salischen Erbrecht. Beweismaterial für meine These gibt es in Hülle und Fülle!

Mutter, Mathematikerin, Bankerin, Schlossherrin und dabei gertenschlank: die Karrierefrau Gräfin Stephanie mit Familie und in die Knie gegangener Autorin!

Gott sei Dank ein Unikum mit Intellekt … Was ja reine Glückssache ist, im salischen Erbrecht. – Désirée

Jedenfalls hat sich der Erbgraf zu der Discomusik von Saturday Night Fever, zu der heute die Babyboomergeneration am liebsten die Tanzflächen erstürmt, in den Windeln gewälzt. Carl Philip von Clam erbte seinen Besitz mit nur 26 Jahren. Und er bringt heute die Musik seiner Generation auf der Höhe ihrer Zeit zu vollster Entfaltung! „Mein Großvater residierte hier bis zu seinem 93. Lebensjahr und war der längstdienende Burgherr überhaupt. Er ist als Graf geboren und als Graf gestorben. Er hatte eine große Aura und enormes Ansehen in der Bevölkerung. Bis zu 25 Hausangestellte wohnten hier", erzählt Carl Philip. Bevor wir überhaupt mein modernst ausgebautes Gästeappartement erreichen, das keinerlei Komfort vermissen lässt, hat mir der Graf auch schon das Du angeboten. Alles andere würde angesichts seiner proklamierten Liebe zum Punk Rock auch reichlich verspannt wirken. Dieser junge Graf hat mit dem ewig Gestrigen wahrlich nichts am Hut und sichert gerade mit dieser Haltung den Fortbestand seiner Dynastie!

Als gelernter Maschinenbauingenieur und Forstwart sammelte der fesche Bursche in Hongkongs Uhrenindustrie reichlich Marketingerfahrung, als ihm 2003 erwartungsgemäß die Burg Clam übergeben wurde. Seitdem setzt der Graf seine ganze Kraft dafür ein, das wertvolle Erbe seiner Vorfahren, die seit der Gotik diese Burg ausbauten, zu bewahren: „Als Graf zu leben, kann ich mir nicht leisten. Wir haben keine Bediensteten und ich koche selbst." Er ist seit 2010 mit der Fondsmanagerin Stephanie Perney verheiratet, die in Frankreich aufwuchs und in Wien bei einer Bank arbeitete. Und schon gesellt sich die charmante Französin österreichischer Herkunft mit dem properen und taufrischen Nachwuchs zu uns.

Schnell führt der Weg vorbei an prunkvollen Gemächern, durch die Waffenkammern, vorbei an Rüstzeug und alten Lanzen, über ausgetretene Fußschwellen, in das originelle Küchengewölbe mit den Ausmaßen eines Ballsaales. Und diese Herrschaftsküche weist tatsächlich die prachtvollste Sammlung von Kupfertöpfen auf, die sich mein schlichtes Hausfrauenherz denken kann: in allen Formen und Größen,

perfekt poliert und mit Monogramm und Grafenkrone versehen. In dieser Speis- und Trankzentrale wurde geschuftet, so viel verrät schon einmal das Equipment. Und richtig geraten, denn ich erfahre von meinem galanten Schlossherrn, dass ausgerechnet seit Ende der österreichischen Monarchie der gräfliche Haushalt stets für Besucher aus höchsten Kreisen ausgerüstet war.

„Interessanterweise ging es auf unserer Burg erst seit Ende der Monarchie richtig höfisch zu. Vorher war hier alles viel rustikaler. Aber weil 1920 unsere enormen böhmischen Ländereien und Schlösser enteignet wurden, entwickelte sich die Stammburg zum Lebensmittelpunkt unserer Familie." Tradition bedeutet für den jungen Grafen Verantwortung: „Das heißt, ich kümmere mich um die Burg und halte sie frei von allen Einflüssen. Hier gibt es keine Investoren, Banken, Stiftungen oder politische Intervention." Nur so sei gewährleistet, dass die mächtige Feste, als Erbe der Vergangenheit im Original konserviert wird und von bürokratischen Entscheidungen unberührt bleibt. Obwohl die Burg seit 1961 der Öffentlichkeit zugänglich ist, betritt man doch beim Rundgang kein Museum im herkömmlichen Sinn. Die Festung ist komplett eingerichtet und wird ganzjährig seit einem halben Jahrhundert von ein und derselben Familie bewohnt. Was Urururgroßeltern notierten, ist im Archiv der Bibliothek verstaut, ebenso wie Griffel und Federn derer sie sich bedienten. Hier hängen keine Theaterkostüme in den Schränken, sondern originale Buxen, Leibchen und Schürzen – geradewegs so, als befände man sich auf einer Zeitreise. Nirgends lässt es sich besser in die Vergangenheit eintauchen als auf Burg Clam. Alltagsutensilien, Fotos, Bilderrahmen, Hausrat aus fünf Jahrhunderten wurde aufbewahrt, und es ist der lederne Knobelbecher aus dem Dreißigjährigen Krieg, es ist die Waage mit den geeichten Goldgewichten von 1720, mit denen noch heute gearbeitet wird. Vom Porzellankabinett bis zur Apotheke sind Gefäße und Gerätschaften komplett erhalten und eben keine Exponate. Somit wandelt der Besucher nicht durch ein Museum, sondern erlebt einen historischen Haushalt, in dem sich alles an seinem angestammten Platz befindet. Eben diese Authentizität macht den lebendigen, familiären und unvergleichlichen Charme der Burg Clam aus.

Und erst die Kochbücher und Rezeptsammlungen, die alten Öfen und Backformen, die quasi Zeitzeugen unseres Rezeptes sind, dessen Originalnotiz noch mit Randbemerkungen des Haus- und Hofkochs versehen ist. Da juckt es doch in den Fingern, gleich zur Tat zu schreiten und zum Leben zu erwecken, was kulinarisch nur darauf wartet, reanimiert zu werden. Aus der Vielzahl der Möglichkeiten wählen wir natürlich des Schlossherrn bewährte Leibspeise und freuen uns darauf, gleich zwei Torten mit insgesamt 14 Eiern zubereiten zu dürfen. In einer Küche so groß wie ein Fußballfeld wirkt ein einzelnes Ei ja nun auch wirklich wie ein „verlorenes" – man muss einfach in anderen Mengen arbeiten, wenn man in Schlossküchen mit der Quadratmeterzahl einer ganzen Reihenhaussiedlung tätig wird. Hier wurden Sauen gegrillt und Fasane gerupft, wer hantiert da schon mit einem Ei und einer Prise Zucker?

Alles echt bei Clams: Graf, Apotheke, Hausmittel, Küchenutensilien und kaiserliche Schlossrezepturen aus fünf Jahrhunderten.

Carl Philip Graf von Clam-Martinic

Zitronentarte à la Clam

Zutaten für den Mürbeteig:
250 g Mehl
130 g Butter
70 g Puderzucker
Schale von 1/2 unbehandelten Zitrone
etwas Vanillezucker
1 Eigelb (Eiklar aufheben!)
1 – 2 EL Wasser
Fett und Mehl für die Form

Mehl und Butter zu Bröseln verkneten, restliche Zutaten hinzugeben und zu einem glatten Teig verarbeiten. Eine Stunde kühl ruhen lassen.

Den Mürbeteig ca. 0,5 cm dick ausrollen, die Tortenform darauflegen und im Abstand von ca. 2 cm rund um die Form einen Kreis ausschneiden. So erhält man den Boden inklusive Tortenrand und kann die eingefettete und mit Mehl bestäubte Form damit auslegen.

Zutaten für die Zitronenmasse:
4 Eier
1 Eigelb (Eiklar aufheben!)
220 g Zucker
150 g geschlagene Sahne
Saft und Schale von 2 1/2 unbehandelten Zitronen
2 EL Mehl

Eier, Eigelb und Zucker zu einer schaumigen Masse schlagen. Die geschlagene Sahne, den Zitronensaft und die -schale sowie das Mehl von Hand mit einem Schneebesen in die Masse rühren. Zuletzt die Masse in die mit Mürbeteig ausgelegte Backform gießen und bei 160 Grad Umluft 45 Minuten backen. Die Tarte aus dem Ofen nehmen und etwas abkühlen lassen, sodass sich der Tortenring entfernen lässt.

Zutaten für das Baiser:
5 Eiweiß
200 g Zucker
etwas Puderzucker

Das Eiweiß zu einem sehr festen Schnee schlagen und löffelweise den Zucker hinzufügen. Sobald sich alle Zuckerkristalle aufgelöst haben, ist der Schnee perfekt. Die Baisermasse in einen Spritzbeutel mit mittlerer Sterntülle füllen und hohe Spiralen auf die Tarte aufspritzen, mit Puderzucker bestreuen und nochmals bei 160 Grad Umluft ca. 15 Minuten backen, bis die Oberfläche golden gebräunt ist. Wenn die Spiralen außen karamellfarben und innen noch weich sind, ist die Tarte genau richtig. Abkühlen lassen und möglichst gleich servieren ... Bon Appetit!

Tipp: Wer ein volles Menü zu kochen hat, könnte die Tarte am Vormittag machen und nur das Baiser kurz vor dem Servieren aufspritzen und backen.

Zuckerbäckermeisterin zum Anbeißen: Helene mit ihrem Gefolge

Die Herrscherin der alten Schlossküche weist mich professionell in die Tortendekoration ein.

Unwiderstehlicher Eischnee mit Liebe geschlagen – man schmeckt's tatsächlich!

Ich koche selbst! – Carl Philip Graf von Clam-Martinic

Fürstlich Tafeln im gelben Jahreszeitensalon: auf Burg Clam Alltag!

Der Entstehungsprozess der fürstlichen Leibspeisentorte – noch dazu unter Anleitung der gräflichen Haus- und Hofzuckerbäckermeisterin Helene Stangl-Küllinger, die ich sofort ins Herz geschlossen habe – birgt eine große Gefahr. Sowohl der Mürbeteig als auch der Eischnee waren so wohlschmeckend, dass man verführt ist, sie voller Wonne als Dessert zu genießen. Der Teig schmeckte wie Marzipan und der Eischnee wie Vanillemousse. Kein Wunder, angesichts der staatlich geprüften Clamschen Konditorin, die mit meisterlichen Handgriffen vormachte, wie es geht. Da versteht man plötzlich, warum Kinder oft am liebsten in der Küche sitzen. Die Tortenmamsell arbeitete mit philosophischem Gleichmut und der Aura einer Künstlerin: Man stelle sich vor, ein gehetzter Geschäftsmann betritt nach seinem grau-in-grauen Büroalltag an der Börse einen Waldorf-Kindergarten: Da weht plötzlich ein anderer Wind. Und die Beschaffenheit des kulinarischen Klimas in dieser originellen Herrschaftsküche macht deutlich, dass es eben noch Zutaten gibt, die über die bloße Rezeptur im alten Notizbuch hinausgehen. Zum Musizieren gehört ja auch wesentlich mehr, als die richtigen Töne anzuschlagen. Phrasierung, Rhythmus und die Pausen, in denen nichts passiert, spielen eine ebenso große Rolle wie die Tonart. Nur der Laie glaubt „die kann singen“ oder „die kann nicht singen“, „der spielt gut“ oder „das war daneben“. Die Nuancen jenseits der richtigen Noten machen erst die Magie aus, denn der Rest ist nur schnödes Handwerk.

Unsere betörende Zuckerbäckermeisterin, die selbst zum Anbeißen aussieht, ist schließlich keine Handwerkerin. Sie lässt sich bei jedem Schritt, den sie vornimmt, herausfordernd viel Zeit. Da wird nochmal nachprobiert und eine Prise hinzugefügt, wenn man längst glaubt, es sei doch schon fertig. Der Eischnee allerdings war die reinste Provokation. Das hatte fast schon was Vulgäres! Das glibberige Eiweiß verwandelte sich durch den nur löffelweise hinzugefügten Puderzucker in eine biskuitfarbene Wolke aus purem Raffinement! Und die Schüssel war nicht nur uralt, sondern riesig. Was müssten Menschen dieser guten, alten Zeit, aus der unser Rezept und das Handwerkszeug stammen, doch für Mitleid empfinden, wenn sie erleben würden, wie arg schnell und lieblos sich heutzutage der Singlehaushalt sein Rührei reinpfeift? 14 Minuten verbringt der Normalbürger durchschnittlich heute täglich am Esstisch – wenn er nicht im Stehen schlingt. Allein schon die Mengen, mit denen man einst hantierte, ließen ganz andere Entstehungsprozesse zu. Es ist doch ein Unterschied, ob man einem einzigen oder 14 Eiweiß zu neuem Volumen verhilft. Um etwas Besonderes herzustellen, bedarf es eben des Fingerspitzengefühls. Und das hat der Graf auch in der Auswahl seiner königlichen „Zuckerbäckergöttin“ bewiesen. Ohne sich in nostalgischem Sentiment zu verlieren, wendet er sich im augenblicklichen Wechsel dann eben Santana oder Joe Cocker zu und wartet mit reichlich Anekdoten auf, da er sich der Betreuung der Weltstars, die sich auf seiner Burg die Klinke in die Hand geben, persönlich annimmt. Wenn man Lady Gaga am Frühstückstisch hat, läuft man nicht Gefahr, in der Vergangenheit zu verharren und als Relikt längst vergangener Zeiten die Realität zu verleugnen. So trifft mich der Schlag, als ich erfahre, dass ich im selben Bett schlafe und dort dusche und bade, wo es auch schon Pink tat! „Wie bitte???“

Ja, die mehrfache Grammy-Preisträgerin, die amerikanische Songschreiberin und Sängerin, die als Alecia Beth Moore in Pennsylvania geboren wurde und schon mit 25 auf jede Menge Welthits zurückblicken kann, hat in denselben Spiegel geschaut und sich über ihre kaputten Haare geärgert wie ich? Ich hänge an des Grafen Lippen und lasse mir berichten, dass sie mit großer Entourage angereist kam und erst einmal nach der Ankunft ihre Massagebank aufklappte, um eine Shiatsu-Session einzulegen. Am meisten beeindruckt aber war der junge Graf von Pinks Schminkspiegel: so groß wie ein hochkant stehender Tisch, mit zahllosen, seitlich aufklappbaren Nebenspiegeln, die kosmetische Kontrolle aus jedem Winkel ermöglichen, und der über so viele Glühbirnen verfügte wie ein Lichtdesignstudio. Ich meine, wenn man wie auf einem OP-Tisch an die Sache herangeht und dann noch mit Injektionen und Faltenkillern jeglicher Art arbeitet, dann sieht man ja auch gut aus! Nichts da mit schnell mal die Haare durchbürsten und eine getönte Tagescreme auftragen, bevor man die erschlafften Glieder um die Ecke kurvt. Kontrolle ist alles! Nichts wird dem Zufall überlassen, wenn die Weltpresse nur darauf lauert, einen im falschen Moment zu erwischen. Allein schon Massagebank und Schminkspiegel zu transportieren, würde soviel Übergepäckstrafen bedeuten, dass man billiger wegkommt, wenn man einen Privatflieger bucht.

Nein, ich glaube nicht, dass ich die holde Schönheit Pink bin, aber der Graf schwört, ich würde dem Popstar auch in meiner Persönlichkeit ähneln. Er besteht darauf, dass ich ihn fortlaufend mit meinem „unerschrockenen Flair" an seinen Augenstern Pink erinnere! Er schätze dies sehr, fährt er fort, und ich erwäge bei soviel Unsinn, meinen vorlauten Gastgeber in seinen eigenen mittelalterlichen Kerker mit der in den Felsen gehauenen Bettstatt werfen zu lassen! Der täte es meines Erachtens auch gut, mal wieder benutzt zu werden, denn wie sagte doch der Graf? Also: retten wir die Tür des Kerkers! Oder doch lieber ab in den ehemaligen Gefängnisturm, in dem einst über Leben und Tod entschieden wurde? Jetzt sucht der kecke Graf doch gar ein Schlupfloch und gemahnt mich, dass wir uns die inzwischen ofenwarm auf uns wartende Zitronentarte einverleiben sollten. Welch ein Labsal! Ich befreie den Grafen aus seiner prekären Lage, indem ich großmütig dem Kaffeekränzchen im Landschaftszimmer zustimme. Ja, man kann Spaß haben mit dem Intellektuellen, dem anzumerken ist, dass er in Gesellschaft berühmter Literaten, Staatsmänner und weitgereister Großwildjäger aufgewachsen ist. Der Graf schreckt vor nichts zurück – er lädt auch eine ganze Heavy-Metal-Band zu sich an den Frühstückstisch in sein herrschaftliches Küchengewölbe aus dem 19. Jahrhundert und kredenzt Speck mit Schweinsohren. Auch Miss Marple würde in diesem Ambiente nicht weiter auffallen. Man muss auf Burg Clam mit allem und jedem rechnen.

Der König von Schweden stand schon einmal auf der Durchreise vom Skirurlaub an der Schlosstür und hat gegen das Portal gewummert, um einen Tee mit Silvia zu trinken – während eine getreue Mamsell durch den Briefschlitz rief: „Hier is koaner dahoam!" Tja, auch einem Carl Gustaf öffnen sich nicht alle Türen automatisch. Das hat Schwedens Köngspaar sicher gut getan, mal zu erleben, dass nicht immer alles nach seinem Gusto abläuft. Die Welt wartet heute eben auf keinen mehr! Kaum hat man sich an derlei Skurrilitäten gewöhnt, folgt ein Ritt durch die Jahrhunderte in Form einer rasch zusammengefassten Familienchronik, die der Graf abspult, während wir uns auf den Weg zur perfekt gedeckten Tafel in die Beletage begeben. Ich stelle fest, die Familie Clam, einstmals genannt Perger, hat fein säuberlich alle Etagen des Adels durchschritten. Ein vermögender Christoph Perger kaufte 1524 die Burg vom Grafen Hardegg, in der Renaissance machte dann ein edler Freiherr von Clam eine großartige Partie: Er renovierte die gesamte Burganlage mithilfe der enormen Mitgift der Gemahlin Sibylle Gräfin von Kagenek, die ihm obendrein noch dazu zwölf Kinder schenkte. Eine sinnvolle Eheschließung kann doch tatsächlich allerhand bewirken! Man heiratet eben nicht zum Spaß! Daher trug der Freiherr Johann Gottfried von Clam den Titel „renovator familiae" – Erneuerer der Familie. Die weitere Standeserhöhung in den Grafenstand erfolgte 1759 durch Maria Theresia. 1791 schließlich heiratete Graf Carl Josef von Clam eine Herrin mehrerer böhmischer Schlösser, die Reichsgräfin Anna von Martinic, und es wurden „die Wappen, die Namen und die Vermögen vereinigt". Seitdem führt die Familie den Doppelnamen Clam-Martinic. Durch diese Ehe kam wiederum eine große Anzahl prunkvoller Möbel auf die Burg, so dass Clam heute komplette Zimmereinrichtungen aus acht Jahrhunderten aufweisen kann. Ein Eldorado für jeden Kunsthistoriker.

Die ganze Pracht der erheirateten Aussteuern entfaltet sich an der langen Tafel des mit erlesenen Prunkservices ausgestatteten Landschaftszimmers. Der mit romantischen Fresken dekorierte Speisesalon wird gern bei besonderen Anlässen genutzt. Und ich – angeblich nur eine Spur von Pink entfernt – bin natürlich ein besonderer Anlass! Die um 1800 gestalteten Wandmalereien bieten einen verklärten Blick auf die bezaubernde Donaulandschaft mitsamt den Burgen der damaligen Herrschaft Clam. Die Szenerie setzt sich in der Aussicht durch die großen Sprossenfenster fort, so dass man einem augentrügerischen Panoramaspiel anheim fällt. Im dominierenden hellen Zitronengelb des

Salons – praktisch passend zur Leibspeisentorte – ist auch das Porzellan aus der Wiener Kaiserlichen Manufaktur aufgedeckt, und mit dem böhmischen Bleikristall und dem sonnengelben, mit Seidendamast bespannten Louis-Seize-Fauteuil fühlt man sich doch gleich fürstlich bewirtet. Bestraft wird an dieser Tafel jeder Spießer, der es wagt, im Möbelhaus Sessel nach „Bequemlichkeit“ zu überprüfen und dabei „Probe zu sitzen“. Biedermeierbänke sind auch nicht bequem. Man soll ja auch nicht fläzen, sondern mit kerzengeradem Rücken adrett durchhalten und wissen, wann man wieder zu gehen hat. All diese Eindrücke lassen meinen Besuch auf der nur 45 Kilometer von Linz entfernten, sehr speziellen Burg Clam unvergleichlich werden.

Das absolute Highlight steht mir aber erst noch bevor. Es geht eine Sonne auf im buttergelben Speisesalon, als die meisterliche Zuckerbäckerin das Ergebnis unserer fünfstündigen Bemühungen auf dem Silbertablett präsentiert: die berühmte Zitronentarte à la Clam, von der nichts übrigbleibt. Gut, die Stücke waren aber auch groß und ich sitze hier doch nicht, um mich zu zieren, wenn ich Nachschlag angeboten bekomme. Die Raubritter haben ja auch einst zugegriffen und mitgenommen, was sie kriegen konnten. Da sollen die mal jetzt nicht so tun … Gott sei Dank ist der Graf hart im Nehmen. Irgendwo müssen ja noch Überreste der tapferen Vorfahren in seinen Adern schlummern und ohne Schlauheit, Klugheit, Diplomatie und eine Portion Überlebensinstinkt hätte seine Dynastie sich nicht behauptet. Ich vermute mal, der Graf führt ganz was anderes im Schilde und ist ein rechtes Schlitzohr: Mag meine Torte vielleicht nur eine Übungssequenz gewesen sein, um Beth Ditto zu beglücken? Die Gossip-Ikone mit der tollen Stimme, die hier kurz nach mir gastiert (und in Pinks und meinem Baldachin-Bett schlafen wird!) ist offen lesbisch, fett und gerade darum ein Star! Dank Karl Lagerfeld avancierte sie zum Liebling der Modepresse und machte barocke Körper wieder salonfähig. Ein Tipp am Rande für den Grafen: Er möge nicht vergessen, der Gothicikone eine Waage ins Bad zu stellen! Gott sei Dank finde ich keine vor, als ich am nächsten Morgen schuldbewusst nach dem Verputzen eines ganzen Drittels der Zitronentarte meine Hüftpolster inspiziere. Ich weiß nur eins: Ich fahre dicker wieder ab, als ich auf der Burg angekommen bin!

So findet am Ende alles zusammen: das eiserne Einmanntor aus dem Mittelalter, durch welches Beth Ditto nur quer hindurchpasst, sommerliche Rockkonzerte vor alten Burgmauern, deren Kartenkontingent schon ein halbes Jahr im Voraus ausverkauft ist – zum Beispiel wenn Hubert von Goisern aufspielt –, eine Zitronentarte nach uralter Schlossrezeptur und eine strahlende

Hier duschen also die Weltstars – vor dem Clamschen Familienwappen!

Zuckerbäckermeisterin, die der „guten alten Zeit“ alle Ehre macht. Am Fuße der Burg liegt aber nicht nur die Freilichtbühne, auf der sich die Weltstars der Rockmusik so gerne tummeln, sondern idealerweise dicht daneben auch noch die herrschaftliche Burgbrauerei. Hier wurde das Gräflich Clamsche Burgbräu schon um 1531 gebraut und ausgeschenkt. Manches ist seit jeher unverändert geblieben auf Clam. Nicht nur das Bier! Auch der Respekt vor den Menschen der Gegenwart, mit ihren individuellen Lebensentwürfen zum Beispiel. Selbst mit den russischen Offizieren, die 1945 auf der Burg lebten, haben sich die Grafen Clam gut verstanden und angefreundet. Die 24. Generation, die nun auf ihrer alten Burg heranwächst, hat intellektuelle Eltern, die Weltbürger sind und im Austausch mit richtungsweisenden Künstlern ihrer Zeit genau das taten, was die Vorfahren beherzigten: nicht in der Vergangenheit zu leben, sondern die Zukunft im Visier zu haben und vor diesem Hintergrund die Gegenwart zu stabilisieren. Zu den „Ewig Gestrigen“ gehört der Graf wahrlich nicht. Angestaubt ist vielleicht die Bilderleiste auf Clam, aber nicht das Gedankengut! So führt der aktuelle Nachfahre des Otto von Machland auch heute noch die Mission fort, die der Urahn im Jahre 1149 seinem Bruder Walchun aufgetragen hatte: die umliegenden Landstriche nutzbar zu machen. Es hat geklappt! Darauf trinke ich zum Abschluss ganz unerschrocken doch gleich ein Clamsches Bier: „Wohl bekomm’s, Herr Graf!“

Eva Gräfin zu Castell-Rüdenhausen

Leibspeise: Leberwurstgröschtl

Jagdhütte Rüdenhausen

Nichts ist schlimmer als
Stillstand, oder anders gesagt,
auf „Altem verharren".

Manto Graf zu Castell-Rüdenhausen

Casteller Land – eine märchenhafte Hügellandschaft zwischen Main und Steigerwald. Ein außergewöhnliches Kleinod. Außergewöhnlich aufgrund seiner Lage, seiner Geschichte und seiner Kultur – und der Menschen, die dieses Stückchen Erde gestalteten und volkstümlich prägten. Für eine Berlinerin auf Stippvisite ist die Region der Weinverkostungen ein nahezu mystischer Ort – dem Bilderbuch entsprungen: Weinland Franken mit aktivem Vereinsleben, wo Brauchtum und Sitte hochgehalten werden. Chöre, Blaskapellen, Bratwürste, Brauereien, Abendläuten in der Dämmerung, Wirtshausrunden, Weinköniginnen mit gefülltem Bartel – fast meint man, in ein Spitzweg-Bildnis der Biedermeierzeit einzutauchen. Ja, Unterfranken ist etwas Besonderes! Und mittendrin der kleine Residenzort Rüdenhausen, unweit von Castell.

Das älteste bekannte Ortswappen stammt aus dem frühen 16. Jahrhundert und zeigt einen roten, pfotenlosen Rüdenrumpf mit goldenem Halsband. Die kleine Gemeinde war seit dem 13. Jahrhundert bis 1533 eine Besitzung der Grafen von Castell. Ihnen folgten 1546 die Grafen von Castell-Rüdenhausen. 1747 erhielt der Ort Rüdenhausen die Marktrechte. In den Siegeln des frühen 19. Jahrhunderts allerdings, ist der Rüde schließlich, wie im heutigen Wappenschild zu sehen, mitsamt den Vorderpfoten dargestellt. Wer sich dafür wohl stark gemacht hat? Vielleicht der Tierschutzverein?

Am Südrand von Rüdenhausen liegt das Schloss der Fürsten zu Castell-Rüdenhausen, das bis heute Sitz der Familie ist. Das Alte Schloss, eine ehemalige mittelalterliche Wasserburg, ist noch als solche erkennbar und wurde über die Jahrhunderte durch Anbauten ergänzt. Im Norden ist das Schloss vom Schirrnbach umflossen, der von einer Kastanienallee gesäumt wird.

Heimat mal drei: Schloss Rüdenhausen, die Villa am Park …

… und die Jagdhütte im Wald (linke Seite).

Schmunzeln über die Völlerei der Urahnen

Drei Degen mit gräflichem Paar

Es geht die Legende, solange im weitläufigen Schlosspark noch die Pfauen leben, wird die Familie derer zu Castell-Rüdenhausen nicht aussterben. Dies mag verwunderlich klingen, gibt es doch keinerlei Anlass zur Sorge in dieser Richtung, doch im Jahre 1803 versiegte tatsächlich vorübergehend die Linie Castell-Rüdenhausen mangels männlicher Nachkommenschaft. Zwei Brüder der Linie Castell-Remlingen gründeten die neuen Linien Castell-Castell und Castell-Rüdenhausen.

Erstmals wurden die Castells 1057 mit Rupert, dem ersten Vertreter der Familie, urkundlich in Castell erwähnt und nannten sich ab 1091 nach dem Stammsitz „de Castello“. Das Geschlecht wurde bereits 1202 in den Reichsgrafenstand erhoben. Nach einer Teilung der Grafschaft wählte Graf Georg II. 1556 das Rüdenhausener Wasserschloss als ständigen Wohn- und Regierungssitz. Damit war die Linie der Grafen Castell-Rüdenhausen begründet. Die Geschichte der Castell ist eng mit dem Weinbau in der Region verbunden. Die erste Anpflanzung der Silvaner-Reben in Deutschland ist 1659 in der Grafschaft Castell nachgewiesen. Und bis heute bringt diese urwüchsige fränkische Region alles mit, was der Mensch braucht, wenn er gepflegte Geselligkeit und weinselige Gemütlichkeit liebt.

Zu gern bin ich der Einladung des Bruders meines verehrten Leibspeisen-Fotografen gefolgt, die mich von der Residenzstadt Würzburg aus gen Rüdenhausen führte.

Graf und Gräfin Manto zu Castell-Rüdenhausen luden nicht in ihre Villa am Park, sondern in die nahegelegene Jagdhütte ein. Zünftig sollte es werden. Das ist bei mir immer willkommen. Ein Waldweg mit Routenbeschreibung à la „an der dritten Eiche links abbiegen, dann 1,5 km geradaus bis zu den Fliegenpilzen und am 1. Hochsitz rechts“, lässt mich endlich mein verwunschenes Ziel erreichen. Natürlich dank Chauffeur, ansonsten wäre ich wie Rotkäppchen im Wald mitsamt der Weinflasche im Henkelkorb verlorengegangen. Die zauberhaftesten Orte dieser Welt sind immer total gut versteckt und bleiben nunmal Geheimtipps bis in alle Ewigkeit. Und siehe da: Der Weg hat sich gelohnt, denn ich finde mich wieder am Brennpunkt fränkischer Gemütlichkeit. An meinen Aufenthalt auf dieser rustikalen Hütte denke ich deshalb so besonders gern zurück, weil man mich am Ende quasi rausschmeißen musste, damit ich diesen zünftigen Ort je wieder verlasse. Schon ohne kulinarisches Gastmahl wäre ich mit einer Kaffeefahrt umgeben von Vogelgezwitscher, Herrgottswinkel und Familienandenken bestens bedient gewesen. Ohne Strom und aufs Simpelste beschränkt, kehrt man an einem solchen Ort zu den besten Dingen des Lebens zurück – und die gibt es immer noch umsonst.

Die freundliche und herzliche Gräfin Eva traf gleich im ersten Anlauf bei unserer Speiseplanung ins Schwarze, als sie mich fragte: „Kennen Sie Gröschtl?“ Nein, kannte ich bislang nicht. Welch ein grober Fehler, was für ein Versäumnis, denn seitdem mir auf der Hütte dieses Leibgericht kredenzt wurde, ist es bei mir daheim zum Standardlieblingsgericht bei Freunden und Familie avanciert. Gröschtl sind *top of my list!* Eigentlich war dieser Knüller zu erwarten, denn in der „Villa Castell-Rüdenhausen“ mitten im Wald, hat Fast Food keine Chance. Und so echt wie die Menschen, die mich hier empfangen, so unverfälscht kommt auch diese regionaltypische Spezialität daher, die sich seit Jahrhunderten nicht verändert hat. Graf und Gräfin hatten schon immer Freude am Kochen. Voller Begeisterung erzählt Graf Manto von den Gerichten seiner Kindheit und Jugend. Die schönsten Speisen lernte er daheim im Schloss kennen: Saucen, Suppen, Soufflés, Braten, Süßspeisen, Wild in allen Varianten. Aber Gattin Eva, aus Werfen bei Salzburg, steuerte das Beste bei, was Österreich zu bieten hat und setzte mit ihrem heimischen Gröschtl-Rezept allem noch die Krone auf. Ein echter Kulturbeitrag!

Und das will im Hause Castell-Rüdenhausen schon etwas heißen, denn dank der sorgfältigen Arbeit des Hausarchivars August Sperl habe ich die Möglichkeit, in die kulinarischen Gepflogenheiten der Vorfahren zu blicken. Graf Manto hält für mich einen wahren Schatz bereit, als er ein Kompendium über höfisches Leben der Grafen Castell im 16. und 17. Jahrhundert aus der Hausbibliothek vorlegt. Insbesondere über den häuslichen Alltag zwischen Küche und Speisesaal hat der Autor Sperl gründlich recherchiert und säuberlich zusammengetragen, womit der gräfliche Haushalt aufzuwarten hatte. Man kann es nicht fassen und möchte glauben, es sei ein Sciencefiction-Roman, wären die Unmengen, die bei Festgelagen „verdrückt“ wurden, nicht sorgfältig per Haushaltschronik im Familienarchiv in Stein gemeißelt. Wir nehmen verblüfft zur Kenntnis: Festessen von 36 verschiedenen Gängen waren keine Seltenheit! Und Anlass für einen Festschmaus gab es nahezu täglich, denn bei Hunderten von Verwandten gibt es immer Jubiläen, Geburtstage oder Taufen, die gebührend zelebriert werden wollen. Nicht zu denken an all die Edelleute aus dem Umfeld, die gern gesehene Gäste waren oder vielleicht mit einem Achsenbruch Zuflucht oder Wegelagerern zu entkommen suchten …

Wollen wir, so Gott will, den Tisch decken, recht lustig sein und den Ofen zum Fenster hinauswerfen?

Aus der Familienchronik

Polizist aus Leidenschaft: Graf Manto

Sperl schreibt, es sei „unglaublich, wie man damals wahllos die Gerichte in sich hineinschlang“. Böse Zungen könnten es Völlerei nennen. Der Speisezettel für ein normales sonntägliches Mittagsmahl enthielt: Hühnersuppe, Rindfleisch, alte Hühner mit Rettichen, Reisbrei, gelbe Kutteln, Schweinskopf, Lunge und Leber an schwarzem Pfeffer, Marzipan, Schwanenpasteten, Spanferkel gebraten, Austern, Fischpasteten, Hasenpfeffer, Kalbskopf, Schmalzgebackenes, Rehschlegel, Blut- und Leberwürscht, Sauerkraut, Wildbretgebratenes, gefolgt von Schnecken und Rebhühnern. Man solle nicht denken, dass dies für einen Tag genüge. Das war nur der Alltagsspeisezettel als Grundlage für Hochprozentiges. Sonntags zur Nacht gab es noch eine zweite Mahlzeit von 21 Gerichten: So ging es Tag für Tag, und dies war noch keine Festgesellschaft! Schaut man sich die alten Rechnungen und Haushaltsbücher von den Gelagen für Feierlichkeiten an, so liest man dort akribisch aufgelistet, was beispielsweise eine höfische Taufgesellschaft verzehrt hatte: 4 Ochsen, 1 Rind, 11 Kälber, 4 Schweine, 9 Spanferkel, 5 schweinerne Hammen, 4 Rehe, 1 Sau, 58 Hasen, 18 Rebhühner, 1 Schwan, 20 Pfund Hecht, 1 Zentner Karpfen, 24 Barben, 100 Austern, 200 Heringe, 364 Eier, 1 Zentner und 24 Pfd. Schmalz, 40 Pomeranzen, 15 Pfd. Parmesankäse. Es scheinen Volksfeste gewesen zu sein, die man der Verwandtschaft bot … Nicht gerechnet die Unmengen von Mehl, Zucker, Gewürzen und Beilagen. Das Bier hatte offenbar nicht gemundet, denn es wurde nur ein einziger Eimer verrechnet! Dafür sind vier Fässer Wein in durstige Kehlen geflossen.

Das Leben im Schlaraffenland gehörte zum Alltag. Gemessen daran, scheint heutzutage permanente Hungersnot der Standard zu sein. Offenbar waren barocke Formen en vogue, denn die Gelage hatten ihre Folgen. Kein Wunder, wenn die Leute zu dieser Zeit an den Folgen einer gewissen Überernährung litten. Zumal es um die Heilpflege damals in Franken übel bestellt war. Ein Arzt war, so die Chronik, weit und breit nicht zu finden. Erst Graf Friedrich Rudolf zu Rüdenhausen, der im Jahre 1680 gestorben ist, wurde von einem Schweinfurter Doktor behandelt. 1696 richtete dann ein gewisser Hieronymus Martini die erste Apotheke in Rüdenhausen ein. Ums Jahr 1611, so erfahren wir, hat „die dringendsten medizinischen Fälle der Schäfer besorgt“.

Welch interessante und aufschlussreiche Erkenntnisse solch eine Hauschronik doch hergibt.

Wie viele Eier muss
man für eine Mousse au Chocolat
für 300 Personen aufschlagen?
Und wohin mit den Schalen?

Désirée

Weiter lesen wir: „Die Feste wurden am Grafenhofe gefeiert, wie sie grade fielen und man verstand ausgiebig und mit schier unglaublichem Behagen zu genießen." Ausgesprochen verheißungsvoll klingt es, wenn Karl Schenk zu Limpurg seinen Schwager Wolfgang Castell in den Herbsttagen des Jahres 1607 mit folgenden Worten einlädt: „Wollen wir, so Gott will, den Tisch decken, recht lustig sein und den Ofen zum Fenster hinauswerfen?" Eine Einladung zu solch einer Veranstaltung würde man wohl auch heute kaum ausschlagen …

Es ist unfassbar, was die Altvorderen an Essen und Trinken zu verdrücken vermochten. Dem Pfarrer, der am 25. Februar 1599 zum Nachtmahl auf dem Schlosse war, wurden gar „auf sein Begehren" 20 Maß Rotwein zum Schlaftrunk gereicht. Die Völlerei war Programm! Und als vom 6. bis 10. Oktober 1608 ein junger Graf von Löwenstein im Schlosse Castell „aufschlug", ging dies in 58 Maß Most auf. Auch ins Frauengemach wurde der Wein, gschamig als „Arznei" getarnt, fässerweise geliefert. Nun kann man sich denken, wie es in einem echten „Frauenzimmer" zuging. Man bedenke, die Schar der Gäste und Edelleute reiste laut Chronik mit bis zu 96 Pferden und 15 Kutschen an. Der Aufwand muss schier unermesslich gewesen sein. Bescheidenheit wurde mit Sicherheit als Schwäche quittiert.

Und dieses grundsätzliche Prinzip, Heerscharen von hungrigen Mägen abzufüllen, ist bei der Haushaltsführung der Fürstenhäuser immer noch oberste Maxime geblieben.

Nach dieser alten Schule des großen Stils werden Anlässe von Hause aus mit einer furchtlosen Grandezza geschultert, die ich nur bewundern kann. Und die sich gewaltig vom Ansatz einer Hausfrau aus überschaubareren Verhältnissen unterscheidet.

Nein, eine Mousse au Chocolat für 300 Personen würde bei mir garantiert einen Nervenzusammenbruch auslösen. Wie viele Eier muss man denn dafür aufschlagen? Und wohin mit all den Schalen? Wie bewirtet man überhaupt 60 anspruchsvolle Überraschungsgäste? Ohne ihnen je das Gefühl zu geben, sie würden an einem ruhigen Abend ein Störfaktor sein. Im Gegenteil, es gilt, die unangemeldete Schar freudig willkommen zu heißen. Ich jedenfalls möchte keine Suppe für eine große Jagdgesellschaft kochen müssen, denn meine bescheidenen zehn Fingerchen reichen nicht aus, um die Zutaten für mehr als zehn Gäste zu kalkulieren. Naja, „zwei im Sinn" könnte ich gerade noch bewältigen, aber 13 Leute lädt man schon aus Angst vor der bösen Fee nicht ein und was danach käme, sagen wir, 14 Gäste, ginge bei mir mit starrem Blick und eher schmallippiger Freude über den spontanen Besuch einher! Tomate mit Mozzarella vielleicht, das kann man immer auf eine Platte legen – oder Käsewürfel mit Brot und Weintrauben, aber dann bitteschön doch lieber den Partyservice zur Hilfe nehmen!

Dies alles war meine Devise, bis ich der Gräfin Eva zu Castell-Rüdenhausen als Zauberlehrling am Herd persönlich über die Schulter schauen durfte. Denn siehe da: Gräfin Eva hat mich verblüfft, begeistert, überzeugt und absolut perplex hinterlassen. Denn mit Gröschtl kann man Heerscharen bewirten, ohne in der Küche zu kollabieren. Ja, wenn es Gröschtl gibt, sollen ruhig 150 Gäste unangemeldet vor der Türe stehen – ich garantiere dafür, dass sie satt entlassen werden. Wie lange ich in der Küche dafür brauche? Nun, 15 Minuten am Herd und 5 Minuten, bis die schmiedeeiserne Pfanne auf dem Tisch steht. Versprochen! In der Zeit haben meine Gäste gerade einmal den Mantel ausgezogen, den Hut an den Haken gehängt und einen Drink genommen. Ja, das kann ich jetzt, denn es gibt:

Eva Gräfin zu Castell-Rüdenhausen

Leberwurstgröschtl

Zutaten für 4 Personen:
Für das Gröschtl:
2 Zwiebeln
8 gekochte Kartoffeln mit Schale
Rapsöl oder Butterschmalz
4 frische fränkische Leberwürste
(alternativ Blutwürste)
Salz
Pfeffer
frische Kräuter (Majoran, Petersilie, Schnittlauch) zum Dekorieren
evtl. 4 Eier

Für den Salat à la Eva:
1 Kopfsalat
1 Gurke
1 Tomate
4 – 5 Radieschen
Essig
Rapsöl
Salz
Pfeffer
Senf
eine Prise gekörnte Brühe

Für die Gröschtl die Zwiebeln halbieren, in Ringe schneiden und diese andünsten. Die gekochten, halbierten und abgekühlten Kartoffeln schälen, in Scheiben schneiden und in Rapsöl oder Butterschmalz goldgelb anrösten. Die Zwiebeln dazugeben und mit Salz und Pfeffer abschmecken. Die Würste aus der Schale nehmen, in Scheiben geschnitten in die Pfanne geben und anbraten. Durchziehen lassen, nach Geschmack anrösten und mit den Kräutern dekorieren. Man kann am Ende ein Spiegelei darüberlegen.

Für den Salat Kopfsalat, Gurke, Tomate und Radieschen in feine Scheiben geschnitten vermischen. Aus Essig, Rapsöl, Salz, Pfeffer, Senf und einer Prise gekörnter Brühe eine Marinade anrühren, gut durchschütteln und über den Salat geben.

Eine Zauberin der Küche: Gräfin Eva

Ein unvergessener Radieschensalat

Eine unwiderstehliche Mahlzeit, die mühelos auch in riesigen Mengen auf kleinem Raum zubereitet werden kann und durchaus „feldküchentauglich“ ist. Das rustikale und leicht umzusetzende Gericht kommt in einer großen schmiedeeisernen Pfanne auf den Tisch. Undenkbar, dass auch nur eine Spur davon übrig bliebe, denn zusammen mit dem erfrischenden Salat bedient es alles, wonach unseren Geschmacksknospen der Sinn steht. Delikat und doch schlicht, ursprünglich, unverfälscht und nahrhaft, vitaminreich und … gut, das mit dem Fett lassen wir mal unter den Tisch fallen. Ob auf der Skihütte, nach Wanderungen auf der Alm, ob unter freiem Himmel, als Bauernschmaus beim „Katerfrühstück“ oder als Mittagessen bei einer herbstlichen Jagd – Leberwurstgröschtl haben immer Saison! Irgendwann serviere ich es am Heiligen Abend, versprochen!

Wenn's gemütlich ist, wird die Autorin andächtig. So lieb sehe ich aus, wenn ich mich wohlfühle!

Nahrung für die Seele: liebevolle Deko und ein schlichtes Mahl – alles was der Mensch braucht!

Graf Manto ist privilegiert, denn er hat seiner Ehefrau Eva wie sie sagt „selbst das Kochen beigebracht", und nun bekommt er alles so serviert, wie er es am liebsten mag. Der als zweites Kind von Fürst und Fürstin Siegfried zu Castell-Rüdenhausen geborene Graf wuchs im Schloss Rüdenhausen auf und erinnert sich gern an eine wunderschöne Kindheit mit herrlichen Abenteuern im Schlosspark und in Gottes freier Natur. 1971 trat er als Grenzjäger in den Bundesgrenzschutz ein – und das kam nicht von ungefähr, denn schon als Kind spielte er am liebsten „Polizist". Mit Uniform und Mütze ausstaffiert, war er im Reigen seiner fünf Geschwister am liebsten der Gendarm! Der Graf absolvierte zahlreiche Aufgaben in Funktionen wie Zugführer, Wasserwerfer-Zugführer, stellvertretender Hundertschaftsführer, Fachlehrer, Sachbearbeiter Lagezentrum und Sachbearbeiter Sicherheit. Schließlich führte ihn sein Weg als erster Polizeihauptkommissar bis zum Posten des Pressesprechers im Grenzschutzpräsidium. „Dieser Lebensabschnitt war für mich stets mehr als ein Beruf. Die Tätigkeit eines Polizeibeamten muss man als Berufung sehen und ausfüllen." Einher mit Graf Mantos Pensionierung ging jüngst sein 60. Geburtstag, und die Silberhochzeit am 28. Juli 2011.

Nach Jahrzehnten der Fremdbestimmung räumt Manto Graf zu Castell-Rüdenhausen nun allein seinen beiden Gräfinnen, der Tochter Marie und seiner Eva, ein Mitspracherecht ein. „Jeden Tag beim Frühstück wird über den weiteren Tagesverlauf entschieden und es klappt gut, meine Familie und ich fühlen uns gut", erzählt er. Kaum ist die zünftige Mahlzeit ratzeputz verdrückt, folgt ein herrlicher selbstgebackener Kuchen mit einem Haferl handgebrühten Kaffees aus einer Eisenkanne. Mehr braucht der Mensch nicht, um fürstlich zu speisen. Man muss eben nur die Hütte haben! Verglichen mit den kulinarischen Ansprüchen der Vorfahren, siehe eingangs, war diese Verköstigung vergleichsweise ein Dienstbotenmahl. Seinerzeit haben die Dienstboten bei freier Kost und Logis natürlich an der Quelle aller Köstlichkeiten gedient. Sie wussten am besten, was wirklich gut ist. Und laut Castellscher Hauschronik, könnte es diese österreichische Variante des Bauernfrühstücks durchaus schon im 16. Jahrhundert gegeben haben.

Ich ziehe Leberwurstgröschtl übrigens der Nouvelle Cuisine vor, die ich für überholt halte. Wenn man traditionell und gut speisen will, muss es keine Schwanenpastete sein – Gröschtl tun's auch.Wie sagte doch Graf Manto so überzeugend? „Tradition bedeutet für mich, sich nach altbewährten Grundsätzen des Lebens auszurichten. Es geht nicht darum, Asche zu bewahren, sondern eine Flamme brennend zu erhalten. Nichts ist schlimmer als Stillstand, oder anders gesagt, auf ‚Altem verharren'. Knapp ausgedrückt, kann man dies vielleicht auch als ‚lebendige Tradition' bezeichnen." Darunter müsste man eigentlich einen Polizeistempel setzen. Ich bin ungern abgefahren aus der Hütte im Wald. Getröstet hat mich aber das Rezept meiner neuen, fürstlichen Leibspeise!

Brigitta Prinzessin von Jugoslawien

Leibspeise: Orthodoxes Fastenmahl

Königspalast in Belgrad

Träume müssen nicht Schäume bleiben!

Brigitta Prinzessin von Jugoslawien

Zu einem serbischen Fastenmahl geladen zu werden und in einem Kochbuch über spartanisches Maßhalten zu berichten, erscheint mir fast paradox. Kann denn das Gegenteil eines üppigen Festmahls wirklich geeignet sein, eine fürstliche Leibspeise zu repräsentieren? Im serbisch-orthodoxen Glauben wird sowohl mittwochs als auch freitags gefastet, und wenn man diese Regeln des Jahreszyklus befolgen will, dann gewöhnt man sich besser beizeiten daran, Maß zu halten. Was ist praktischer als eine in die Religion eingebettete Diät?

Königsblaue Impressionen umgeben die königlichen Familienmitglieder „Kelly Bean“ und „Krümmelchen“.

Zwar leben meine Gastgeber im königlichen Palast in Belgrad, doch bewirtet werden wir in der ursprünglichen Heimat der Prinzessin, in deren Zweitwohnsitz in Deutschland. Da ich mir keine historischen Nachlässigkeiten nachsagen lasse, informiere ich mich umfassend über die so bewegte Geschichte der Dynastie, welcher meine Gastgeberin angehört: Karadordevic. Schon einmal gehört? Nun, der Name mag zwar nicht leicht über die Lippen gehen, aber es gibt eine Alternative: Sagen Sie einfach Ihre Königliche Hoheit Prinzessin Brigitta von Jugoslawien.

Serbien durchlebte im 19. Jahrhundert aufgrund zahlreicher politischer Differenzen schwerste Krisen. Zwar hatte das Land sich aus eigener Kraft von der türkischen Fremdherrschaft befreit, doch danach kam es zu jahrelangen Stammeskriegen. Die Familien Obrenovic und Karadordevic befehdeten einander heftig mit wechselndem Erfolg, bis sich schließlich 1858 die Familie Obrenovic durchsetzen konnte. Das Haus Karadordevic wurde von Dorde Petrovic, *Schwarzer Georg* genannt, gegründet. Er lebte von 1762-1817, war ein serbischer Kaufmann und Revolutionär und gilt als Stammvater aller Karadordevics. Er leitete 1804 als Anführer den Ersten Serbischen Aufstand gegen die Osmanen. Durch diesen Akt der Befreiung regierte er von 1804 bis 1813, verlor aber die Macht, als die Osmanen Serbien zurückeroberten. Dorde Petrovic floh mit seiner Familie nach Genf.

Die Familiensaga erklärt sich nicht, ohne die rivalisierenden Obrenovics zu betrachten, die um die Macht und somit um den Thronanspruch rangen. Der erste serbische König, Milan I., dessen Vater noch als Söldner bei der rumänischen Armee gedient hatte, zog es 1889 nach einem unglücklichen Krieg mit Bulgarien vor, abzudanken. Milans Sohn, Alexander I. Obrenovic, wurde 1893 volljährig und Milan kehrte zeitweilig aus dem Ausland zurück. Doch dieses Verhältnis zerbrach endgültig, als am 22. Juli 1900 folgende Heiratsanzeige in Belgrad aufgegeben wurde: „König Alexander I. Obrenovic von Serbien zeigt hocherfreut seine Vermählung mit Madame Draga Maschin an.“

Wer war Draga Maschin, drängt sich als Frage auf? 1895 hatte König Alexander seiner Mutter in Biarritz einen Besuch abgestattet. Dort traf er auf Madame Draga Maschin und entflammte in unsterblicher Liebe.

Draga Maschin war 16 Jahre älter als er und die Gesellschaftsdame der Königinmutter Natalja. Als König Alexander I. frischverliebt nach Belgrad heimkehrte, folgt ihm Fräulein Maschin, die als korpulent und hypernervös beschrieben wird. Am 5. August 1900 ehelichte der Thronfolger der jungen Monarchie seine Auserwählte, die geschiedene Ehefrau eines Physikers, die einst in Prag ein skandalöses Leben geführt haben soll. Das gesamte serbische Kabinett drohte mit Rücktritt, falls die schlichte Bürgerin zur Königin ausgerufen werden würde. Derartige Borniertheit hat inzwischen selbst das englische Königshaus abgelegt. Tatsächlich legten seinerzeit der Ministerpräsident und ein ganzer königlicher Beraterstab ihre Ämter nieder. Schlimmer noch, im ganzen Land ertönten Morddrohungen – auch die Armee zeigte sich zunehmend feindselig. Abgeschirmt von einer Leibwache wagte sich das Königspaar kaum noch in die Öffentlichkeit. Einzig die Geburt eines Thronfolgers hätte jetzt die Lage etwas beruhigt. Doch schon 1901 musste Alexander erklären, dass seine 34-jährige Gemahlin keine Kinder bekommen könne.

In dieser explosiven Lage beging das Paar einen haarsträubenden Fehler. Die ehrgeizige Draga bedrängte Alexander, ihren Bruder, den Oberst Nikodem Lunjevic, als Thronfolger zu proklamieren. 1903 entstand der Eindruck, als wolle der König diesen Wunsch verwirklichen. Der Plan der Verschwörer war, das Königspaar zu ermorden und den im Genfer Exil lebenden Peter Karadordevic auf den Thron zu setzen. Der Plan wurde unter Führung des Nationalisten und Revolutionärs Dimitrijevic, genannt Apis, umgesetzt. In der Nacht vom 10. zum 11. Juni 1903 drangen mehrere Dutzend „Revolutionäre" in den Königspalast ein und die Metzelei begann. Eine Handgranate sprengte die Tür zum königlichen Schlafgemach. Doch Alexander und Draga hatten sich rechtzeitig in eine muffige Kleiderkammer geflüchtet.

Im Stile Chagalls: blaues Ölgemälde Ihrer Königlichen Hoheit Prinzessin Brigitta.

Erst während der Morgendämmerung wurden sie entdeckt und unter wüsten Beschimpfungen mit Säbeln attackiert, schließlich erschossen und aus dem Fenster geworfen. So wurde 1903 der erste König in der Familie Karadordevic gekrönt: König Peter I. von Serbien. Er ist der Urgroßvater meines Gastgebers Prinz Vladimir.

Nach dem Ersten Weltkrieg regierte Peter I. das beträchtlich vergrößerte Königreich der Serben, Kroaten und Slowenen. Sein Sohn Alexander I. benannte das Land 1929 in Königreich Jugoslawien um. Er fiel 1934 in Marseille einem Attentat zum Opfer. Obwohl die französische Polizei und das jugoslawische Konsulat den König vor einem möglichen Attentat warnten, wollte der Herrscher den Besuch wie geplant durchführen. So verließ er gegen 16 Uhr den im Hafen liegenden Kreuzer *Dubrovnik* und nahm in einer offenen Limousine Platz. Der Wagen hatte erst 100 Meter im Schritttempo zurückgelegt, als es zum Mordanschlag kam. Die Königskinder wurden Halbwaisen. Peter II. folgte Alexander mit 11 Jahren auf den Thron. 1941 mussten alle Angehörigen von König Peter II. beim Einmarsch der deutschen Truppen ihr Land verlassen. Sie gingen ins Exil nach Portugal und London. Dort wurde in der Familiensuite des Hotel Claridge der nächste Exil-Kronprinz geboren. Die Regierung hatte diese Hotelsuite zum jugoslawischen Territorium erklärt, weil die Konstitution vorschrieb, der Thronfolger des Landes habe in seinem Heimatland Jugoslawien zur Welt zu kommen. Da dies im Exil nicht möglich war, wurde kurzerhand das Hotelzimmer für jugoslawisch erklärt – man wundert sich, was alles möglich gemacht werden kann, wenn es pressiert …

Das regierende Haus verlor schließlich alle Macht und Ansprüche, als 1945 die Kommunisten unter Tito die „Föderative Volksrepublik" ausriefen. Seit 2001 existiert Jugoslawien nicht mehr. Ein untergegangenes Reich. Man muss heute von den individuellen Ländern sprechen, die alle ein Teil des ehemaligen Jugoslawien waren. Auch wenn Landesgrenzen und Staatsformen sich wandeln, die Nachkommen der ehemaligen Monarchen schreiben die Geschichte weiter.

Ich übe den Beruf der Modedesignerin seit meinem dritten Lebensjahr aus!

Brigitta Prinzessin von Jugoslawien

Der jüngste Bruder des Exilmonarchen war Prinz Andreas, der 1929 das Licht der Welt erblickte. Würde er noch leben, wäre er der Schwiegervater meiner Gastgeberin. Seine Mutter war Prinzessin Maria von Hohenzollern-Sigmaringen, Tochter des Königs Ferdinand von Rumänien und der Prinzessin Marie von Edinburgh. Sie ist folglich die selige Großmutter unseres Gastgebers Prinz Vladimir, der sowohl mütterlicher als auch väterlicherseits ein Nachfahre Queen Victorias ist. Prinz Andreas von Jugoslawien besuchte Internate in England und der Schweiz und auch er führte ein durchaus bewegtes Leben. Sein Sohn Vladimir, mein Gastgeber, stammt aus der zweiten Ehe mit Prinzessin Kira Melita zu Leiningen, die die Tochter Seiner Hoheit Fürst Karl zu Leiningen und Ihrer Kaiserlichen Hoheit Großfürstin Maria Kirillovna von Russland war. Wie lange Prinzessin Brigitta wohl gebraucht hat, um sich in diesem Stammbaum zurechtzufinden …

In der Kindheit wurde Prinzessin Brigitta nicht auf die Aufgaben, denen sie sich heute widmet, vorbereitet. Seit jeher aber war die hervorragende Köchin eine sehr reiselustige und mobile Person. Dass Repräsentationspflichten als Vertreterin Serbiens, humanitäre Hilfe und weltweite Charityprojekte einmal ihr Leben bestimmen würden, war für die Tochter eines Piloten und einer Fotografin nicht absehbar. Im Jahr 2000 war es also so weit, Brigitta Müller heiratete ihren Prinzen. Und trotz der vielfältigen Verpflichtungen, welche den gemeinsamen Terminkalender von Prinz Vladimir und seiner angetrauten Prinzessin bestimmen, ist Brigitta ihren bodenständigen Wurzeln treu geblieben.

Auf ihrer Homepage www.atelierprincess.de stellt sich die Prinzessin uns ganz persönlich vor. Fast meint man, mit der Königlichen Hoheit in Kontakt zu treten, so lebhaft schildert sie uns mit ihren eigenen Worten ihre breitgefächerten beruflichen Aktivitäten. Die Modedesignerin und Malerin wollte eigentlich Tänzerin werden. Und sie haderte nach eigener Auskunft lange mit sich selbst, welchen künstlerischen Werdegang sie einschlagen sollte. Schon als Kind, gibt die Prinzessin preis, zog sie sich am liebsten traumverloren in ihre eigene Welt zurück und liebte es, Kostüme und Outfits für ihre Puppen zu schneidern.

Die detailverliebten Designs, so lesen wir, waren in der Schule so begehrt, dass die junge Dame schließlich auch für die Freundinnen in Puppenkleiderproduktion gehen musste. Nachdem irgendwann die Welt der Puppenkleider zu klein geworden war, entwickelte Brigitta alle Fertigkeiten, die Schneiderei auch auf sich selbst zu übertragen, und aus der Liebe zu Mode und Design wurde eine Berufung. Die Prinzessin erklärt: „Ich übe den Beruf der Modedesignerin seit meinem dritten Lebensjahr aus! Aber mein Elternhaus favorisierte eine solide Karriere und so wurde für mich eine Banklehre arrangiert. Meine Erfahrungen bei einer großen deutschen Bank sollten sich als Fundament erweisen, als ich mich schließlich doch für eine kreativ-künstlerische Tätigkeit entschied und mich als Modedesignerin selbständig machte.“ Zu der Zeit arbeitete Brigitta auch als Fotomodell und stellte ihre Leidenschaft für Beauty, Mode und Design auf eine professionelle Basis.

Die Prinzessin sagt: „Träume müssen nicht Schäume bleiben. Meine Träume wurden wahr, als ich mein eigenes Atelier eröffnete.“ Das Geheimnis ihres persönlichen Stils beschreibt sie folgendermaßen: „Für mich soll alles im Leben Freude bringen, Zufriedenheit verströmen und glücklich machen. Durch eine stylische und saubere Atmosphäre wird meine Fantasie beflügelt. Damit ich mich wohlfühle und inspiriert arbeiten kann, habe ich mein Atelier sehr persönlich wie ein privates Heim dekoriert, voller Emotionen.“ Mein Besuch im Domizil der Königlichen Hoheiten lässt mich teilhaben an dem Motto der Modedesignerin, dass Träume nicht Schäume bleiben müssen. Stylish und sehr sauber ist das akkurat dekorierte Heim, in welchem uns das royale Paar empfängt. Fast erinnert es mich an ein Puppenhaus! Sie sagt: „Ich bin überall dort heimisch, wo mein Mann ist.“ Das sorgsam gepflegte Ambiente wird von zwei weiteren Familienmitgliedern bewohnt: Krümmelchen, der kleine Maltester und „Kelly Bean“, ein Teacup Pudel, genannt „Bienchen“. Das ehemals dritte Familienmitglied Lilly, eine Malteserhündin, ist leider mit 14 Jahren gestorben. „Früher reisten unsere Hunde zu dritt in einer Tasche – jetzt zu zweit!“, so Prinzessin Brigitta.

Standesgemäßes, königsblaues Domizil für die vierbeinigen Familienmitglieder

Ja, diese Hunde werden standesgemäß gehalten, denn royalblau ist das königliche Baldachinbett mit geschlossener Krone, welches auf der cremefarbenen Auslegeware prominent platziert ist. Das exklusive Modeatelier Ihrer Königlichen Hoheit ist reichhaltig mit den eigenen Gemälden der Prinzessin dekoriert: An den Wänden dominieren großformatige Ölbilder – vornehmlich in königsblau – die Gemächer. So wähne ich mich im weiß-blauen Interieur plötzlich im altbekannten Spiegelsaal des Schlosses Herrenchiemsee – der Ballsaal wurde dreidimensional von der Prinzessin auf Leinwand gebannt und ans Interieur angeglichen. Zwei vergoldete Fauteuils laden dazu ein, ein wenig im Schloss zu verweilen. Prinzessin Brigitta erläutert: „Meine Lieblingsfarbe ist jede Farbe, wenn sie nur blau ist. Ich male Bilder zum Teil in Anlehnung an meinen Lieblingsmaler Marc Chagall. Ich benutze gern klare, kräftige Farben und massive Pinselstriche. Der Ursprung meiner Maltätigkeit liegt im Glauben, der mich sehr inspiriert hat.

Selbst die Hunde werden standesgemäß gehalten. – Désirée

Auf dieser Basis male ich die Bilder aus der Seele, in Anlehnung an den Menschen, an das Leben, an das Gute, die Freundschaft und das über allem stehende Gefühl der Liebe."

Doch wie kam Ihre Königliche Hoheit zur Malerei? Lassen wir die Prinzessin selbst sprechen: „Der Wunsch, meine Modeskizzen zu perfektionieren, führte dazu, dass ich mich an diversen Kunstakademien mit Zeichenkursen weiterbildete und so schließlich zur Malerei fand." Ihre Wege führten ins Ausland, wobei die Kunststudentin am liebsten in Paris – zwischen Coutureschauen, Modewoche und der Boheme – weilte. Und durch welche persönliche Note zeichnet sich der Stil der Prinzessin aus, frage ich meine Gastgeberin, die am liebsten Eigenkreationen trägt, die ihr auf den Leib geschneidert sind. Nachdem ich auf der schneeweißen Couch mit den schönen blauen Kissen Platz genommen habe, erläutert sie bei auf dem Silbertablett serviertem Kaffee: „Wenn ich von persönlichem Stil spreche, dann reflektiere ich vor allem gute Manieren, Eleganz, Qualität und *sophistication*. Im Laufe der Jahre habe ich einen Instinkt dafür entwickelt, was meiner exklusiven Kundschaft am besten steht, aber der Sinn für Perfektion, Farbe und Form ist ein Talent, das nicht erlernt werden kann." Seien es Hochzeitskleider, Ballkleider, Cocktailkleider oder volkstümliche Kostüme, die Prinzessin hält sich durch die Pariser Coutureschauen zweimal im Jahr immer up to date über die Trends der kommenden Saison. Die fleißige und vielseitig talentierte Prinzessin sagt: „Es gab noch niemals eine Idee oder einen Wunsch einer Kundin, den ich nicht in einen wunderbaren Modeartikel höchster Qualität umsetzen konnte." Seien es Modekreationen oder Gemälde, die Prinzessin nimmt gern Aufträge an, die die Welt verschönern!

Aber kommen wir auf die königliche Liebe zu sprechen. Ohne die politischen Konfliktherde in Kroatien und Bosnien hätte Prinz Vladimir wohl niemals seine deutsche Frau kennengelernt. Es war im Jahre 1993 in Bielefeld, als Brigitta und der Prinz sich auf einer Spendengala für die Krisenherde des Ostblocks trafen. Zwar bescheinigt mir Brigitta, dass es bereits damals gefunkt habe und Telefonnummern ausgetauscht wurden, sie habe aber nicht den geringsten Grund gehabt oder gesucht, mit dem neuen Verehrer in Kontakt zu treten. Erst sechs Jahre später sollte das Paar zusammenkommen. Meine Gastgeberin war mit einer Freundin auf Hawaii gewesen, als im Jahre 1999 das Kriegsende im Kosovo den entscheidenden Impuls gab, erneut humanitäre Hilfe für die bedürftige Region zu organisieren. Um mit diesem Charityevent konkret in Planung zu gehen, mobilisierte Brigitta all ihre internationalen Kontakte und schickte Prinz Vladimir ein Fax nach London. Man vereinbarte ein Meeting am Flughafen

Heathrow und Brigitta flog umgehend um die halbe Welt, um mit dem Spross des jugoslawischen Königshauses zusammenzutreffen. Das Paar begegnete sich für nur eine Stunde, doch diese sollte genügen, um aus den anfänglichen Funken ein Feuer werden zu lassen. „Mein Mann hat sich so zum zweiten Mal in mich verliebt und nach nicht einmal einem Jahr haben wir in London im kleinen Kreise geheiratet.“ Im Zuge ihrer Eheschließung trat Ihre Königliche Hoheit Prinzessin Brigitta zum serbisch-orthodoxen Glauben über und verschreibt sich mit ihrem Mann humanitärer Hilfe. Die Prinzessin sagt: „Durch unsere Charity-Organisation ‚Mother and Child Relief Foundation‘ haben wir seit 1999 weltweit für alle Arten von humanitärer Hilfe gesammelt. Und inzwischen bin ich die Schirmherrin von ‚White Cross International‘ in Norwegen geworden.“

Sich in einem neuen Kulturkreis zu akklimatisieren, erfordert ein hohes Maß an Flexibilität, und meine Gastgeberin hat sich nicht nur kulinarisch der Heimat ihres Mannes angepasst, sondern auch die Rituale der serbisch-orthodoxen Fastenzeit übernommen. Der religiöse Hintergrund des Verzichtens soll Maßhalten lehren, daran gemahnen, sich von Überflüssigem zu lösen und sich auf das Wesentliche zu beschränken. Dies geschieht nicht willkürlich, sondern unterliegt Rhythmen, Zyklen und Ritualen – wochenlange Fastenperioden zusätzlich zu den angestammten Wochentagen erfordern den Gehorsam der Gläubigen und unterliegen genauen Vorschriften. Im orthodoxen Raum wird mittwochs und freitags gefastet, dabei wird auf rotes Fleisch, Geflügel, Eier und Milchprodukte verzichtet.

Prinz Vladimir erklärt es mir: „Fasten ist für uns ein Akt der Reinigung und bewirkt eine Purifikation um göttliche Unschuld wiederzuerlangen. Der Zustand der Reinheit, wie er Adam und Eva im Paradies vor dem Sündenfall zuteil war, soll durch die Fastenzeit wiedererlangt werden. Durch die asketische Kontrolle machen sich die orthodoxen Christen von den Leidenschaften unabhängig. Von allen orthodoxen Christen wird erwartet, die Fastenzeit ernst zu nehmen und den Richtlinien des Glaubens auch in der Ernährung zu folgen. Wir verstehen die Fastenzeit nicht als Last, sondern als Privileg und Freude.“ Prinzessin Brigitta fügt hinzu:„Es ist natürlich viel leichter, in Serbien zu fasten, als in anderen Ländern!“ Aber wie kann ein Fastenmahl zur Leibspeise werden? Eine solche Kasteiung würde ich meinen Gästen nicht unbedingt zumuten … Doch nachdem wir von unserer Gastgeberin zu Tisch gebeten wurden, halte ich die orthodoxe Fastenzeit für das Häppchenendlager eines großen Banketts. Der blau-weiß gedeckte Tisch stand kurz vor dem Bersten!

Herrenchiemsee im Hintergrund, die Vertreter der jugoslawischen Königsfamilie, Prinzessin Brigitta und Prinz Vladimir im Vordergrund.

Wenn das spartanischer Verzicht sein soll, wie sieht es dann in Jugoslawien aus, wenn statt zum Fastenmahl zum Festmahl gerufen wird? Die Delikatessen, die in Hülle und Fülle kredenzt wurden, entsprechen eher einer vegetarischen Völlerei. Raffinierte, kerngesunde Zubereitungsarten, die ein bisschen an die kalten Vorspeisenbuffets bei einem exzellenten Italiener erinnern.

Wir verstehen die Fastenzeit nicht als Last, sondern als Privileg und Freude.

Prinz Vladimir von Jugoslawien

Brigitta Prinzessin von Jugoslawien

Orthodoxes Fastenmahl

Spinatbällchen

Zutaten für 8 Personen:
400 g Spinat, Gemüsebrühegranulat, Salz, Pfeffer, Olivenöl, Saft von 1 Zitrone

Den gewaschenen und klein geschnittenen Spinat mit der Brühe, Salz und Pfeffer vermischen und kleine Bällchen formen.
In heißem Olivenöl knusprig ausbacken und dann mit Zitronensaft beträufeln.

Pecena Paprika

Zutaten für 8 Personen:
500 g Paprikaschoten, Olivenöl, Knoblauch, Salz

Paprika waschen, putzen, in Streifen schneiden und unter ständigem Wenden in der Pfanne anbraten. Dann die Paprika auf einem Teller enthäuten. Mit Knoblauch, Öl und Salz würzen.

Kacamak

Zutaten:
300 ml Wasser, 150 g Maismehl, Salz, Fett

Das Wasser erhitzen und das Maismehl hinzugeben. Unter ständigem Rühren 3 – 4 Minuten aufkochen und mit Salz abschmecken. Wenn der Brei abgekühlt ist, mit einem Löffel kleine Bällchen abstechen und in heißem Fett von allen Seiten anbraten.

Gewürzte Fischsuppe:

Zutaten für 8 Personen:
3 große Zwiebeln, Olivenöl, 3 Stangen Lauch, 2 Fenchelknollen, 2,5 l Gemüsebrühe, 400 g Kartoffeln, Sambal Oelek, 700 g Lachsfilet

Die Zwiebeln schälen, in Ringe schneiden und vierteln. In einem großen Topf mit Olivenöl leicht anbraten. Lauch und Fenchel putzen, in Scheiben schneiden und dazugeben. Die Gemüsebrühe hinzufügen.
Die Kartoffeln schälen, vierteln, in den Topf geben und 30 Min. kochen lassen. Mit Sambal Oelek abschmecken. Wenn alles gar ist, den in große Würfel geschnittenen und gewaschenen Lachs dazugeben und 10 Minuten garen lassen.

Apfel-Pita-Dessert

Zutaten:
500 g Blätterteig, Butter, 1,5 kg saure Äpfel, Zucker, Vanillezucker, Zimt

Auf einem Blech den Blätterteig ausbreiten und mit Butter bestreichen. Äpfel schälen, reiben und auf den Blätterteig geben. Mit Zucker, Vanillezucker und Zimt nach Geschmack bestäuben.
Den belegten Teig wie beim Apfelstrudel aufrollen und im Backofen auf mittlerer Schiene bei ca. 180 Grad eine halbe Stunde backen.

Ich lernte von I.K.H. Prinzessin Brigitta, dass man in der Fastenzeit nicht hungern muss!

Hausgemachte jugoslawische Delikatessen eines Fastenmahls ...

... deren Genuss auch ganzjährig keine Sünde ist!

Obst in Hülle und Fülle, Waffeln, Pasteten und Brote haben das Fastengelage abgerundet. Ja, es hat Freude bereitet, diese nicht dick machende, gesunde Kost ohne schlechtes Gewissen zu genießen. Mein großes Lob für die exzellente Bewirtung nimmt meine Gastgeberin dankbar entgegen: „Die jugoslawische Küche mundet in allen Regionen anders und ich lerne beim Kochen immer noch dazu!“ Nun, in Erinnerung bleibt ein voluminöses Fastenmahl, das uns „pappsatt“ machte und mich seitdem auf die puren und praktischen Zubereitungsarten immer wieder zurückgreifen lässt.

Beim Fastenfestmahl erläutert Seine Königliche Hoheit Prinz Vladimir die momentane familiäre Situation: „Erst seit 1991 dürfen die Mitglieder der jugoslawischen Monarchenfamilie wieder ihr Land betreten, und damals erst wurde uns die Einreise gewährt. Wir waren die ersten Familienmitglieder der Karadordevic-Dynastie, die aus dem Exil an diesem schicksalsträchtigen Oktobertag im Jahre 1991 in die alte Heimat zurückkehrten.“ Noch weitere zehn Jahre sollte es dauern, bis 2001 die Mitglieder der Familie ihre Staatsbürgerschaft erhielten und die Zustimmung der Republik Serbien erlangten, ihren Familienwohnsitz, den Königspalast in Dedinje, in Belgrad, wieder zu nutzen. So erklärt Prinz Vladimir von Jugoslawien: „2004 hat die Familie zusammen mit den zuständigen Behörden in Belgrad die Paläste teilweise für Touristen geöffnet. Momentan ist die Regierung der Republik von Serbien der Hausherr. Unsere Familie wartet immer noch auf den legalen Prozess der Restitution. Ein Familienoberhaupt gibt es nicht – alle männlichen Nachfahren von König Alexandar I. sind gesetzlich gleich.“ Und was gab mir die königliche Malerin und Modedesignerin Prinzessin Brigitta mit auf den Weg, bevor das Paar zum nächsten Einsatz für wohltätige Zwecke eilte? „Wir sind Gott dankbar, dass er uns die Möglichkeit gegeben hat, anderen zu helfen und Charity ist uns als Vertretern des serbischen Königshauses nicht eine Pflicht, sondern eine Ehre.“

Graf und Gräfin Béla Esterházy de Galántha

Leibspeise: Esterházytorte

Villa in Wien

Früher verbrachte die Aristokratie ihr ganzes Leben damit, einander zu besuchen.

Béla Graf Esterházy de Galántha

Die Esterházys sind eine alte, sagenumwobene ungarische Magnatenfamilie. Ihr Stammwappen zeigt einen auf einer goldenen Krone stehenden Greif, in der einen Kralle kampfesbereit einen Säbel schwingend und mit der anderen Kralle einen liebreizenden Blumenstrauß aus drei roten Rosen überreichend. Es bedarf keiner großen Fantasie, die Strahlkraft und Aussage dieser herzallerliebsten Geste zu deuten. Sich auch im Kampfe jederzeit kooperationsbereit und versöhnlich zu zeigen, ist wahrlich eine christliche Tugend. Auf den zweiten Blick erkennt man im Wappenschild jedoch ein Fabelwesen, denn der vermeintliche gefiederte Greif hat noch mehr zu bieten: Unter der goldenen Krone, über die er schreitet, flattert sehr fesch ein blau-gelbes Cape, wie wir es aus Mantel-und-Degen-Filmen kennen, galant im Winde. Eigentlich ist damit alles gesagt. Charme, Flair und Eleganz selbst bei stürmischer Wetterlage zu bewahren, hat sich die Familie aufs Wappenschild geschrieben – und man muss nicht einmal lesen können, um die Message zu verstehen. Das ist perfekte moderne Werbestrategie, wenngleich sich der Ursprung der Familie im Nebel der Geschichte der ungarischen Landnahme im 10. Jahrhundert verliert. Im 13. Jahrhundert bildete sich aus dem Geschlecht der Salamon die Familie Esterházy de Galántha de Genere Salamon. So werden Markenzeichen geschaffen.

Nachdem wir nun das Wesentliche analysiert haben, könnten wir eigentlich gleich zum Rezept kommen, aber es wäre schade, denn Dank Graf Béla Esterházy habe ich die persönliche Ehre, einen kompetenten Gesprächspartner zu haben, der als Sohn von Pál und Kristá Esterházy Licht in die Operettenwelt der säbelrasselnden Husaren, der verwegenen Uniformen und der kitschigen Zuckerbäckeranekdoten dieser geschichtsträchtigen Dynastie bringen könnte. Ich finde es immer spannend, Menschen kennenzulernen, die man eigentlich nur von Briefmarken kennt. Oder als Torte aus der Konditorei. Die Esterházys haben immer die Fantasie beflügelt. Unzählige Baumeister, Maler und andere Künstler standen über Jahrhunderte im Dienste dieser Familie, die deren Fleiß und Talent zur Prachtentfaltung nutzte und weltweit bekannt machte. Die Fürsten Paul II. und vor allem Nikolaus I. hielten und förderten an ihrem Hofe Joseph Haydn, den Begründer der Klassik, der im Auftrage der Esterházys in über 30 Jahren seine wichtigsten Werke schuf. Das Talent von Franz Liszt, dessen Vater als Gutsverwalter auf den Esterházyschen Gütern verweilte, wurde von der Familie entdeckt und in die Welt getragen. Unter den Esterházys entstanden weit über 160 Schlösser, über 110 Kirchen, etliche Schulen und Pensionshäuser, verteilt auf sämtliche Staaten der ehemaligen k.u.k.-Monarchie. Und es entstand eine legendäre Torte, welche als Zuckerbäckerkunstwerk ihren Siegeszug um die Welt antrat.

Modernes Powercouple im Drei-Generationenhaus

Nur eines der unzähligen Esterházy-Schlösser, Schloss Fertöd in Ungarn.

Und das auf dem harten Parkett der Mehlspeisenmetropole im Wettstreit gegen eine Sacher-, eine Malakoff- oder Linzer Torte, wider Imperial-, Dobosch- und Dörytorte, von Cremeschnitten, Guglhupf und Strudel aller Varianten ganz zu schweigen. Um den Namen Esterházy tragen zu dürfen, hat man sich als Torte sicher den härtesten Prüfungen zu unterziehen. Man muss auf den Zungen vieler Standesherren zergangen sein, bevor man diese Expertise verliehen bekommt. Aber dann wird man zu einer Institution. Selbst in Marika Rökk-Tanzfilmen wurde Esterházytorte verspeist. Und das Zuckerbäckermeisterstück hat sich neben Esterházygulasch und Esterházyrollbraten unter erschwerten Bedingungen durchsetzen müssen.

Es ist nicht selbstverständlich, einen exklusiven Einblick in den Lebensstil der jungen Familie Esterházy zu bekommen, die das Erbe der Vergangenheit mit dem modernen Alltag eines *power couples* verknüpft. Wie leben sie wirklich, die Nachfahren des Baron Daniel? Unter den Nachkommen des Begründers der Linie Csesznek finden sich unter anderen der bedeutendste Kirchenfürst der Familie, Graf Imre, der als Fürstprimas von Ungarn Maria Theresia zur Königin von Ungarn krönte. Ein weiterer bedeutender Esterházy war Graf János, der sein Engagement für Minderheiten mit dem Leben bezahlte: Im Pressburger Parlament stimmte er als einziger Abgeordneter gegen das Gesetz über die Deportation der slowakischen Juden. Aber noch einmal zurück zu den Wurzeln dieser Familie. Die Konversion der zwischenzeitlich protestantischen Familie zum Katholizismus und die unabdingbare Treue zum Kaiser des Heiligen Römischen Reiches, der auch König von Ungarn war, legten die Grundsteine zum außergewöhnlichen Aufstieg der Dynastie und zur Erhebung in den Grafenstand. Für den Kaiser bedeuteten die Esterházys ein wichtiges militärisches Bollwerk gegen die Türken in Ungarn und ganz Mitteleuropa, da die Familie im Kampf gegen die Türkei auf eigene Kosten beachtliche Soldatenkontingente aufbot und andere ungarische Aristokraten zur Nachahmung motivierte. Es formten sich so die Husarenregimenter der k.u.k.-Monarchie, die mit ihren schnittigen Uniformen als Kavallerie zu imponieren wussten. Angesichts ihrer eleganten, polierten Stiefel, roten Gamaschen mit enganliegenden Waden, einer Pelzattila aus Lammfell mit Epauletten, Schnürverzierungen und Knebelverschlüssen, engen Rockschößen, Bruststlingen und dem sogenannten Tschako, einer Kopfbedeckung mit Lackschirm, Kinnriemen, Adleremblem, Rosshaarbüscheln, Messingblechteilen und Kordeln, die sowohl zum normalen Dienst als auch zur Parade getragen wurde, wäre es ein Understatement, ihr Erscheinungsbild als „smart“ zu bezeichnen. Jedes „schmale Hemd“ mit Trichterbrust und O-Beinen verwandelt sich in dieser formidablen Uniformierung, mit Lanze, Schild und Säbel ausgerüstet, hoch zu Ross in einen heldenhaften Feldherrn. Wenn man sich allein mit der Ausstaffierung dieser Kavallerie befasst, fragt man sich, wie die Herren bei Einhaltung der Kleideretikette überhaupt noch Zeit fanden, in eine Schlacht zu ziehen. Oder zum Frisör zu gehen!

Also eins steht fest: In der k.u.k.-Monarchie wusste man, wie ein Kerl auszuschauen hat. Man verstand es, zu repräsentieren, und wer nichts zu repräsentieren hatte, der präsentierte eben sich selbst. Das klingt mir verdammt nach dem kleinen Einmaleins des Showbusiness! Mit der Erscheinung geht wie immer eine innere Haltung einher und es werden nonverbale Botschaften übermittelt, bevor man überhaupt ein Gespräch beginnt. Hey, das ist Fashionindustrie pur! Daraus rekrutiert sich heute die Modewelt, welche die Straßen zu ihrem Laufsteg gemacht hat.

Es geht bei diesen Äußerlichkeiten um Sozialprestige und darüber erfahren wir in Zeitdokumenten der Monarchie Folgendes: „Der quartiermachende Korporal gerät in Streit mit dem Richter, der sich für den ersten im Dorfe hält und richtet das belehrende Wort an ihn: ‚Laßt Euch eines sagen Herr Richter: Der erste auf der Welt, das ist der Herrgott. Dann kommt der König. Dann der Husar, dann das Pferd des Husaren, dann das Hufeisen vom Pferd des Husaren. Dann kommt lange nichts. Und dann kommt ein Paar zerrissener, kotiger Stiefel. Und danach erst kommt Ihr, Herr Richter, in Euren sauberen Stiefeln.'" Soweit der ungarische Schriftsteller Mór Jókai über die Stellung der Husaren. Bringt mir den quartiermachenden Korporal, sage ich nur, denn der Mann gefällt mir. Klar, dass bei diesem strammen Programm zur Stärkung der Heerscharen das ein oder andere deftige Paprika-Gericht kreiert wurde. Immer wieder kämpften Familienmitglieder der Esterházy gegen die Türken, vor allem im 17. Jahrhundert. Sie schauten nicht nur zu, sie ließen für ihre Ziele auch ihr Leben. Im Jahre 1672 fielen gleich vier Esterházy-Söhne. 1687 wurde Graf Paul Esterházy von Kaiser Leopold I. zum Dank für seinen Einsatz im Kampf gegen die Türken in den Fürstenstand erhoben und unter Kaiser Joseph II. wurde allen männlichen Mitgliedern der Fürstenfamilie der Titel eines Prinzen verliehen. Für mehrere Generationen waren die Esterházys die Stellvertreter des Königs von Ungarn. Am Ende der Donaumonarchie befanden sich die Esterházyschen Güter schließlich in fünf verschiedenen Ländern: Ungarn, der Tschechoslowakei, Jugoslawien, Rumänien und Österreich. Und in all diesen Regionen verbreiteten sich die kulinarischen Köstlichkeiten. Die Krönung war natürlich die legendäre Haustorte. Sie war im besten Sinne des Wortes in aller Munde.

Dass Reisestress früher auch nicht besser war, davon zeugen zahlreiche Ölgemälde

Ich interessiere mich für Menschen, die man eigentlich nur von Briefmarken kennt. – Désirée

Tja, das sind so die Gedanken, die mir durch den Kopf gehen, während ich mich durch die schönen Prachtstraßen Wiens und vorbei am Palais Esterházy in den 13. Bezirk kutschieren lasse. Und so wechselt meine Perspektive in die Gegenwart, während ich vor einem gepflegten Stadtpalais stehe und erwartungsvoll schelle. Mich erwartet der Besitzer des Geheimrezeptes zur persönlichen Tortenprobe – und dafür ist mir kein Weg zu weit! Hausherr Graf Béla eilt die Stiegen hinab und begrüßt mich, gefolgt von dem dreijährigen Grafen Imre. Liebevoll gehätschelt von der ganzen Familie führt uns der kleine Stammhalter hinauf in den 1. Stock des Altbaus der Schwiegerfamilie aus dem Jahre 1906. Hier residiert Graf Béla mit seiner Gemahlin und den Schwiegereltern. Seit ein paar Wochen muss der kleine Imre allerdings Aufmerksamkeit abgeben, und das aus gutem Grund, denn Gräfin Sophie hat gerade einem zweiten Sohn das Leben geschenkt. Umso großzügiger sind meine Gastgeber, mich nach einem stressigen Arbeitstag zwanglos an dem jungen Familienglück um ihr Neugeborenes teilhaben zu lassen. Graf Béla, ganz Aristokrat, ist in der Tat ein galanter, junger Herr von klassisch-eleganter Erscheinung, und zwar vom Scheitel bis zur Sohle.

Der Banker nach Feierabend mit hausgemachter Familientorte

Kein Detail seiner Kleidung wird dem Zufall überlassen. Er trägt braune Budapester Schuhe mit weinroten Kniestrümpfen, eine Hose aus rotem Tuch, mit blau-weiß kariertem Vichy-Hemd, ein braunmeliertes Tweedsakko und eine hellblaue Pike-Krawatte zu edlen, grün-roten Manschettenknöpfen. Das seidene Paisley-Einstecktuch fehlt ebensowenig wie der Siegelring mit dem Familienwappen. Die Kleidung sitzt wie angegossen. Chapeau, das ist gekonnt! Besser kann ein Herr nicht gekleidet sein. Aber zu wissen, wie ein Mann sich kleidet, das liegt der Familie eben im Blute. Bunt nur auf den ersten Blick, beherrscht der fesche Graf die Sprache der Mode und fügt die gewagten Farbakzente zu einem harmonischen Ganzen zusammen. Ich könnte es so niemals aus dem Kleiderschrank zusammenstellen oder bereitlegen. Da fehlt mir einfach der Wagemut. Das ist gewachsene Stilsicherheit, die man gerne zur Kenntnis nimmt. Sowas verschafft Respekt! Fast erscheint mir die elegante Kombination schon als eine intellektuelle Leistung, denn der gewagte Farb-, Muster-, und Stilmix würde bei einem Amateur unweigerlich danebengehen. So korrekt die Kleidung und so perfekt seine exzellenten Manieren auch sind, umso lockerer und entspannter ist der Graf im persönlichen Gespräch.

Während ich in der hellen und modernen Küche Platz nehme und sich der Graf ein frisch Gezapftes aus der eigenen Schankanlage serviert, bietet er mir auch schon zwanglos das Du an und scheint nach einem ereignisreichen Arbeitstag in der Küche an seinem vertrauten Lieblingsplatz angelangt zu sein.

Hier empfängt er gern Freunde, die ihm bei seinem liebsten Hobby, dem Kochen an der Mittelinsel, Gesellschaft leisten dürfen und in informeller Runde den Feierabend versüßen. Gratulation Gräfin Sophie, Männer, die einen bekochen und von denen man am Herd sogar noch was lernen kann, sind eine Rarität. Man sollte sie hegen und pflegen. Wenn nicht sogar züchten. Denn sie sind eine einzigartige Entlastung für jede Karrierefrau! Und als solche muss man die frischgebackene Mutter zweier Söhne bezeichnen, denn nach ihrem Wirtschaftsstudium in England wurde sie Direktorin in einer der größten Werbeagenturen Österreichs und hat sich parallel zu ihren Schwangerschaften mit ihrem Design-, Web- und Print-Unternehmen Honrath & Esterházy selbstständig gemacht. An dem Punkt, wo andere zuhause bleiben und in der Familiengründung das Motiv sehen, dem Arbeitsleben für immer den Rücken zu kehren, legt Gräfin Sophie erst richtig los. Sie sagt: „In meinen Beruf kann ich nicht erst zurück, wenn die Kinder groß sind, es wäre naiv zu glauben, dass ich dann noch eine Chance am Arbeitsmarkt hätte." Und Recht hat sie. Wer wartet schon auf einen Azubi über 40 in dieser sich rasant wandelnden Arbeitswelt? Allein die Umwälzungen der letzten zehn Jahre genügen, um jede Diplom-Forstwirtin für immer ins Aus zu schießen. Vor 15 Jahren vielleicht mal studiert, vor der Ehe ein Jahr gearbeitet und eine abgeschlossene Berufsausbildung zu haben, und zu glauben, damit könne man heute auf eigenen Füßen stehen und jederzeit wieder den Anschluss an eine Karriere finden, ist lebensfremd. Es ist ein Motto all derer, die nie ernsthaft für ihre Existenz sorgen mussten und eher zum Zeitvertreib studierten. Die Konkurrenz, welche sich mit Leidenschaft und Ehrgeiz dem Beruf verschrieben hat, wird keinem der Teilzeit-Ein- und Aussteiger eine Chance einräumen, wenn 25 Jahre das eigene Terrain verteidigt wurde.

Wie sagt Graf Béla so treffend? „Die Gegenwart besteht nicht ohne die Vergangenheit und die Zukunft nicht ohne die Gegenwart. Deshalb müssen wir uns in der Gegenwart behaupten um zu bestehen und eine Zukunft zu haben." Dieses Credo einer alten Adelsfamilie sollte in Stein gemeißelt werden. Egal wie langsam der Wald auch wächst, die Welt, die Gesellschaft und die Gesetze haben sich dank globaler Vernetzung so schnell verändert wie nie zuvor in der Geschichte. Wir expandieren und wandeln uns im Zeitraffertempo. Die Hausfrauen, „die später mal wieder arbeiten wollen" können nach einer Babypause von 20 Jahren nicht mal mehr eine Telefonanlage bedienen und werden längst vom Tempo der aktuellen Absolventen, die unverbraucht nach internationaler Ausbildung dem Berufseinstieg entgegensehen, platt gemacht. Gräfin Sophie hat hingegen die nächsten 20 Jahre im Visier und meint vorausschauend:

„Ich bleibe lieber am Ball und baue mir jetzt eine Basis auf, die ich später, wenn die Kinder groß sind, als Sprungbrett zurück in die große Karriere nutzen kann." Die geborene Pasquali Edle von Campostellato steht wahrlich mitten im Leben und plant Familie, Haushalt und Karriere in weiser Vorausschau. Graf Béla hat das ganze Gegenteil von einem Heimchen am Herd geheiratet und ist stolz auf eine Partnerin die „ihr eigenes Ding macht". Das war nicht immer so. Diese Haltung gilt in konservativen Kreisen als fortschrittliches Denken, findet aber immer mehr Verbreitung. Inzwischen gibt es im Hochadel eine ganze Serie von Karrierefrauen, und Töchter, die frühzeitig, direkt nach dem Abitur quasi, verheiratet werden sollen, stehen auch unter Ihresgleichen nicht mal mehr hoch im Kurs.

Mit Baby sehe ich doch gleich ganz anders aus …

Die Esterházys sind Vertreter eines zeitgemäßen Lebensstils, der Tradition und modernes Management vorbildlich verknüpft. „In der Gegenwart zu leben, bedeutet, sich am Arbeitsmarkt zu beweisen", führt Graf Béla aus. Und dieses wiederum bedeutet, teamfähig mit Kollegen anderer Sozialisierung an einem Strang zu ziehen. Es sind zwei Welten, zwischen denen der Graf pendelt. Herkunft, Werte, Tradition und Standesbewusstsein treffen auf die geschriebenen und ungeschriebenen Gesetze der freien Marktwirtschaft. Die Schlachten von heute werden auf den mit Teppichauslegeware versehenen Vorstandsetagen geschlagen. Dort heißt es, in gedämpfter Atmosphäre mit dem Florett zu fechten und sich seine Lorbeeren zu verdienen. Da wäre jegliche Arroganz oder Abgehobenheit fehl am Platze. Und so sagt der Graf: „Ich missioniere niemanden im Büro." Die Esterházys sind schon lange in der Gegenwart angekommen und sie werden auch die Zukunft bezwingen.

Die großzügigen Räumlichkeiten laden zu einer Tour durch das Haus ein und das seit 2008 verheiratete Ehepaar hat sich dort bereits ein traditionelles und doch zeitgemäßes Heim geschaffen. Moderne Kunst entfaltet hier ebenso ihre Wirkung wie erlesene Antiquitäten. Schmunzeln muss ich nur, als Graf Béla die repräsentativen Räumlichkeiten lässig herunterspielt. „Naaa", sagt er, „a Palais is des ned." Ich erfahre, dass ein Palais, wie zum Beispiel das Palais Lichtenstein, über mehrere tausend Quadratmeter Fläche verfügt. Das ist dann wohl eher so groß wie das KaDeWe in Berlin … Schön, dass wir mal drüber gesprochen haben, wie andere so wohnen. Man fühlt sich gut aufgehoben in den kultiviert, aber sparsam möblierten Räumlichkeiten – zumal ich nach vielen, vielen Jahren endlich wieder einen Säugling im Arm halten darf, als mir die Gräfin ihren Sprössling liebevoll übergibt. Die Hochleistungs-Gastronomie-Kaffeemaschine produziert für mich die perfekte Latte macchiato und ich stelle bewundernd fest, dass es tatsächlich noch richtig nette Männer gibt. Habe ich ja immer vergeblich gesucht. Auch die Sprache des Grafen Esterházy ist von feinster Formulierung. Dass er alle Höflichkeitsformen perfekt beherrscht, versteht sich von selbst. Und auf Wienerisch klingt es gleich nochmal eine Portion charmanter. Fast meine ich, das vom Aussterben bedrohte Schlossdeutsch herauszuhören und bedaure dessen Verlust. Der Graf erläutert: „Die Aristokraten verbrachten ihr Leben damit, einander zu besuchen." Man war verwandt und verbandelt und musste miteinander auskommen. So formten sich diplomatische Formulierungen heraus, die einen von Höflichkeit getragenen Geheimkodex bildeten. Mein liebstes Beispiel ist: „Gschwind, wer war die Mutter?" Was in der Übersetzung heißt: „Um Gotteswillen, wo kommt dieser Nobody denn eigentlich her ...?"

Der Hauch des alten Wien blieb dem Grafen sogar erhalten, obwohl er in Zürich aufwuchs. Mein Gastgeber hat in der Schweiz und in Österreich Wirtschaft studiert und folgt seiner professionellen Berufung im Private-Banking-Segment eines großen Bankhauses. Er pflegt aber auch eine enge Verbindung zu diversen karitativen und gesellschaftlichen Organisationen und ist ein charmanter Networker. Ja, er hat gelernt, wie man mit Menschen umgehen sollte, und seine Gemahlin Sophie überlässt dem jungen Familienvater in der Küche die wesentlichen Vorbereitungen und Aktionen. Man stelle sich vor, dass ausgerechnet mein Besuch zum Auslöser dafür genommen wurde, ambitioniert für die optimale Esterházytorte zu trainieren.

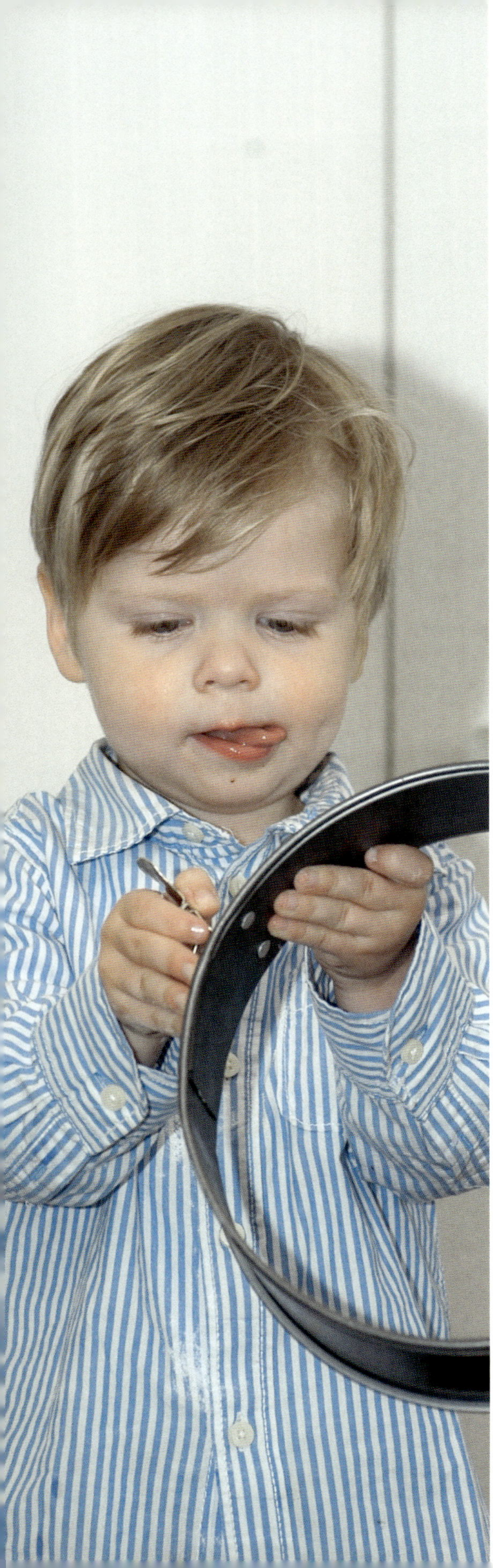

Das hat sich der korrekte Bankier nicht nehmen lassen. Innerhalb weniger Wochen hat er sich selbst auch als Konditor Höchstleistungen abverlangt und lässt mich an den Ergebnissen seiner detailverliebten, kulinarischen Experimente und Erfahrungen mit der Familientorte teilhaben. Graf Béla fertigt die legendäre Familientorte höchstpersönlich nach uraltem Geheimrezept. Welches erst mühsam nach vielen Recherchen rekonstruiert wurde. Er sagt: „Das Originalrezept wurde auf der Flucht verständlicherweise nicht mitgenommen.“ Aber es gibt ja Verwandte, Onkels, Tanten und gute Geister, die stets zu Diensten sind und die sämtliche Geheimrezepte in ihrem Herzen mit sich tragen.

Während die bereits vorbereiteten Böden und die Buttercreme aus der Kühlung kommen, erläutert Graf Béla die Umstände, die zu dieser Torte führten: „Die Rezeptur geht auf einen Vorfahren zurück, der kein Mehl vertrug und für den der Konditormeister eine Torte entwickeln sollte, die auch ohne Mehl Furore macht.“ Die geniale Idee, steifgeschlagenes Eiweiß mit geriebenen Nüssen zu vermischen, ohne dass der Eischnee zusammenfällt, führte zum makronenähnlichen Krokant. Da ähnlich wie bei einem Baumkuchen mehrere dünne Böden übereinander geschichtet werden, bemerken wir einen marzipanähnlichen Geschmack. Und dann die Buttercreme! Allein dafür sollte man Graf Béla zusätzlich zum Ritter schlagen. Oder ihm einen Orden für seine spektakulären Leistungen am Herd verleihen.

Nein, eine Esterházytorte bereitet man nicht nebenbei. Sie ist nichts für die schnelle Küche. Es muss gerührt, geschlagen, untergehoben, probiert, verlängert und dekoriert werden. Mit Wasserbad und allem Drum und Dran. Und obendrein noch mit Liebe und viel Geduld. Eine Esterházytorte ist etwas für Menschen, die gern in der Küche stehen. Das bringt Freude in der richtigen Gesellschaft und gelingt perfekt mit einem Gläschen Champagner nebenher. So, wie es im Hause des Grafen Béla praktiziert wird. Die letztendlichen Kunstgriffe in der Zubereitung erinnern fast an Bastelarbeiten: das präzise Zusammensetzen der Böden, die Herstellung der kaltgeschlagenen Zuckerglasur in Weiß und Braun im Wasserbad, das löffelweise Unterrühren des warmen Wassers, das Zusammenrollen einer Spitztülle aus Pergamentpapier mit dem Winkelmesser und die Verzierung des Zuckergusses mittels eines Holzstäbchens. Man braucht Equipment für die Zubereitung. In einer schlecht ausgerüsteten Küche stößt man schnell bei der Herstellung einer Esterházytorte an seine Grenzen.

Während mir bereits das Wasser im Munde zusammenläuft, wird aber erst noch der Tortenrand mithilfe einer Palette dick mit Buttercreme eingestrichen und zu guter Letzt noch sorgfältig mit Mandelplättchen verziert. Ja, sie könnte beim Dehmel im Schaufenster stehen, die handgemachte Torte meines liebsten Husaren! Zunächst aber wird das fertig zusammengesetzte Prachtstück in den Kühlschrank gestellt, „um zu ruhen.“ Wie man das mit einem ordentlichen Braten auch macht. „Gut Ding will Weile haben“, könnte man auch sagen. In der Zeit, während der sich unsere Esterházytorte von ihren Strapazen erholt, notiere ich ausführlich exklusiv für Sie, liebe Leser, das Geheimrezept aus erster, gräflicher Hand:

Graf und Gräfin Béla Esterházy de Galántha

Esterházytorte

Zutaten für 12 Stücke:

Für die Tortenböden:
6 Eiklar, 200 g Zucker, Schale von 1 Zitrone, 200 g geriebene Walnüsse, Mandelblätter für den Rand

Für die Füllung:
6 Eidotter, 100 g Zucker, 1 Vanilleschote, 250 ml Milch, 200 g Butter, 1 cl Inländer-Rum (Stroh 80) zum Aromatisieren

Für die Glasur:
350 g Staubzucker, etwas kochendes Wasser, 1/2 Eiklar, Saft von 1 Zitrone, 1 – 2 TL Kakaopulver

Für die Tortenböden das Eiklar mit dem Zucker (diesen einrieseln lassen) steif schlagen, mit Zitronenschale aromatisieren und Walnüsse unterheben. Den Teig zu 4 – 6 dünnen Teigblättern bei leicht geöffneter Backrohrtür und bei 180 Grad 8 – 10 Minuten hellbraun backen und danach sofort vom Backblech lösen und auskühlen lassen. Hierfür gefettetes Backpapier verwenden.

Für die Füllung den Eidotter, Zucker und Mark der Vanilleschote schaumig schlagen, bis der Zucker aufgelöst ist. Anschließend mit der zuvor erhitzten Milch aufschlagen. Die Masse über Wasserdampf unter ständigem Rühren zu einer Creme, also „zur Rose", abziehen. Im kalten Wasserbad wieder kalt rühren.

Nicht zu warme Butter schaumig rühren, die kalte Creme (Butter und Creme sollten die gleiche Temperatur haben) löffelweise einmengen und am Ende mit Rum aromatisieren. Sobald die Füllcreme kompakt und streichfähig ist, den ersten Tortenboden damit bestreichen, den zweiten daraufsetzen und abermals mit Creme bestreichen usw., dabei etwas Creme für den Rand aufbewahren.

Für die Glasur in den gesiebten Staubzucker tropfenweise kochendes Wasser einrühren und so lange weiterrühren, bis sich der Kochlöffel mit einer dicklichen Creme überzieht. Das Eiklar einrühren und den Zitronensaft nach und nach dazugeben. (Für diesen Vorgang ist etwas Geduld vonnöten, da es eine Weile dauert, bis sich die Glasur bindet.) Etwa ein Drittel der Glasur mit Kakaopulver einfärben und beiseitestellen.

Den letzten Tortenboden mit der Unterseite nach oben auf die Torte legen und die Glasur über den Boden gießen. Rasch mit einer Palette glatt streichen. Während die Glasur noch weich ist, die gefärbte Glasur in ein Papierstanitzel füllen. Für das typische Esterházy-Muster im Abstand von 2 cm konzentrische Kreise ziehen. Mit einem Holzstäbchen sofort im gleichen Abstand wechselseitig zueinander von und zur Mitte Querstreifen ziehen.
Den Tortenrand mit restlicher Buttercreme bestreichen und mit gerösteten Mandelblättchen bestreuen.
Glasur stocken lassen, Torte kalt stellen und erst einige Stunden später aufschneiden.

In vielerlei Hinsicht begabt: Graf Béla Esterházy

Makronentortenböden werden mit Rum-Buttercreme bestrichen.

Soeben entbunden, rührt die Karrierefrau Gräfin Sophie schon wieder professionell im Wasserbad.

Ist die braune Glasur erst einmal kreisförmig aufgespritzt …

… zieht man mit dem Holzstäbchen gerade Linien zur Mitte …

… um damit der Familientorte die gebührende Ehre zu erweisen – und alles ohne Kleckern!

Nicht, dass all diese Schritte auf Anhieb gelängen. Man muss für eine perfekte Torte eben üben – Buttercreme und Makronenböden sind oft heikel. Sie können gerinnen, zusammenfallen, die Glasur kann klumpen und Eischnee gelingt sowieso in großen Mengen nur bei absolut fettfreiem Arbeitsmaterial und frischen Eiern. Ein weiterer Fallstrick für charakterschwache Zeitgenossen ist natürlich auch der gesundheitliche Aspekt. Nein, bittschön ned die Kalorien aufrechnen, und auch der Fettanteil liegt unter dem Radar. Dafür aber könnte die Esterházytorte durchaus ein Leckerbissen für Vegetarier sein. Und wer wirklich abnehmen will und Diät hält, der sollte sich das Rezept einrahmen, in die Küche hängen und es im Leben niemals ausprobieren. Es gibt eben Menschen, die wagen etwas im Leben und nehmen Herausforderungen an. Eine Esterházytorte ist nichts für Feiglinge. Hier riskiert man Figur, Gesundheit und Cholesterinwerte. Aber man gewinnt etwas anderes: Lebensfreunde und absolute Befriedigung. Für Süßschnäbel wie mich ist diese jahrhundertealte Torte wie eine Droge, die süchtig macht. Sie passt eben zur Familie: Man muss Mut mitbringen und ein Husar sein, um zwei Stücke davon zu essen. Wie Graf Béla so treffend kommentiert:

> Bei 5000 Kalorien
> spielen 1000 mehr oder weniger
> auch keine Rolle mehr.

Er als Bankier muss es ja wissen. Bis die Kaffeetafel hergerichtet ist, hat sich auch unsere Torte von ihrem Entstehungsprozess erholt und lächelt mich saftig, zufrieden und satt aus dem Kühlschrank an. Da wartet sie nun in sich zusammengesackt auf den Moment ihrer Präsentation bei Kerzenschein; ein chemisches Wunderwerk, bei dem die Feuchtigkeit der Buttercreme die Mandel-Baisermasse durchtränkt hat und der blumige Duft der Rumbuttercreme sein Aroma entfaltet. Die Butter von der Kuh und die Eier von vielen Hühnern stehen hiermit am Ende ihrer Verwertungskette. Jetzt heißt es nur noch „gut aussehen“.

Die Esterházytorte ist eine feierliche Aktion, denn was mit Sorgfalt und Achtsamkeit in „mühevoller Kleinarbeit“ – also quasi wie eine Guttenbergsche Doktorarbeit – entsteht, das wird auch gebührend bestaunt und gewürdigt. Und es weckt jedes Mal Erinnerungen an die glanzvolle Hochzeit des Paares: Schnitten Graf Béla und Gräfin Sophie die fünfstöckige Esterházyhochzeitstorte doch in der Tat mit dem Husarensäbel an, um sie an die 220 Hochzeitsgäste zu verteilen. Niemand musste fürchten, von der prachtvollen Familientorte nichts mehr zu ergattern, denn sie war so riesig, dass das Brautpaar sich und seine Gäste nach dem Einfrieren der Überbleibsel noch zwei Jahre lang davon ernähren konnte. Zu ermitteln, wie viele Eier da wohl drin gewesen sein müssen, das ist doch eine schöne Rechenaufgabe für den Bankier, der hier mit zwei selbstbewussten und gebildeten Damen beim Kaffeekränzchen die eigene Traditionstorte verspeist.

Zur Hochzeit 5-stöckig: Noch 2 Jahre später haben die Esterházys davon essen können…

Ja, wir haben heute mal einen Mann für uns backen lassen. Das ist doch wahre Emanzipation! Und weil wir so brav waren, tut er uns auch galant den Gefallen und ermittelt schnurstracks per Kopfrechnen die Zutaten für die bombastische Hochzeitstorte: 130 Eier, 13 kg Zucker, 20 Zitronen, 20 Vanilleschoten, 4 kg Walnüsse, 5 Liter Milch, 4 kg Butter, 0,4 Liter Inländer-Rum, 40 TL Kakaopulver und zahllose Mandelblätter. Es sind eben Magnaten-Dimensionen bei den Esterházys. Obendrein habe ich gelernt, ein Palais von einer Villa zu unterscheiden. Wenn eine Torte jemals Weltkulturerbe sein darf, dann bitte diese! Man wird allerdings nicht reüssieren, ohne eine anständige Portion Ehrgeiz. Na, dann bindet Euch mal schnell die Schürze um, und schneidet Euch vom emanzipierten Graf Béla Esterházy, dem Küchenmeister und Konditor, eine Scheibe ab! Sein kulinarisches Geheimnis ist: üben, üben, üben ...

Eine Esterházytorte
ist nichts für Feiglinge.

Désirée

Elisabeth Fürstin zu Löwenstein-Wertheim-Freudenberg

Leibspeise: Rehrücken nach Kreuzwertheimer Art

Schloss Kreuzwertheim

Ich habe das große Glück,
in einer Zeit zu leben, in der ich nicht
mit der goldenen Kutsche fahren muss.

Elisabeth Fürstin zu Löwenstein-Wertheim-Freudenberg

Früher wusste man sich noch angemessen zu beschenken! Da wird heute über Prunk und Protz russischer Oligarchen gelästert, aber all das spottet dem, was seinerzeit als Morgengabe in der Aristokratie üblich war. So ist zum Beispiel das Schloss Assumstadt in traumhafter Lage ein Geschenk der Kaiserin Maria Theresia von Österreich. Sie ließ 1769 von der Schule des Wiener Architekten Fischer von Erlach, der zur selben Zeit auch Schloss Schönbrunn erbaute, Assumstadt errichten. Um es dann an ihren Generalfeldmarschall zu verschenken! In diesem zauberhaften Zuckerwatte-Rokokoschloss durfte ich eine der wenigen Hochzeiten erleben, an denen ich in meinem jungen Leben bis dahin teilgenommen hatte. Und was für eine Hochzeit – eine dreitägige Zeremonie mit allen Schikanen. Schließlich wurde aus meiner alten Freundin Lise, mit der ich zusammen in London lebte, und welche die Tochter des Hauses auf Assumstadt war, die Fürstin zu Löwenstein-Wertheim-Freudenberg.

An den Altar trat die aristokratische Braut im Jahre 1987 als geborene Elisabeth Gräfin von Waldburg zu Wolfegg und Waldsee, sodass es sich um eine standesgemäße Vermählung ohne Schönheitsfehler handelte. Und dies wurde voller Freude von beiden Familien in großem Stil willkommen geheißen. Da nach den Regeln des Gotha eine Eheschließung der 2. Abteilung vollzogen wurde, hätte die Braut theoretisch auch die Erlaubnis gehabt, auf ihrem zukünftigem Sitz, also Kreuzwertheim, dem Schloss des Bräutigams, heiraten zu dürfen.
Wenn man jedoch in der glücklichen Lage ist, sich vor Schlössern nicht retten zu können, setzt die Heirat im eigenen Elternhaus doch einen symbolischen Schlussstrich unter den ledigen Lebensabschnitt der noch jungen Braut.

Rosa Zuckerbäckerrokoko in echt: Schloss Assumstadt

Die Aussicht auf die 500 Jahre alte Burg Wertheim erfreut die Fürstin beim Blick aus dem Fenster ihres Schlosses vis-à-vis.

In meiner Erinnerung präsentiert sich Schloss Assumstadt wie eine gepuderte Dame des Barock, in rosa und gelbe Seide getaucht, auf einem Hügel am Ufer der Jagst. Man braucht nicht viel Fantasie, um zu erspüren, dass diese Preziose geradezu konzipiert ist für höfische Zeremonien und elegante Feste. Heiter flanierende Hofdamen in knisternder Robe, die sich bei flackerndem Kerzenschein in den verspiegelten Boiserien aus jeder erdenklichen Perspektive betrachten und beobachten ließen, verliehen dem großzügigen Präsent seinen Sinn und Zweck. Vielleicht wurde der dekorative Inhalt aus Fleisch und Blut ja auch gleich mitgeliefert? „Dekor, Dekor, Dekor Baby!“, würde man heute lauthals rufen, wenn es einen Talentwettbewerb für moderne Hofdamen gäbe …

Sorglosigkeit und Lebensfreude vergangener Zeiten übertragen sich unmittelbar, wenn man als Gast in einem Schloss weilt, welches Prunk und Pracht lustvoll ausstellt.

Auf Kreuzwertheim bewundere ich die gepflegte Liebe zum Detail.

Sollte die Eitelkeit tatsächlich jemals eine der sieben Todsünden gewesen sein? Ich denke mal, die Sucht zu gefallen, hat Kunst und Architektur zu Höchstleistungen inspiriert. Hier ein Wappen in den Stuck gemeißelt, dort eine rosige Putte über den güldenen Spiegel platziert und noch ein Tonnengewölbe nebst gemaltem Sternenhimmel daraufgesetzt – ich hätte niemanden dabei gestoppt!

Leider ist der heilsame Brauch, Lustschlösser nebst Wasserspielen zu verschenken, längst aus der Mode gekommen. Ich halte das für einen schwerwiegenden Fehler. Denn auch heute noch ließe sich damit so manches unauffällig und diskret regeln. Mit einem Lustschloss als Morgengabe wusste man seinerzeit gediegen Probleme aus der Welt zu schaffen. Man sollte diese Gepflogenheit reanimieren, statt sich vor Gericht zu streiten. Der Wert großer Geschenke wird komplett unterschätzt, denn es hat für den Spender etwas sehr Befreiendes, sich mit einer solchen Geste mit dem Beschenkten zu versöhnen. Er erntet Dankbarkeit – und die ist unbezahlbar.

Da die Mutter der damaligen Braut, eine geborene Prinzessin zu Schönburg-Waldenburg, Österreicherin ist, brachte sie die hauswirtschaftlichen Tugenden und Rezepte der k.u.k.-Monarchie mit nach Assumstadt. Da lag es doch auf der Hand, dass Tochter Elisabeth die Führung eines großen Hauses als natürliche Rolle der Frau mit auf den Weg gegeben wurde.

Obgleich die junge Fürstin heute sagt: „Zu Mittag gibt es bei uns nur eine Kleinigkeit.“ Dies mutet nahezu revolutionär an, bedenkt man, dass die konservative Mittagstafel, welche noch ihre Mutter aufzutischen pflegte, aus einem Drei-Gänge-Menü bestand. Und zwar aus einer Suppe oder Bouillon, einem Braten, Gemüse und Salat und einer Kalorienbombe zum Schluss. Was heute ausnahmsweise mal ein süßes Hauptgericht sein will, für dessen Genuss man sich im Nachhinein schämt, das bildete seinerzeit lediglich das Finale eines Diners: Salzburger Nockerln, Omelette soufflée, Cremespeisen, Strudel, Powidltaschen, Palatschinken, Baisertorten und Eisbomben. Natürlich folgt danach im Salon noch der Mocca mit Pralinen. Ich finde es sehr bedauerlich, dass man von diesen guten Sitten abgekommen ist und heutzutage als figurbewusste Frau auf dem Laufband oder beim Bauch-Busen-Po-Training an einer Selleriestange nagen und von Dips mit Karotten leben soll.

Die frisch verheiratete Erbprinzessin Elisabeth trat ihre neue Aufgabe mit Akribie an. Ja, ich möchte sagen, sie folgte ihrer Mission. Man zog mit einem Volksfest, traditionell „Heimholung der Braut" genannt, nach Kreuzwertheim im bayrischen Landkreis Main-Spessart und wurde dort von den Schwiegereltern offiziell eingeführt. „Es kamen an die 500 Personen, die mir naturgegeben alle fremd waren, die ich aber dann doch im Laufe von 25 Ehejahren besser kennenlernen durfte", reflektiert Fürstin Elisabeth.

Das Stadtschloss liegt mitten im Ort und wurde 1736 als Witwensitz erbaut. Da die Frischvermählten gemeinsam mit den Schwiegereltern unter einem Dach lebten, wurde ein Flügel des Schlosses neu hergerichtet. Und ich half sogar dabei. Denn da ich im London der 80er-Jahre als Interior Designerin beim besten Laden an der Themse tätig war, saß ich an der Quelle für all das, was Erbprinzessin Elisabeth brauchte: Stoffe, Textilien, Borten und Bordüren, Troddeln, Accessoires, Adressen, Chintz und Insidertipps. Schließlich hatte ich gelernt, wie man professionell ein traditionelles Pfostenbett präzise mit Mousellin oder Chintz bespannt. Elisabeth und ich, wir schwelgten damals in den Möglichkeiten, die sich boten und verliebten uns in den apricotfarbenen, marmorisierten, glasierten Chintz mit aufgedruckten goldenen Kordeln, der die textile Grundlage für das Farbschema des fürstlichen Schlafgemaches bilden sollte.

Überhaupt schwelgten wir in Stoffbahnen und berauschten uns insbesondere an der Nuance Apricot: Eine Wolke aus apricotfarbenem Seidentaft war dann auch die voluminöse Robe, die Prinzessin Elisabeth zu ihrer Brautsoiree auf Assumstadt trug. „Ich muss mich nicht dekorieren", das sagt Fürstin Elisabeth heute, wenn man die Verabredung mit der dreifachen Mutter zum Hausfrauenplausch trifft und terminiert wird. „Und wir halten feste Essenszeiten ein, um 12.30 Uhr gibt es Mittagessen." Darum freue ich mich, nach all den Jahren erleben zu dürfen, wie sich Schloss Kreuzwertheim unter der Führung seiner standesbewussten

Als Interior Designerin betrat ich vor 25 Jahren das Schloss zum ersten Mal, und als Autorin kehrte ich zurück. Hier vor „meinem" apricotfarbenen Himmelbett aus den 80er-Jahren.

Schlossherrin inzwischen entwickelt und verändert hat. Von ihrem Mann, Ludwig Prinz zu Löwenstein-Wertheim-Freudenberg, erfahren wir dessen Wertschätzung für die künstlerische Arbeit seiner Frau: „Alles wurde stilvoll renoviert und meine Frau hat das Schloss hell und freundlich umgestaltet." Und wahrlich, die stilvolle Mischung aus Alt und Modern verleiht dem Schloss ein luftiges, elegantes Ambiente. Die Lieblingsfarben Koralle, Creme und Grün dominieren und die bevorzugte Palette der Fürstin Elisabeth hat sich um weitere Pastelltöne erweitert.

Der 260 Meter lange Läufer in Buttergelb mit korallenrot eingewebtem Wappentier, welches an den Rändern von grünem Akanthuslaub umspielt wird, sucht seinesgleichen und windet sich durch das gesamte Treppenhaus. Allein schon der sogenannte „lange Gang" von einem Ende des Flügels zum anderen erstreckt sich über 160 Meter, und es liegt auf der Hand, dass nur Sonderanfertigungen solch einer architektonischen Herausforderung gerecht werden können. „Der dänische Hersteller bemerkte, dass er einen so langen Läufer noch nie angefertigt hatte, es war auch nicht einfach, denn die Ware musste an einem Stück verlegt werden, da vorher ein alter, löchriger und abgewetzter Läufer auflag", so die Fürstin. Keine Antiquität in Kreuzwertheim, die nicht fachgerecht restauriert und mit vielen Abwägungen platziert worden wäre.

Ganz gleich wie lange man sich nicht gesehen hat, mit einer alten Freundin macht man immer dort weiter, wo man aufgehört hat!

Um dann sachgerecht gepflegt zu werden, wie man es sich als Dame von einer Kosmetikerin nicht behutsamer wünschen würde. Jedes einzelne Ölbild der Ahnen findet sich vollendet gerahmt an der richtigen Stelle wieder. Überall eine Fülle von erlesenen Kleinigkeiten, die ins rechte Licht gerückt sind. Man soll tot umfallen, wenn man auch nur daran dächte, mit der Fingerspitze einen Sims oder eine Bilderkante entlangzufahren, um nach Staub zu suchen …

In dem vorbildlich geführten Haus wird nichts dem Zufall überlassen, alles hat seinen Platz. Fürstin Elisabeth sagt: „Ein großes Haus muss ordentlich geführt sein. Wenn du so ein Haus führen sollst und keine helfenden Hände hast, kannst du nur noch ausziehen, denn allein als ‚One-Man-Show' kann man diese Größe und Hausfläche nicht handlen." Tja, dumm gelaufen für alle Herrschaften, die kein Personal haben. Nicht das Problem einer Fürstin Elisabeth, die sogar einen Koch von ihren verstorbenen Schwiegereltern übernommen hat, der bereits 35 Jahre im Haus ist.

„Herr Kurz wurde vom Großvater meines Mannes angestellt, diente unter meinen Schwiegereltern und ist nunmehr bei mir in Amt und Würden. Wir kennen uns mittlerweile 25 Jahre, und in dieser Zeit ist ein großes Vertrauensverhältnis entstanden. Auch ohne große Worte verstehen wir uns." Wie praktisch Haushalt doch sein kann …

Natürlich delegiert Fürstin Elisabeth auch selbst den Hausputz, nur die Ausführung erfolgt eben nicht allein! Einen fürstlichen Abwasch möchte wohl niemand freiwillig machen müssen. Ebenso wenig wie die Instandhaltung der ausgesprochen aufwendigen Tischwäsche, die regelmäßig zum Einsatz kommt. Bei jeder Hausfrau wäre allein damit das Nervenkostüm aufs Äußerste gereizt. „Bei uns gibt es Teile, die zwölf Meter und mehr lang sind, und da kommt es eben vor, dass die Mangelei zum Zusammenfalten der Tafeltücher auf die Straße ausweichen muss. Dafür wird dann der Verkehr gestoppt und die Hauptstraße gesperrt", erläutert die Schlossherrin.

Die umfassenden Sanierungsarbeiten haben sich seit dem Ableben der Schwiegereltern vor wenigen Jahren aufs ganze Schloss erstreckt. Jüngst ist die Familie umgezogen – vom Erbprinzentrakt in den Fürstentrakt. Allerdings mit allen drei Stockwerken, das bedeutet dann doch sehr viel Arbeit. In den meisten Räumen hat die Fürstin behutsam modernisiert, wie hier im gelben Salon, wo sie uns mit Konfekt zum Gespräch empfängt.

In diesem Haus scheint nichts viel anders, als es früher schon war – man bleibt den alteingesessenen Konventionen treu. Man kennt sich nicht nur im eigenen Umfeld, man ist miteinander verwandt. Fürstin Elisabeth erläutert ihren Stammbaum: „Zwei meiner Urgroßmütter, nämlich Pauline Prinzessin zu Schönburg-Waldenburg und Amelie Gräfin zu Castell-Castell, waren Schwestern vom Großvater meines Ehemannes Ludwig. Dadurch ist mein Mann der Cousin meiner Mutter. Folglich ist er mein Onkel, was ihn zum Großonkel unserer Kinder macht!" Verstanden? Ich habe es mir aufgemalt und kann es mittels einer

Skizze inzwischen nachvollziehen. Um die Sachlage anschaulich zu machen, sind im übrigen die bezeichneten Personen auf einem monumentalen Ölgemälde eines Lenbachschülers im Speisesalon verewigt.

„Wenn man den eigenen Stammbaum betrachtet, sind die Ahnen in dieser Vielfalt manchmal schwer verdaulich", gibt die Fürstin zu bedenken. Und für den Außenstehenden birgt nicht nur der Stammbaum, sondern auch schon die richtige Anrede der Fürstin seine Tücken. Die Liste der Namen und Titel findet auf einem „Ergänzungsblatt" im Pass Platz. „Bei Passkontrollen am Flughafen trägt der lange Name immer wieder zur Erheiterung bei, und ein nettes Schmunzeln auf Beamtenseite ist mir sicher. Einmal wurde ich gefragt, ob ich mich nicht für einen Namen entscheiden könne. Ich antwortete: Ich suche mir für jeden Wochentag einen anderen Vor- und Nachnamen aus, ganz nach meiner täglichen Verfassungslage!" Ein kleiner Tipp von mir: Sprechen Sie die Fürstin ganz unkompliziert mit „Durchlaucht" an. Damit liegt man auf jeden Fall richtig.

Zurück zur strategischen Heiratspolitik – mit ihr ging seit jeher eine Verschmelzung großer Latifundien einher. Diese hatte den angenehmen Nebeneffekt, nicht nur die Pfründe zu mehren, sondern politische Friedenszeiten zu sichern. „Wir haben eingeheiratet – und keine Kriege geführt", betont sie. Bei allem signalisierten Standesbewusstsein, interessiert mich dann doch sehr, unter welchem Aspekt meine Freundin Lise den heutigen Wandel in der Heiratspolitik der regierenden Monarchien betrachtet. „Das sind doch allesamt noch keine Königinnen. Es ist noch einmal etwas anderes, wenn du die Chefin eines Hauses bist. Man wird sehen …", antwortet sie diplomatisch.

Immerhin lässt man sich heute auch in standesbewussten Kreisen mit dem Heiraten mehr Zeit. Ich denke mal, Torschlusspanik bei Mittzwanzigerinnen gehört der Vergangenheit an. Der Nachweis über eine abgeschlossene Berufsausbildung hat die Brauttruhe als Mitgift ersetzt. Elisabeth meint: „Zum Heiraten ist später auch noch Zeit, nur wer es in der Jugend versäumt, eine abgeschlossene Ausbildung oder ein Diplom zu erreichen, wird irgendwann damit im Leben bestraft. Es ist enorm wichtig, auf eigenen Beinen stehen zu können und sich immer auf sein eigenes Können und Wissen zu berufen. Auch für eine Ehe, wo die Partner gleichberechtigt zueinanderstehen, ist dies ein wichtiger Aspekt." Dennoch gilt die Verheiratung der Kinder traditionell als der entscheidende Schritt in der gesamten Biographie, der für alle Zeit per Stammbaum die Spuren der schicksalhaften Begegnung in Stein gemeißelt hinterlässt. Wobei der Wunsch nach Bildung und globaler Mobilität den Radius der Kinder natürlich erweitert hat wie nie zuvor. Das Informationszeitalter birgt für Freunde arrangierter Ehen eine Fülle neuer Gefahrenquellen.

Nicht nur Pop-Königinnen, sondern auch Königinnen von morgen ziehen den Fitnesstrainer unter Umständen einer standesgemäßen Partnerschaft vor – und ernten mittels dieser demokratischen Geste den Respekt des Volkes, ohne dessen Rückhalt wiederum die Zukunft der Monarchie gefährdet wäre. Als Kronprinzessin Victoria von Schweden bei ihrer Vermählung auf dem Balkon des Schlosses Drottningholm zu ihren Untertanen sprach und verkündete: „Ich danke meinem Volk dafür, dass es mir meinen Prinzen geschenkt hat", wurden mit diesen Worten auf Generationen hin die Säulen der Monarchie gefestigt. Würden unsere zukünftigen Königinnen nicht in engen Jeans rumlaufen wollen, sondern nach wie vor figurverhüllende Ballonröcke mit Hüftpolstern tragen, dann träte auch kein *personal trainer* als nichtberechenbare Größe ins Leben der heiratsfähigen und isolierten Kronprinzessinnen. Ist am Ende die Mode an allem Schuld? Würden selbstbewusste Karrierefrauen nicht Kronprinzen interviewen oder Party Girls als Wäschemodel Modenschauen inszenieren, dann wäre der Stammbaum der europäischen Monarchien heute nicht mit bürgerlichem Blut aufgefrischt.

Subtile Brautschau beschäftigt die Mutter zweier Töchter und eines Sohnes natürlich. „Augen auf bei der Partnerwahl!", kann man da nur raten. Zu diesem Thema bezieht die Fürstin ganz klar Stellung: „Meine Kinder sind sich sehr bewusst über die Ansprüche ihrer Eltern."

Man muss meiner Freundin Elisabeth bescheinigen, dass sie die ihr anvertrauten Aufgaben als ihre Bestimmung versteht. Und ihre Rolle perfekt ausfüllt! Sie hat sogar das Kinderkriegen professionell erlernt. Nein, man vermutet nicht, dass die Schlossherrin eine ausgebildete Hebamme ist. Das ist ja nun nicht gerade der typische Beruf für eine Fürstin. Ihr Vater, der Graf zu Waldburg-Wolfegg hat sie darauf gebracht. Nach dem Abitur hat sich Fürstin Elisabeth in München zur Hebamme ausbilden lassen. „Und auch ich erwarte von meinen Kindern, dass sie selber Geld verdienen!"

Doch bis dahin sind die beiden Töchter Sophie und Amelie sowie Sohn Louis nach Internatsaufenthalten erst einmal in weiterbildenden Studienkursen untergebracht. Die 23-jährige Sophie hat bereits eine Ausbildung als Event Managerin in Wien abgeschlossen und setzt ihre Studien im Fach International Management bei Aufenthalten in England fort. Die jüngere Tochter Amelie studiert in München die angesagte Fachrichtung Medien-Management. Der bald volljährige Sohn Louis träumt derzeit von einer Offizierslaufbahn, doch sein Weg als Erbprinz ist vorgezeichnet.

„Das Familienleben steht bei mir an erster Stelle. Meine Kinder kommen alle vier Wochen nach Hause!", sagt die Fürstin. Sie steht jeden Morgen um sieben Uhr auf und durchstreift dann erst einmal mit ihren drei Hunden die nahe gelegenen Wälder. „Ein Schloss ohne Köter, das geht gar nicht", sagt sie. In ihrem Falle wachen zwei Labradore, Barry und Billy, und eine undefinierbare Promenadenmischung über Haus und Hof. „Egal", betont Elisabeth, „das Tier wird von Herzen geliebt, ist mittlerweile 14 Jahre alt und immer noch der unangreifbare Boss unter den Dreien." Welch glückliche Fügung.

„Dann ist da das ganz alltägliche Bürogeschäft, welches ab 9.00 Uhr morgens wartet. Oft sind Gäste im Hause, der Garten und eben auch die Ehrenämter warten auf mich! Jeder Tag bringt neue spannende Ereignisse mit sich." Kreuzwertheim, Schloss, Park und Umland mit seinen Menschen sind der Fürstin ein wunderschönes Zuhause geworden, das sie nie wieder eintauschen will. In einer Vielzahl von Ehrenämtern, Vereinen, Schirmherrschaften, Patronaten und Gremien ist sie dort vertreten. Die vielen Kilometer, die sie dafür zurücklegt, hat sie neun Jahre lang in ihrem schnittigen Porsche absolviert. Nachdem sie anfangs mit kleinen Kindern jahrelang im „Großraumwagen" samt Windeln, Spielzeug und Hochstühlen herumkutschierte, fühlte sie sich „eigentlich immer wie eine Camperin im ländlichen Bereich". So stieg sie auf ein Automobil um, welches zur Lebensfreude beiträgt.

Doch auch der Porsche musste allerdings inzwischen weichen. „Es musste aus Platzgründen etwas Zweckdienlicheres her!", erklärt sie. „Mit dem Älterwerden stellt man fest, dass der persönliche Bedarf des Gepäcks immer umfangreicher wird, und damit stand ich dann vor dem Problem, wohin mit meinem dicken Koffer im Sportwagen, ganz zu schweigen vom Beifahrer." Eine rasende Rakete zu fahren, bereitet der Fürstin nach wie vor großes Vergnügen – aber mit geräumigem Kofferraum, bitteschön! Betrachtet man die gesittete Haltung der Vorfahren in ihren Spitzenkleidern auf den überdimensionalen Ölgemälden im Schloss, dann mutet die Vorliebe der Nachfahrin für schnelle Autos wie Science Fiction an.

Und die reiselustige Fürstin hat das Schloss dank ihrer Mobilität um Impulse aus der ganzen Welt bereichert – waren die Ahnen früher doch eher regional beschränkt. Das Prachtexemplar von Lüster im großen Speisesaal ist zum Beispiel um die halbe Welt gereist, um seinen idealen Platz schließlich hier in Kreuzwertheim zu finden. Fürstin Elisabeth erzählt: „Der Lüster ist gar nicht alt, sondern niegelnagelneu sogar. Ich habe ihn auf einer Amerikareise in San Francisco in einem winzigen Laden entdeckt. Der Laden sollte bald geschlossen und der Kronleuchter von gigantischen Ausmaßen quasi verschenkt werden. Dummerweise passte das Exemplar in keinen amerikanischen Haushalt und so kaufte ich es für einen ‚Apfel und ein Ei', ohne zu wissen, wie ich ihn nach Europa schaffen sollte. Ludwig kam die fabelhafte Idee mit dem Containerschiff und so reiste das Prachtexemplar von Lüster erst einmal monatelang über den großen Teich. Eine Kiste von enormen Ausmaßen traf eines Tages bei uns ein, Inhalt war der Lüster im Puzzleformat! Zerlegt in Einzelteile wie ein Baukasten. Wir brauchten Tage und einen Spezialisten, um diesen fabelhaften Beleuchtungskörper zusammenzubauen!" Der Kronleuchter wirkt, als hinge er schon seit 500 Jahren an diesem Platz. Niemand erahnt sein wildes Schicksal. „Der Staat kann sich glücklich schätzen, dass es Familien wie uns noch gibt, die ihre Schlösser selbst unterhalten und sich nicht ‚von Vater Staat' protegieren lassen", meint sie.

Ich will nicht mehr sein, als das, was ich bin – aber auch nicht weniger.

Elisabeth Fürstin zu Löwenstein-Wertheim-Freudenberg

Erkundet man die dynastischen Wurzeln des Hauses Löwenstein, so ist ursprünglich eine morganatische Verbindung überliefert. Das heutige Haus Löwenstein-Wertheim geht zurück auf Ludwig von Bayern, auch Graf Ludwig I. von Löwenstein genannt (1463-1524). Dieser war ein Sohn des pfälzischen Kurfürsten Friedrich I. aus dem Hause Wittelsbach und der bürgerlichen Münchner Hofdame Clara Tott aus Augsburg. Aus der Liebesbeziehung, die um 1459 begann, gingen zwei Söhne hervor, für die der Vater auf die Erbfolge verzichtete. Beide Söhne werden in historischen Dokumenten als ehelich anerkannt, der Zeitpunkt der Eheschließung liegt indes im Dunkeln. Es gibt Quellen, die das Jahr 1462 als Zeitpunkt der Heirat nennen, publik wurde diese aber erst zehn Jahre später, im Jahre 1472.

Fürstin Elisabeth schenkt ihr Herz auch Hunden ohne Stammbaum.

Aus Gründen der Staatsräson hielt man die ganze Sachlage möglichst lang geheim. Und auch Clara Tott musste für ihre Liebe teuer bezahlen: Sie wurde nach dem Tod ihres Mannes von dessen Nachfolger Philipp über Jahre hinweg gefangen gehalten, nur um die tatsächlichen Familienverhältnisse nicht an die Öffentlichkeit dringen zu lassen.

Diese Vertuschung von außerehelichen Kindern und Beziehungen wäre heutzutage nicht nur dank medialer Vernetzung unmöglich, sondern inzwischen auch gesetzeswidrig. Es gibt ein Recht auf Abstammung, was die Verheimlichung einer Vaterschaft als menschenunwürdig klassifiziert. Noch ein Erdrutsch im aristokratischen Gefüge! Nachkommen entspringen nun einmal dem Mannesstamme, sind ein Teil von ihm und es bedurfte vieler Hexenverbrennungen, um jede andere Meinung dazu als sittenwidrig zu verankern. Die Tugend der Aufrichtigkeit musste bitter erstritten werden. Dank der Gleichstellungsgesetze ehelicher und nichtehelicher Kinder werden Sprösslingen, die unstrittig ein Teil des Familienstammbaums sind, dieselben Rechte wie den Halbgeschwistern zugestanden. Leider bestätigt die Geschichtsschreibung, dass Herzensdamen vom Schlage einer Clara Tott selten gut behandelt worden sind. Sie existierten in totaler Abhängigkeit von Gunst und Laune ihres Liebhabers und wurden im Nachhinein in der Regel geächtet.

Nichts jedoch täuscht darüber hinweg, dass der jüngere Sohn von Clara Tott, Ludwig, der Begründer des Fürstenhauses Löwenstein-Wertheim ist. Im 17. Jahrhundert spaltet sich die Familie Löwenstein-Wertheim in einen katholischen und einen evangelischen Zweig. Im 19. Jahrhundert erhält der katholische Teil den Namenszusatz Rosenberg, der evangelische die Ergänzung Freudenberg. Ursprünglich lag die mächtige Wertheimer Steinburg vis-à-vis vom Schloss der Familie. Die Anfänge der Erbauung gehen bis ins 11. Jahrhundert auf die Grafen von Wertheim zurück. Im 13. Jahrhundert kamen die Grafen von Löwenstein durch die erfolgreiche Heirat mit der Tochter des aussterbenden Wertheimer Geschlechts an Burg und Besitz.

„Diese alte Burg kann ich perfekt aus unserem Garten sehen, sie thront sozusagen auf der gegenüberliegenden Mainseite und grüßt jeden Tag zu uns herüber, auch des nachts, denn sie ist angestrahlt und wundervoll erleuchtet", freut sich die Fürstin. Leider wurde die Burg nach 500 Jahren im Familienbesitz aus Kostengründen an die Stadt Wertheim verkauft. Fürstin Elisabeth vertritt die Ansicht „solche Art Latifundien verschlingen Unsummen an Geldern und sind leider noch dazu kaum zu bewohnen. In Wertheim gibt es auch noch das Eichelhofschlösschen, welches wir aber auch vor ein paar Jahren wegen total desolaten Zustands an die Stadt abgaben." Das reizende barocke Kleinod wurde anschließend mit sehr großen Zuschüssen aus Landesgeldern wieder vollständig renoviert und erstrahlt heute in atemberaubender Schönheit. „Leider können wir nicht immer traditionell denken und handeln, sondern die wirtschaftlichen Interessen müssen an erster Stelle stehen", vertritt sie ihre Ansicht und fügt hinzu: „Solche Kolossalbauten saugen den Besitzer finanziell aus."

Aber es gibt ja Gott sei Dank noch den Park, ein Gelände von zwei Hektar, der bestens unterhalten wird. Zur Anlage gehört der englische und der französische Teil sowie der fränkische Barockgarten. Inzwischen ist Gartenarbeit der Fürstin zu einer großen Leidenschaft geworden. Das war nicht immer so. „Früher war mir Gartenarbeit ein Graus", gesteht sie. Stundenlang bespricht sie sich heute mit dem Gärtner über Neuanbau, Pflege, Standorte und Düngung, wühlt bis zum Ellenbogen in der Erde und sagt „dem Unkraut lustvoll den Kampf an". Sie hat mit einer großen Fläche mit Rosenbepflanzung und Hortensien begonnen, aber festgestellt: „Auch wenn die Stückzahl der einzelnen Pflanzen eine ziemlich große ist, so verschwinden sie doch beinahe ob der Größe unseres Parks." Die Vorfahren haben diesen mit viel Sachverstand angelegt. Die Fürstin erklärt stolz: „Die ältesten Rosenrabatten sind aus dem 17. Jahrhundert und die rosafarbenen Barockrosen gedeihen immer noch bei guter Pflege und dank sachkundiger Hand. Ab und zu besuchen mich Rosenspezialisten und sind dann ganz aus dem Häuschen, wenn sie diese alten Rosensorten entdecken." Ich bin auch aus dem Häuschen!

Meine Kinder sind sich sehr bewusst über die Ansprüche ihrer Eltern!

Elisabeth Fürstin zu Löwenstein-Wertheim-Freudenberg

Ebenso komplett, wie man es erwartet, ist auch die riesige Schlossküche ausgestattet. Wie sollte es auch anders sein? Mein kurzer Besuch dort findet nicht statt, ohne dass mir die Ehre zuteil wird, begehbare Kühlkammern zu bestaunen. Tiefkühlanlagen so groß wie manch eine Stube im Wohnheim stehen parat für den Fall der Fälle. Elisabeth ist für alle Eventualitäten gewappnet. Natürlich gibt es wie in anderen Haushalten Saisontermine und Stoßzeiten, bei denen es hoch her geht, seien es Jagden, Geburtstagsfeste, Abendgesellschaften, Geschäftsessen – oder eben Empfänge und Sommerfeste, aber unruhige und hektische Tage wechseln sich im Privathaushalt auch mit gemächlichen Zeiten ab. Herr Kurz bleibt Herr der Lage und steht parat, egal was kommt. Die Fürstin schätzt die hauswirtschaftliche Stütze: „Auch das Verhältnis der Kinder zu Herrn Kurz ist sehr eng. Wenn sie heim kommen, werden sie speisemäßig fürchterlich von ihm verwöhnt. Er weiß genau um unsere familiären Vorlieben bei den Speisen und weiß auch, was eher nicht so gut ankommt."

Das Leibgericht der ganzen Familie ist der Rehrücken, selbstverständlich aus den eigenen, ausgedehnten Forstliegenschaften, die von der fürstlichen Familie bejagt werden. Diese Liebe allerdings war nicht immer ungebrochen. Die Fürstin reflektiert: „Es gab eine Zeit, da wurde bei uns zu Tisch an Wildgerichten gespart, da mein Mann in seiner Kindheit derartig viel davon verspeisen musste, dass es in späteren Tagen für ihn ein Gräuel war, Wild essen zu müssen. Heute hat er es aber wieder gern." Nun, das viele Wild hat den Fürsten zu einem stattlichen Mannsbild werden lassen.

Elisabeth Fürstin zu Löwenstein-Wertheim-Freudenberg

Rehrücken nach Kreuzwertheimer Art

Zutaten für 8 Personen:
1 großer Rehrücken (ca. 1,8 – 2 kg)
50 g Speck zum Bespicken
oder Umwickeln
Salz
schwarzer Pfeffer
Öl oder Schmalz zum Anbraten
2 Karotten
1/2 Sellerie
1 Zwiebel
2 Lorbeerblätter
Wacholderbeere
Pfeffer- und Pimentkörner
Rotwein zum Verfeinern
Sahne zum Verfeinern

Den Backofen auf 180 – 200 Grad vorheizen (am besten Umluft).
Den Rehrücken häuten und je nach Geschmack mit Speck bespicken oder umwickeln, anschließend salzen und pfeffern. In einem Bräter von beiden Seiten scharf anbraten. Nach dem Anbraten das Fleisch separieren. Das geputzte und klein geschnittene Gemüse, Lorbeer, Wacholder, Pfeffer und Piment anrösten. Den Braten anschließend wieder zum Gemüse geben und für 1 Stunde in den Backofen schieben.

Nach 30 Minuten den Ofen auf 90 – 100 Grad herunterstellen, zwischendurch mit Rotwein aufgießen.

Nach 1 Stunde insgesamt den Rehrücken aus dem Ofen nehmen und in Alufolie einpacken. Den Rehrücken nochmals im ausgeschalteten Ofen 10 Minuten ruhen lassen, Ofentüre nicht schließen.

Den Fond abseien, das Gemüse entsorgen. Die Sauce kann mit Rotwein und Sahne verlängert, verfeinert und kurz aufgeköchelt werden. Das Fleisch vom Knochen lösen, am besten mit einem spitzen Messer. Die Stücke ca. 2 cm breit schneiden und auf den Knochen zurücksetzen. Heiß servieren!

Dazu reicht man Johannisbeergelee oder Preiselbeeren und kleine angebratene Kartoffeln, die in der Schale vorgekocht werden.
Als Gemüse eignet sich entweder Blaukraut, Rosenkohl oder eine gemischte Gemüseplatte mit Steinpilzen oder Pfifferlingen.

Stets zu Diensten …

Herr Kurz kocht im Schloss seit 35 Jahren …

… was die Fürstin standesgemäß präsentiert!

In der Tat, das selbsterlegte Reh zergeht auf der Zunge. Gelegenheit ihm würdig zu gedenken. Ich spekuliere, dass Elisabeth das Wild aus Traditionsbewusstsein selbst erlegte und ihre Tiefkühltruhe mit persönlich Geschossenem gefüllt ist. Da werde ich leider entäuscht. Wir vertiefen uns beim Genuss des delikaten „Kurzschen Rehrückens“ in eine Debatte, an der jeder Vegetarier sich die Zähne ausbeißen würde. Die Jagd gehört unstrittig seit Jahrhunderten zu den Pflichten und Vergnügungen des Adels, „wie die Glocken zu einer Kirche!“, wie die Fürstin es beschreibt.

„Das Wild hat ja keine natürlichen Feinde mehr in unseren Breitengraden, wie den Wolf, Bär oder Luchs. Daher muss der Mensch das Wild dezimieren. Die Auflagen der Jagdbehörden sind hoch“, führt sie aus, „und wenn wir unseren Abschuss nicht einhalten können, der nun mal vorgeschrieben ist, müssen wir als Waldbesitzer dafür teuer bezahlen. Noch dazu kommt der hohe Wildschaden der Bauern, und an unserer eigenen Landwirtschaft, da ohne Abschuss ganze Ernten den Wildschweinen zum Opfer fallen.“ Trotz allem hat die Fürstin persönlich keinen Jagdschein. Schade eigentlich. Doch sie kann darauf verweisen, dass ihre Kinder diese Tradition weiterpflegen.

Der schönste Abschluss eines jeden Diners ist ein Verdauungsspaziergang im eigenen Park. Auch hier ist alles tutti und bestens in Schuss. Wäre es Sommer, würde ich sofort in den Pool springen wollen, um mir die voluminöse Nachspeise (auf die in der Fastenzeit übrigens verzichtet wird!) abzustrampeln. „Der Pool wurde aber nicht von uns ausgehoben“, erklärt mir Elisabeth. „Er entstand 1880 als großes Entenbassin. Nicht, dass man um die Jahrhundertwende baden ging, schon gar nicht als Dame, aber man hatte eben sehr gern Wasser um sich und guckte gern dasselbige an.“ Welch eine Einladung zum Müßiggang. Welch ein zauberhafter Zeitvertreib, bei Wasserspielen zu kontemplieren. Die Generation vor Elisabeths Schwiegereltern legte schließlich Hand an und ließ das Entenbassin ausheben und das große Schwimmbecken installieren.

So unterschiedlich unsere Lebenserfahrungen und -konzepte auch sind, ich verstehe Elisabeth. Habe sie immer verstanden. „Ich will nicht mehr sein, als das, was ich bin – aber auch nicht weniger“, gibt mir meine alte Freundin mit auf den Weg. Und sie fügt hinzu: „Möge der Herrgott seine schützende Hand weiterhin über uns halten, dass wir das Erbe und Lehen, welches wir von unseren Vorfahren erhalten haben, ungeschmälert in die nächste Generation übergeben.“

Katrin Gräfin Goëss-Enzenberg

Leibspeise: Kaiserschmarrn à la Werner

Schloss Tratzberg

Alle Kinder haben einen Balkon, nur wir nicht!

Katrin Gräfin Goëss-Enzenberg

Im Tiroler Inntal, 100 Meter über der Talsole auf einer Felsnase gelegen, an den nördlichen Ausläufern des Karwendelgebirges, liegt ein romantisches Märchenschloss! Schloss Tratzberg, das Renaissancejuwel unter den Schlössern Österreichs, oberhalb von Stans, gehört zu den wenigen Tiroler Besitztümern, die noch von einer adligen Familie ganzjährig bewohnt werden. Im tiefen Winter sind die Schlossherren in der Regel eingeschneit oder von Lawinen bedroht – nach meinem Ermessen macht dies die großen offenen Kamine, die Tiroler Stuben mit tiefer Decke und die gemütlichen Erker der Schlosstürme nur umso heimeliger! In Tratzberg eingeschneit zu sein, wäre für mich das Paradies!

Erstmals im 13. Jahrhundert urkundlich erwähnt, diente das Schloss als ehemalige Grenzfeste gegen Bayern schon Kaiser Maximilian I. als Jagdschloss. Im Erbgang wurde Tratzberg 1590 Besitz des bekannten und reichen Kaufmannsgeschlechts der Fugger, die das Schloss weiter ausstatteten. Ein großer Teil des damaligen Inventars ist bis heute erhalten. Der heutige Besitzer von Schloss Tratzberg, Ulrich Graf Goëss-Enzenberg, welcher durch seine Großmutter, Gräfin Marie von Meran, Nachkomme Kaiserin Maria-Theresias ist, hat das umfangreiche Tiroler Erbe vom Bruder seiner Mutter, Georg Graf Enzenberg und dessen Frau Elisabeth Prinzessin Esterházy übertragen bekommen, da deren Ehe kinderlos blieb.

Es ist nicht nur dem großen Einsatz des Grafen Ulrich, eines studierten Betriebswirtschaftlers, der Tratzberg wie ein modernes Unternehmen führt, zu verdanken, dass das ca. 6800 m^2 große Schloss, mit 5000 m^2 Schindeldach und 80 Zimmern, wieder zum Inbegriff eines Tiroler Schlosses des 16. Jahrhunderts und damit zu einem der bedeutendsten Kunst- und Kulturdenkmäler des Landes wurde. Nach mehreren Besitzerwechseln folgte nämlich eine Zeit, in der Tratzberg fast 150 Jahre unbewohnt blieb. Durch Heirat des Franz Graf Enzenberg mit Ottilie Gräfin Tannenberg, ging das ehemals fast zugewachsene und überwucherte, völlig verwahrloste Schloss im Jahre 1847 in den Besitz der Grafen Enzenberg über. Nachdem der Graf sein BWL-Studium abgeschlossen hatte, war er im Hotelmanagement als Marketing- und Sales Manager tätig. Und dann kam das Blind Date mit Katrin! Ohne seine deutsche Frau, die als Münchner Stadtkind in den 80er-Jahren nach Berlin kam, um an der Hochschule der Künste Design zu studieren, wäre Tratzberg nicht zu dem geworden, was es heute ist. Die kommunikative und charismatische Modedesignerin, die Kollektionen u. a. für Quelle, C&A und BMW entworfen hat, war beruflich vor ihrer Ehe in der ganzen Welt unterwegs und führte einen polyglotten Lebensstil.

Freilichtbühne: Kaffeeklatsch auf großer Terrasse mit Alpenpanorama

Historie in Trompe-l'œil: der Familienstammbaum mit Kurzbiographien im Habsburgersaal

Zahlreiche Laubengänge und Galerien machen Schloss Tratzberg zu einem magischen Ort.

Bei den beruflichen Perspektiven, die sich ihr boten, wollte sie sich engagiert der Karriere widmen – doch dann hat sie ihre Bestimmung als Schlossherrin gefunden und Tratzberg aus seinem Dornröschenschlaf erweckt. Die gräfliche Familie lebt dort mit zwei Töchtern in der ersten Generation ganzjährig – eine Entscheidung, die in der 500-jährigen Geschichte des „neuen“ Schlosses zuvor noch keiner zu fällen wagte. Und zu der sich auch Gräfin Katrin erst durchringen musste.

Drei Jahre hat die attraktive Brünette mit sich gehadert, ob sie ihre Zukunftspläne als Modedesignerin aufgeben sollte. Sie stand auf eigenen Beinen und plante, ihren Weg in Unabhängigkeit fortzusetzen. Als ihr Liebster sie seinerzeit zu einer Spritztour gen Italien einludt, passierte das jung verliebte Paar die riesengroße, romantische Burganlage. „Schau, da oben, das ist Tratzberg“, sagte der Graf. Doch seine Auserwählte dachte sich: „Die arme Frau, die dort einmal leben muss. Mein erster Gedanke beim Anblick Tratzbergs war: Dort werde ich niemals wohnen!“ Tja, frage ich mich – was hat die bürgerliche Münchnerin dann wohl überzeugen können? Irgendwann scheint ja ein Sinneswandel erfolgt zu sein. Was also ist dazwischengekommen? Und Katrin erläutert in der ihr typischen, sympathischen Art: „Ich fand es zwar beklemmend, aber ich habe ihn geliebt – und den Mann gab's eben nur mit Schloss.“ Na, da kann der Mann ja nun nichts dafür, dass er als Bräutigam ein Schloss im Gepäck hat, also sollte man nicht kleinlich sein und das nicht als Nachteil werten! Liebende Frauen sind nun einmal großzügig und drücken beim Traummann doch gern ein Auge zu … so wie Katrin!

Im Falle Tratzbergs war ich aber zugegebenermaßen besonders neugierig, denn der Gräfin eilt ein exzellenter Ruf als Gastgeberin, Hausfrau und Schlossherrin voraus. Überall wo wir hinkamen hieß es: „Fahrts ihr denn auch nach Tratzberg, zur Katrin? Die werdet ihr lieben!“ Und richtig – schon bei der Begrüßung werden wir herzlich und entspannt willkommen geheißen und sind augenblicklich überzeugt von des Grafen unbestechlich gutem Geschmack. Auch in der Wahl der Ehefrau! Katrin bringt ein unverwechselbar eigenes Flair mit. Die „Madame de la Comtesse“ hat eine ausgeprägte individuelle Note. Damit gelang es ihr, Schloss Tratzberg zum Markenzeichen werden zu lassen. Auf der großartigen Terrasse mit Breitwandblick über das Panorama des Karwendelgebirges lasse ich mich erstmal in die Polster plumpsen und bekomme pinkfarbenen Champagner wie von Zauberhand serviert.

Die riesigen, blau-gelben Flaggen mit dem Familienwappen flattern bei Kaiserwetter rechts und links des großen Schlossportals und ich verstehe sofort: Dieser alpenländische Renaissancepalast ist das Meisterwerk von zwei Perfektionisten, die sich ideal ergänzen. Es gibt sie, die idealen Voraussetzungen und das vollkommene Glück. Ich glaube allerdings, mehr als auf Tratzberg geht nicht! Man muss sich allerdings bewusst dafür entscheiden – es hätte auch alles ganz anders kommen können. Immer wieder entscheiden sich Menschen auch gegen ihr Lebensglück. Sie meinen, vor dem Hintergrund ihrer Erziehung und des gesellschaftlichen Umfeldes, ja, auch ihrer Herkunft, alles richtig zu machen, und tun gerade deshalb das Falsche.

Dann verstecken sie sich hinter solch banalen Floskeln wie „Ich würde mich nie scheiden lassen" – und gestehen sich nicht ein, dass die Partnerschaft sie in eine Sackgasse getrieben hat. Nicht so unser Gastgeber. Nichts als die Sprache des Herzens hat die Wahl seiner Braut bestimmt. Von nichts und niemandem hat er sich reinreden lassen. Und dieser souveräne und edle Geist macht die Atmosphäre Tratzbergs aus. Ja, es gibt Männer die ihre Frauen auf Händen tragen und ihnen jeden Wunsch von den Augen ablesen!

Schon begrüßt uns der in Schloss Gradisch am Wörthersee aufgewachsene, elegante Schlossherr, der ganz Gentleman und gleichzeitig Tiroler Charmeur ist. Sofort wird das wesentliche klargestellt: „Hier auf Schloss Tratzberg zeichnet weitgehend meine Frau verantwortlich – und das macht sie sehr gut, wie man sieht!" Bevor der Graf sich dem Tagesgeschäft, insbesondere dem Immobilienbereich zuwendet, stelle ich ihm im Stile des Adelsjournalisten Seelmann-Eggebert die Frage nach dem Klischee: „Stimmt es, dass Adel verpflichtet?" „Was den Adelsstand betrifft, so glaube ich, dass viele Leute eine ganz bestimmte Erwartungshaltung an uns haben. Wir stehen unter besonderer Beobachtung. Aber wie in jeder Gesellschaftsschicht gerät auch der Adel oftmals durch schlechtes Benehmen in Verruf. In dieser Hinsicht heben sich die Grenzen zwischen Adel und Nicht-Adel immer mehr auf." So, dann haben wir das auch geklärt! Ich wollte doch schon immer mal die ganz abgedroschenen Fragen stellen. Und ich habe vom Grafen Ulrich die perfekte Antwort darauf bekommen.

Noch eine Seelmann-Eggebert-typische Frage brennt mir auf den Lippen: „Wie reagierte wohl das Umfeld darauf, dass die Braut des Erben von Tratzberg selbst nicht aus Adelskreisen stammte?" Graf Ulrich ist ein aufrechter, warmherziger und humorvoller Mann, der sich nicht von Klischeefragen irritieren lässt. Er sagt: „In unserer Familie galt eigentlich immer das Motto, man solle jemanden von ähnlicher Herkunft heiraten. Mein Onkel, von dem ich das Schloss übertragen bekam, weil er keine Kinder hatte, wollte mich enterben, als ich ihm von meinen Hochzeitsplänen mit Katrin berichtete. Doch ich blieb bei meinem Entschluss und vermeldete, unter diesen Bedingungen leider auf das Erbe verzichten zu müssen. Davon war mein Onkel, der Bruder meiner Mutter, so beeindruckt, dass er meine Auserwählte persönlich kennenlernen wollte. Er revidierte sein Urteil sehr schnell und ich bekam nicht nur Tratzberg, sondern auch meine Katrin! Ich wusste, so kommunikativ und fesch wie sie ist, geht das in Ordnung." Es gehört eben Intelligenz und Charakterfestigkeit dazu, sich für die

Leider nicht meine Weihnachtspostkarte!

richtige Frau zu entscheiden. Zwei Menschen müssen keineswegs adlig sein, um sich zu ähneln. Und mit dieser Wahl des Grafen gingen Erfolg, Prosperität und Wohlstand einher – das Paar hat gemeinsam das utopische Unterfangen in Angriff genommen, ein bis dahin nur als Sommerresidenz geplantes, viel zu großes, viel zu schwer erreichbares, viel zu kaltes und viel zu unpraktisches Schloss zum Stammsitz der Familie werden zu lassen. Alles, aber auch wirklich alles muss über schmale, im Winter völlig unzugängliche Serpentinenwege mühsamst aus dem Tal angekarrt werden. Kein Nachbar weit und breit, bei dem man klingeln kann, wenn das Mehl beim Backen ausgeht. Generalstabsmäßige Planung und Logistik ist alles!

Und auf Tratzberg werden Feste gegeben, bei denen es an nichts mangelt. Ja, Katrin sitzt hoch droben auf dem Felsen wie ein romantisches Burgfräulein und kämmt ihr langes, dichtes, ebenholzfarbenes Haar. Mal eben zum Frisör oder ins Nagelstudio sprinten, „Ich-shoppe-also-bin-ich-Attacken" und dergleichen, das funktioniert nicht: muss man aber auch nicht haben, im Paradies! Bei einer Melange im gemütlichen Küchenerker – wobei diese rosefarben getünchte Küche mit ihrem offenen Kamin und dem alpenländischen Lokalkolorit mindestens so feudal ist wie die Empfangshalle des Ritz Carlton – schildert mir Katrin ihre Biografie von Frau zu Frau aus ihrer Sicht: „Désirée, ich muss vorausschicken, dass meiner Familie der Adel nicht unbedingt fremd war. Ich befasse mich ja mit Familienaufstellungen, nicht zuletzt weil unsere Vorfahren auch so ihre Erfahrungen mit den Standesgenossen machten. Leider negative. Meine bürgerliche Urgroßmutter hatte sich einst in einen Grafen verliebt.

Da lacht die Maid – im Erker der rosa Traumküche mit Blick übers Inntal und das Karwendelgebirge.

Aber als dann ein Kind kam, verbot die adlige Familie die Ehe. Meine Urgroßmutter musste den Sohn allein aufziehen. Er kam mit sechs Jahren auf eine Militärakademie und wurde nur einmal im Jahr besucht. Seine Mutter hat sich durchgeschlagen mit ihrer schönen Handschrift – sie musste Menükarten schreiben. Das waren für den verstoßenen Sohn entbehrungsreiche und armselige Jahre. Gott sei Dank haben sich inzwischen die Zeiten geändert.“ Nachkommenschaft des Mannesstammes zu verleugnen, zu verstecken, Umgangsrecht nicht wahrzunehmen, dies alles gilt inzwischen als moralisches Verbrechen und wird gesellschaftlich geahndet. Das Wohl des Kindes hat gesetzlich geschützt an erster Stelle zu stehen und nichteheliche Kinder sind den ehelichen gleichgestellt. Und sich an dem zu orientieren, was in früheren Generationen unter den Teppich gekehrt zu werden hatte, das kommt einer Missachtung der Gesetze gleich. Heutzutage gilt es als höchst verpönt, sich um ein außereheliches Kind nicht zu kümmern. Man kann jede alleinerziehende Mutter nur daran gemahnen, den leiblichen Vater in die Verantwortung zu nehmen und ihn an seine Pflichten zu erinnern. Heimtückische Ehefrauen, denen die Seele eines Kindes nicht heilig ist, dokumentieren damit nur, dass ihre Liebe zum Ehemann nicht ausreicht, um dessen Biografie zu akzeptieren. Das Ende solcher Ehen ist vorprogrammiert.

Das Schlimmste war ja gar nicht, dass ich bürgerlich bin, sondern noch dazu eine Protestantin.

Katrin Gräfin Goëss-Enzenberg

Die Gräfin bleibt nicht oberflächlich, sondern vertieft unser Frauengespräch und stellt dazu perfekt drapiertes 5-Sterne-Obst auf dem Silbertablett bereit. Jeder Handgriff sitzt. „Im großen Freundeskreis meiner Eltern verkehrten schon immer viele Aristokraten. Der Umgang mit Adel war für mich seit der Kindheit normal. Als ich meinen Mann dann kennenlernte, habe ich mich mehr mit den Umständen befasst, die ein solches Erbe mit sich bringt, als damit, dass ich bürgerlich bin. Heute hat der Adel in unserem Land aber keine Bedeutung mehr. Es bedeutet in erster Linie Verantwortung für einen Besitz wie diesen und das Abwägen von Traditionen.“ Aber was sagt meine neue Freundin rückblickend heute über ihre Anfangszeit an der Seite des Grafen? Hat man sie als Partnerin willkommen geheißen? Schlug ihr damals ein kalter Wind entgegen? „Das Schlimmste war ja gar nicht, dass ich bürgerlich bin, sondern noch dazu eine Protestantin. Meine Eckdaten haben einfach nicht gestimmt. Man traute mir nicht zu, dass ich für Tratzberg eine gute Hausfrau bin!“ Der Graf zumindest hat's gewusst – im Alter von 29 Jahren hat Katrin den Mann ihres Lebens geheiratet und macht vom ersten Tag an dem Namen Goëss-Enzenberg alle Ehre. Die Widersacher wurden eines Besseren belehrt und der eleganten Gräfin eilt als Schlossherrin ein ganz besonders tadelloser Ruf voraus.

Das gesellschaftliche Leben des Paares ist bunt gemischt, und entscheidend ist für die Freundschaften mit der Familie nicht die Herkunft, sondern was einen Menschen persönlich auszeichnet. Diese liberale und offene Haltung trägt reichlich Früchte, denn die adlige Verwandtschaft, die ergibt sich bei einer so großen Familie automatisch. Da existierte man doch in einer halben und unvollständigen Welt, wenn man sich nur innerhalb der eigenen verwandtschaftlichen Kreise bewegen würde. Gerade die Impulse, die von außen kommen, befruchten und inspirieren die Fähigkeiten und Talente, mit denen dieses so erfolgreiche und weltoffene Ehepaar das Märchen zur Realität werden ließ: ein riesiges Dornröschenschloss der Spätgotik und Renaissance zum modernen Lebensmittelpunkt mit allem Komfort werden zu lassen und sich dort sein eigenes Reich zu schaffen. Der Kärntner Graf ist Teil einer weitverzweigten Familie, die seit 500 Jahren aus Österreich und ehemals aus Portugal stammt. Der Vater des Grafen allein hatte schon neun Geschwister, bei Familienfeiern treffen vier Generationen aufeinander. „Wie viele Personen sind es denn, wenn ihr alle zusammenkommt?“, lautet die nächste naive Frage, die ich stelle. „Bei einem Familientreffen können es schnell um die 600 Personen sein!“, weiß der Graf aus dem Stand und er fügt hinzu: „Für mich ist Adel nicht unbedingt ein Privileg, obwohl es die Dinge manchmal erleichtert. Doch das liegt wohl in erster Linie an dem großen familiären und gesellschaftlichen Netzwerk, das sich durch unsere Familien ergibt.“

Wie schön für Katrin, denke ich mir, die ich selbst als Einzelkind in Berlin-Charlottenburg aufwuchs und mich stets bei Freundinnen wohlfühlte, die eine große Sippe im Schlepptau hatten. Hier kann ich es nicht verhehlen, wie sehr ich die Gräfin aus dem Alpenparadies doch beneide: Die gebildete und hübsche Frau wurde zur Managerin von Tratzberg und hat einen so netten Mann, zwei tadellos erzogene Töchter, einen Swimmingpool, einen Koch, einen Park und eine riesige Verwandtschaft. Und schlank ist sie auch noch! Ich wette, sie hat einen begehbaren Kleiderschrank mit einem Bad en suite. Aber ich frage nicht mehr nach, ich habe genug gehört! Nein, auch das Schuhregal will ich nicht sehen … München ist ja nur eine Stunde entfernt und dort warten die smartesten Modehäuser mit den schönsten Kollektionen nur auf Kundschaft, deren Hände die passende Größe haben, um die goldene Kreditkarte durch den Schlitz des Kartenlesers zu ziehen. Die Welt auf Tratzberg ist nicht „reich“ im herkömmlichen Sinn, sie ist liebevoll, warmherzig, gemütlich und humorvoll! Es ist die Menschlichkeit, die mich gefangen nimmt. Hier spielen guter Humor und Werte, die das Leben lebenswert machen, die größte Rolle.

Überall finden sich Fotos in blitzenden Silberrahmen von den beiden frisch erblühten Töchtern des Hauses in allen Altersphasen. Gräfin Philine begleitet unsere Küchengespräche mit einem Klavierkonzert, welches sie für einen ihrer Auftritte als Pianistin probt. Die größere Tochter Gräfin Vittoria bereitet sich auf die Matura im Internat vor und feilt an ihren Projekten. Die Eltern sind sich auch in Erziehungsfragen einig. Katrin beschreibt es so: „Unsere Erziehung basiert auf Menschlichkeit und Werten. Wir wollten ganz bewusst, dass unsere Kinder auf Tratzberg aufwachsen, denn nur so kann sich eine emotionale Bindung ergeben, die sie vielleicht eines Tages veranlasst, den Besitz auch gegen alle wirtschaftlichen Überlegungen zu erhalten. Dazu bedarf es doch einer großen Portion Idealismus und die ergibt sich nur, wenn unsere Töchter sich dem Besitz emotional verbunden fühlen.“

Dennoch erfahren die Kinder, dass selbst ein privilegiertes Leben im Paradies seinen Preis hat. Die Gräfin erläutert: „Unsere Töchter denken sich ja nichts dabei, dass sie im Schloss wohnen. Als sie klein waren, gab es schon mal Tränen, weil alle anderen Kinder einen Balkon hatten und in einer Wohnung lebten – nur wir nicht. Die Mädchen kamen heim und fragten: ‚Mama, stimmt es, dass wir in einem Schloss wohnen? Alle sagen das!‘“ Welche Mutter würde nicht gern ihren Kindern diese Antwort geben dürfen: „Ja, meine Lieben, so ist es – ihr lebt in einem großen Schloss! Aber seid nicht traurig, dass wir keinen Balkon haben …“

Ein bisschen fühle ich mich hier oben in den Bergen, zwischen den wundeschön bemalten Wänden, den Zinnen und schmiedeeisernen Toren wie in Disneyworld. Denn von Ende März bis Anfang November besuchen um die 85.000 Touristen Schloss Tratzberg. Der Preis, den die Familie zahlt, liegt sicher in dem begrenzten Spielraum für persönliche Intimität, in dem Bewusstsein, dank eines nie abreißenden Touristenstroms ein Leben auf dem Präsentierteller zu führen. Obwohl der familiäre Bereich von den Etagen, welche der Öffentlichkeit zugänglich gemacht wurden, abgeteilt ist, bleibt es nicht ohne Folgen, wenn Menschen aus aller Herren Länder auf der Durchreise nach Italien den Innenhof aus der Renaissancezeit besichtigen,

die Treppenstufen erklimmen und man die Dielen in den Geschossen knarren hört, oder eine Besuchergruppe den prunkvollen Familiensitz, mit seinen wertvollen Stuben aus der Fuggerzeit, den Rüstkammern, dem Frauenstüberl, dem Jagdsaal, dem großen Habsburgersaal, dem Königinnenzimmer, der Schlosskapelle und der Waffensammlung besichtigt. Doch die esoterisch interessierte Gräfin Katrin, die auch in unserem Gespräch immer wieder ihren Sinn für Metaphysik durchblicken lässt, versteht aufs Allersensibelste damit umzugehen. Sie sagt: „Wir empfinden es als kulturelle Verpflichtung, Tratzberg offen zu halten. Tratzberg wurde mein Beruf. Und ich liebe meinen Beruf.“ 1996 begann die Gräfin die unterhaltsamen Schlossführungen für Erwachsene in Form eines Hörspiels und die Märchenführungen für Kinder zu organisieren. Unterhaltungswert mit kulturhistorischen Informationen zu kombinieren – und das in gleich neun Sprachen –, ist das besondere Markenzeichen Tratzbergs. Die Gräfin hat es geschafft, den Besuch auf dem Schloss zu einem Ganztagsausflug zu machen: Kinderspielplatz, Restaurant, Bummelzugfahrt vom Parkplatz zum Schloss, historische Führungen, Events zu verschiedenen Themenbereichen, Ausstellungen, dies alles soll Erwachsene und Kinder gleichermaßen für Geschichte und Kultur begeistern. Da erlaube ich mir doch mal die plumpste aller Journalistenfragen: „Gibt es auf Tratzberg auch ein Schlossgespenst?“ „Natüüürlich, wir sind doch hier in einem ordentlichen Schloss!“

Und ebenso natürlich verfügt Tratzberg auch über die Institution eines hochgeschätzten Meisterkochs, der das leibliche Wohl der Familie zu seinem Lebensinhalt gemacht hat: und das mit fünf Sternen auf der Brust! Aber die Gräfin schaut nicht nur zu, nein, sie wird ihrem Ruf als hervorragende Köchin gerecht und arbeitet in hauswirtschaftlicher Kooperation mit dem Personal in Teamarbeit zusammen. Das merkt man auch, wenn man die Arbeitszimmer und Gästezimmer betritt. Hier mangelt es an nichts – das Waldorf Astoria könnte Schulungen auf Tratzberg vornehmen, deren Zauberformel lautet: Die Bedürfnisse des Gastes müssen erfüllt werden, bevor dieser sie verspürt. Von der Wärmflasche, über Magazine, Kleenex, Seifen, Toilettenartikel, Bademäntel und Pantoffeln bis zu den Keksen und Getränken ist alles perfekt arrangiert. Keine Wellness-Oase kann da mithalten. Und all dies in einer Region, deren regionale Köstlichkeiten Weltruhm erlangt haben: Apfelstrudel, Vogerlsalat, Backhendl, Wiener Schnitzel, Fruchtcocktails … das Schlaraffenland lebt!

Und Chefkoch Werner steht allzeit bereit. Hat unter diesen Bedingungen eine Leibspeise denn überhaupt noch eine Chance? Obendrein habe ich die Qual der Wahl zu entscheiden, in welchem der vielen gemütlichen Erker wir dinieren sollen? Selbst der Küchentresen hat hier auf Tratzberg Weltniveau. Geben wir uns also ein wenig bescheiden und heben wir uns den großen Speisesalon für die nächste Stippvisite im Paradies auf. Kredenzt wird heute das Schmankerl des Hauses in der Essecke des großen Salons. Uns erwartet das Geheimrezept vom ganz speziellen Kaiserschmarrn des Hofkochs Werner – und der Schmarrn ward ein Gedicht!

Katrin Gräfin Goëss-Enzenberg

Kaiserschmarrn à la Werner

Zutaten für 4 Personen:
150 g Mehl
1 Prise Salz
250 ml Milch
1 EL Rum
4 Eier
Vanillezucker
Kristallzucker
Puderzucker
Butterschmalz
Rosinen

Mehl, Salz, Milch und Rum verquirlen. Die Eier hinzufügen, nach Geschmack Zucker dazugeben, schaumig schlagen und den Teig ruhen lassen. Butterschmalz in eine große, tiefe Pfanne geben und heiß werden lassen. Den gesamten Teig hineingießen. Bei kleiner Flamme sehr langsam anstocken lassen.
Die Pfanne in den auf ca. 200 Grad vorgeheizten Backofen stellen. Nach ca. 10 Minuten die Pfanne wieder auf den Herd stellen und den Teig wenden. Dabei vierteln und die einzelnen Teile wenden. Nochmal einen Stich Butterschmalz sowie Rosinen nach Geschmack hinzufügen und mit Puderzucker bestäuben, damit der Kaiserschmarrn karamellisiert.

Dazu wird Pflaumenkompott und Vanilleeis gereicht.

Dank Werner, den eigenen 5-Sterne-Gourmetkoch im Haus, kann Gräfin Katrin es dennoch nicht lassen …

Was braucht der Mensch mehr?

Seit meiner Kindheit haben mich sogenannte Eierkuchen als volkstümliche Variante von Palatschinken begleitet. Man nannte sie auch Pfannkuchen, die meist mit Äpfeln oder Blaubeeren kombiniert wurden. Das war zünftig! Die Chance, jemals als Crêpes bezeichnet zu werden, hatten die kreisrunden Leckereien jedoch nie, denn den Ehrgeiz einen hauchdünnen, französischen Teig zu wenden, besaß bei uns zuhause keiner. Leider, leider nur, gab es bei der Zubereitung von dicken Berliner Eierkuchen mit schwerem Teig meist viel „Geschrei". Ich verlangte nämlich frühzeitig nach Entertainment und erwartete, dass meine Großmutter die Pfanne durch die Luft schwang, und den herumwirbelnden Eierkuchen damit wieder auffing.

Im Film klappte das ja schließlich auch. Und es machte Laune. Es gelang mir sogar, unseren Frauenhaushalt mit meiner Begeisterung für dieses Kunststück so sehr unter Druck zu setzen, dass Mutter und Großmutter sich an dieser Küchenakrobatik tatsächlich versuchten. Es hat aber kein einziges Mal geklappt und der Pfannkuchen klatschte unter Geschrei gegen die Anrichte, auf die Kacheln, auf den Boden, er hing in der Lampe, landete auf der Tischdecke, der Schürze oder in den Haaren … aber nie in der Pfanne! Ich liebte es! Und ich kenne keine Familie, die einen solchen Spaß mitmachen würde – mir allerdings tat man den Gefallen! Später, als ich in die Pubertät kam und dem Leben mit Ernsthaftigkeit begegnen sollte, verweigerten sich dann meine Erziehungsberechtigten und griffen zu einem noch raffinierteren Trick: Es gab nämlich auch ohne Kunststücke „Geschrei" sobald Eierkuchen auf dem Speiseplan standen, denn man war stets unterschiedlichster Meinung, wann der Teig in der Pfanne eigentlich umzudrehen sei. In der Hälfte aller Fälle, und bestimmt auch, weil wir nicht

die schicksten Pfannen hatten, zerriss aber der Eierkuchen – und das, was dann als missglückt zerfetztes Exemplar übrig blieb, wurde mit einer Handvoll Mandeln und Rosinen beworfen, mit Puderzucker bestäubt und mir als „Kaiserschmarrn" angedreht! Daher habe ich diesen kaiserlichen Schmarrn nie als Gericht, sondern immer als kaputten Eierkuchen in Erinnerung. Und genauso plump, wie man mich an der Nase herumführen wollte, ist auch der Ursprung dieses österreichischen Nationalgerichts. Der Kaiserschmarrn geht nämlich auf Kaiser Franz Joseph I. zurück, der sehr gerne Süßspeisen aß – und Palatschinken liebte! Gelangen diese dem Koch aber nicht, waren sie zum Beispiel zu dick oder zerrissen, wie meistens bei uns daheim, so wurden sie als „Kaiserschmarrn" beiseite gestellt und später dem Küchenpersonal serviert, ganz nach dem Motto: „A Schmarrn, des am Kaiser zu serviern."

Was will man mehr, als die Entdeckung solcher Gemeinsamkeiten mit dem Kaiser Franz Joseph? Bei ihm sind die missglückten Exemplare eines Pfannkuchens gar nicht erst an der Tafel gelandet, obwohl ich mir sicher bin, dass diese Leibspeise des Personals durchaus das Potential gehabt hätte, zum kaiserlichen Favoriten zu avancieren. Der arme Mann, er hat nie erfahren dürfen, was ihm das Leben vorenthalten hat – wie schön, dass hingegen ich in den Genuss des runden, prallen, vollen Lebens in unserer Alt-Berliner-Küche kam! Die besten Dinge des Lebens sind doch immer noch umsonst!

Ein großes Dankeschön nach Schloss Tratzberg: Die Leibspeise der Familie Goëss-Enzenberg wird mich ein Leben lang mit ihrem einzigartigen Tiroler *flavour* begleiten und die Erinnerung an meinen Ausflug ins Schlaraffenland wachhalten!

Das Schlaraffenland lebt!

Désirée

Baron und Baronin Crafft von Crailsheim

Leibspeise: Fischklößchen nach Carlotta von Crailsheim

Schloss Fröhstockheim

Was auf Fröhstockheim geboten wird, muss man als Erlebnisgastronomie bezeichnen.

Désirée

Der Mann, der mich zum Schweigen brachte: Baron von Crailsheim ist ein brillanter Erzähler!

Vom Aussterben bedroht ist nicht nur der Schachtelhalm, sondern auch eine ganz spezielle Art innerhalb alter Dynastien – es ist die Spezies des luxusverwöhnten, exzentrischen Snobs. Man sollte einen Wildlife Fund zur Rettung dieser kleinsten Randgruppe der Welt gründen, deren Mitgliederzahl nicht einmal an die aussterbende Rasse blinder, lesbischer Korbflechterinnen in Australien heranreichen dürfte.

Ein jeder, der heutzutage von einer gewissen uniformierten Norm abweicht, wird mit Skepsis betrachtet. Überall. Am sichersten fühlt man sich, wenn Menschen in Schablonen passen. Die Spezies des versnobten Lebemannes mutet inzwischen an wie eine seltene Orchideenart. Im vergangenen Jahrhundert gab es noch Abenteurer, die zu Pferde halb Afrika durchquerten, Gelehrter und Entdecker, die von höchstem Adel waren, zwischen Liebschaften und Duellen ihre republikanische Gesinnung vertraten und den Vormittag im seidenen Morgenmantel verbrachten. So etwas kennen wir nur aus Hollywoodschinken. Oder vom genialen Gartenarchitekten Fürst Pückler. Entfaltet sich der Abkömmling eines alten Geschlechtes wie ein Fürst Johannes von Thurn und Taxis, dann wird dies mit dem Prädikat „barocker" Lebensführung versehen: Ein Kodex, der bereits Skepsis wachrufen und zur Obacht gemahnen soll!

Soziologisch betrachtet ist diese Verkümmerung gewisser Lifestylesynapsen eine Spätfolge a) der Neidgesellschaft, die derartige Freiheiten missbilligt und freigiebige Bonvivants isoliert; b) des Boulevardjournalismus, der mit Negativschlagzeilen höhere Auflagen erzielt als mit positiven, und der unabhängige Persönlichkeiten mit dem schlechtesten Foto vorführt, das am Markt ist, und c) des Sozialstaates, der Gleichheit und Gerechtigkeit für Jedermann proklamiert … weil wir doch alle gleich sind!

In diesem Klima müssen leidenschaftliche Genießer eingehen wie die Primeln – nein, sie werden umgehend danach trachten, Deutschland zu verlassen. Da gibt es ja noch Argentinien, Portugal, Südafrika oder die Karibik, wo extraordinäre Ansprüche mit Respekt honoriert werden. Für abgehobenen Lebensstil tendiert man sich zu schämen. Aber an dem Lebenswerk all jener Ahnherren, die dank ihrer Unangepasstheit exorbitante Latifundien hinterlassen haben, labt man sich nur zu gern. Man hat ja auch nicht mit den Launen und „Grillen" des Vorfahren auskommen müssen, der das Lustschloss gebaut, die Gartenanlage konzipiert und sich für die Fontänen in Sanssouci verschuldet hat. Prasserei und Völlerei haben sich überlebt.

Im Damensattel lassen sich nicht nur Pferde reiten!

Wie Intarsien. Diese „Bastelarbeiten“ macht im Zeitalter der Schuhkartonarchitektur auch keiner mehr mit. Dabei ist es die Biederkeit, die Menschen erstickt – niemals die Großzügigkeit. Stoßen wir nochmal auf meinen begabten Kollegen (als Autor), den Fürsten Pückler an. Menschen dieser Art haben wir hierzulande wohlweislich ausgerottet. Denn das Klima, welches von Gesetzgeber, Staat, Behörden, Ämtern und Gesellschaft in Deutschland geschaffen wird, lässt Zeitgenossen von außerordentlicher Grandezza nicht mehr zu. Man sollte eine Schweigeminute einlegen.

Doch trotz dieses suboptimalen Milieus für Individualisten sprießen immer wieder im Verborgenen Unikate, die fernab jeglicher Normen existieren und den Rahmen sprengen. Sie haben meine Sympathie. So bin ich bestens gewappnet, den direkten Nachfahren der „Herren von Crailsheim“ zu besuchen, die von den Anfängen der Reichsritterschaft bis zum Ende des Heiligen Römischen Reiches zum fränkischen Ritterkreis gehörten. In diesem fränkisch-schwäbischen Uradelsgeschlecht erwartet mich bestimmt kein exzentrischer Dandy, sondern eher ein Original anderer Art: Ritter Crafft, der Mann mit dem herzlichen Lachen!

Doch zunächst einmal beginnt die Schlosshistorie meiner nächsten Zeitreise im tiefsten Mittelalter. Als Besitzer nennen frühe Urkunden von 1220 einen Fuchs von Stockheim. Nachdem sich um 1455 das Geschlecht derer von Hessberg hier niederließ, senkt sich ein Schleier über das Gemäuer. In den Bauernkriegen wird die Schlossanlage von Aufständischen erobert und zerstört. Schließlich tritt wieder jemand auf die Bühne der Geschichte Fröhstockheims: Wolf von Crailsheim. „Der Glückselige“, wie sein Beiname lautet, kauft 1543 den Ort samt Gut und Lehensleuten, beginnt mit dem Ausbau des Schlosses, sein Wohnsitz bleibt aber Mainsondheim. Klingt nach Ritterschauspiel auf einer Freilichtsommerbühne! 2. Akt: Dann zieht Sohn Ernst in die Gemeinde, baut das Schloss um und lebt bis 1596 im Ort. Dem Andenken des Ahnherrn ist ein Epitaph in der Fröhstockheimer Kirche gewidmet, das Ritter Ernst mit seinen drei Frauen und deren 24 (!) Kindern zeigt. 3. Akt: Die Entstehung und Entbindung selbiger könnte man in Bayreuth bei den Festspielen als Felliniorgie im Stile Christoph Schlingensiefs inszenieren. Vorhang, Applaus!!!

Im richtigen Leben erscheint der Nachfahr des umtriebigen Ritters Wolf in praktischen Gummicrogs und mit buntem Hemd. Mit herzhaftem Lachen eilt uns mit wetterfestem Bauernteint Schlossherr Dr. Crafft Freiherr von Crailsheim auf seinem Privatbesitz in der Nähe von Kitzingen entgegen. Der Landwirt wurde hier, im zwischen 1660 und 1740 neu erbauten Schloss, geboren. Nachdem ein Sohn und vier Töchter „aus dem Hause sind“, beleben als Mitbewohner sechs Hunde und neun Pferde Hof und Koppeln rund ums Schloss. Zur Begrüßung gibt’s hausgemachten Holundersirup, und der urige Freiherr sagt: „Fröhstockheim will bedeuten: Hier herrscht Fröhlichkeit, hier geben sich Frösche und Störche ihr Stelldichein.“ Entdecken wir also Fröhstockheim! Es tobt die Hundemeute und ich atme die Atmosphäre einer tiefen Verwurzelung des Freiherrn mit der Scholle der „fröhlich quakenden Frösche und Störche ...“

Nein, das einstige Weiherschloss ist kein Prunkbau – wer hier als Baumeister mit der Wasserwaage hantiert, würde verzweifeln. Dafür ist im Schlosshof ein Stück authentisches, rustikales Mittelalter lebendig. Der stattliche zweigeschossige Bau macht mit seinen vier angelegten Flügeln um einen Innenhof und seinen vier Rundtürmen einen imposanten und trutzigen Eindruck. Kunstvolles Fachwerk, schwere steinerne, niedrige Torbögen, dicke Mauern, ein Turm mit Wendeltreppe und schiefen Fenstern. Knarrende Dielen über 150 Meter lange Flure lassen mich spekulieren, dass man hier wohl kaum einen Kinderwagen abstellen könnte, ohne dass er sich von selbst in Bewegung setzt und gegen eine Wand rollt.

„Über 450 Jahre ist das Schloss im Besitz der Freiherren von Crailsheim", erfahre ich aus berufenem Munde, während wir im sonnigen Innenhof Patz nehmen und der Schlossherr den selbstgebrauten Federweißen aus einem großen Fass zapft.

Wer Bodenständigkeit und Originalität liebt, wird sich prompt wohlfühlen – wer vom Bungalow träumt und auf Hightech steht, bekommt hier Panik! Schnell steigen wir ein und lauschen gebannt den Geschichten und Anekdoten „der alten Rittersleut". Von Crailsheim spricht mit leuchtenden Augen von der Schlosshistorie und vom Gesang der Nachtigallen im Schlosspark. Im Sinne Pücklers würde ich diplomatisch sagen, „der englische Rasen hat vor der Übermacht der Natur kapituliert". Nix da mit der Gartenarchitektur des Rokoko, hier wurzelt, sprießt, keucht und fleucht es zwischen Baumriesen und Blutbuchen. Es geht also auch anders ... Mutter Natur hat sich hier rabiat durchgesetzt! Lebhaft und mit vollem Körpereinsatz illustriert unser Gastgeber Höhen und Tiefen der Geschichte seines alten Adelsgeschlechtes.

Nach barockem Höhenflug marschierten hier, wo sich schnell der Krug Federweißer leert, die Heere hindurch. Kriege zogen das Schlossleben nicht selten in die Niederungen der Armut, und auch unter den Crailsheims ist manches familiäre Scharmützel passiert. Teilweise zogen die Crailsheims ihre Wurzeln auch ganz aus Fröhstockheim zurück, was die Verödung zur Folge hatte. Geliebt wurde das Schloss offenbar nicht immer ...

Echter Luxus: der selbstgebraute Federweißer aus dem jahrhundertealten Eichenfass der Vorfahren – da weiß man, was drin ist!

Richard von Crailsheim, Administrator des Adelshauses, verlässt Anfang des 20. Jahrhunderts den repräsentativen Bau und bezieht ein modernes Haus daneben. Während der Wirren des Zweiten Weltkriegs zieht der Vater unseres Gastgebers mit seiner Familie wieder ins Schloss – und die Dorfbewohner suchen in den Kellern Schutz, wenn alliierte Bomber Würzburg ansteuern. 1945 rückt eine amerikanische Kompanie ein. Die Crailsheims und ausgebombte Verwandte müssen raus, in einem Hofgebäude zusammenrücken. Das Schloss sei „verfault" gewesen, herabgewirtschaftet durch deutsche Soldaten, Besatzung und Flüchtlinge, sagt von Crailsheim. Aber nach dem Verkauf des benachbarten Schlosses Rödelsee konnte der beträchtliche Erlös in die Sanierung der alten Mauern gesteckt werden. Der Schlossherr schlüpft fast in die Rolle der „alten Hexe Adele", einer adligen Tante, die 50 Jahre lang einsam und isoliert als ehemalige Konzertpianistin oben im Turmzimmer ihren wundersamen Charakter auslebte – und so manchen Streich „der bösen Buben" auszuhalten hatte.

Hier herrscht Fröhlichkeit, hier geben sich Frösche und Störche ihr Stelldichein.

Crafft Freiherr von Crailsheim

„Grimmig kalt" war es in ihrer Stube, so dass die eigenbrötlerische alte Jungfer bald gar nicht mehr die Kleidung wechseln mochte und in der Uniform ihres Vaters ihr Dasein fristete, immer mit dem großen schwarzen Hut mit langer Feder auf dem Kopf, der sie gegen Zugluft schützte. Aber ein Vertrauter stand der Tante Adele immer zuverlässig zur Seite, „der scharfe Wein". Und wenn Adele mal wieder ordentlich gebechert hatte, trat sie vor den fast blinden Spiegel, betrachtete sich und flehte mit gefalteten Händen: „Lieber Herrgott sage mir, bin ich Mensch oder bin ich Engel?" Über 50 Jahre bewohnte Jungfer Adele das Turmzimmer und gehörte zwangsläufig irgendwann zum Inventar. Sogar im Tode konnte die obskure Tante, die sich selbst „das Baronessle" nannte, es keinem Recht machen: traf sie doch der Schlag in ihrem Turmzimmer genau an dem Tage, da im Schloss eine große Hochzeit anstand. Adele bereitete auch nach ihrem Ableben noch gehörig Unannehmlichkeiten. Der Schlossherr fackelte nicht lange, ließ den Leichnam vom Bestatter abholen und im Kühlhaus aufbahren – die Entsorgung der Tante wurde erst nach Abschluss des rauschenden, tagelangen Festes angegangen. Ein Todesfall muss einem ja nicht gleich die ganze Hochzeit verpatzen! Zumal, wenn nicht wirklich jemand trauert. Ja, Freiherr Crafft hat Entertainerqualitäten, man müsste nur die Kamera mitlaufen lassen und wäre mitten in der skurrilsten Dokusoap.

Dabei knurrt mir schon der Magen … Alle wissen schließlich, warum ich gekommen bin! Zeit, nach geflissentlicher Beratung zu entscheiden, wo wir speisen werden: Immer wieder eine typische Knobelei, wenn ein ganzes Schloss zur Verfügung steht –, aber schnell zeigt sich, dass die Frage eigentlich nur pure Koketterie ist, denn behänden Schrittes führt uns „der größte Bauer weit und breit" treppab in ein Gewölbe, und es lässt sich nicht länger verhehlen: Die „alte Küche" aus dem 14. Jahrhundert, „im Bauernkrieg nicht abgebrannt", ist des Schlossherrn ganzer Stolz! Hier werden wir heute Fischklößchen in Dillsauce essen – das Leibgericht seiner Großmutter mütterlicherseits, Eleonore de Neufville, die Vorfahrin aus dem Jahre 1880, die als Hugenottin einst nach Frankfurt kam. Diese brachte das Rezept mit und gab es an ihre Schwiegertochter Carlotta, Mutter unseres Gastgebers weiter, die dafür sorgte, dass auch der Erbe von Fröhstockheim diesen kulinarischen Schatz hütet. „Die Frankfurter Küche kommt der jüdischen sehr nahe", weiß der Freiherr und erklärt: „Nichts Gegrilltes, viele Kräuter, die grüne Sauce, nichts Gebratenes, alles wird gekocht und gesotten." Schnell wird mir klar: Ich spreche mit einem Mann, der kochen kann! Und der Freiherr Crafft wird heute auch der Küchenmeister sein.

Eine Familie voller Multitalente: Einst organisierte Freifrau Iris eine Kinderfreizeit mit Reiterferien und Brotbacken im Schloss!

In der eher bescheidenen Küche steht schon Gattin Iris mitten im Mehl: Sie backt ihre legendären Meisterschrippen und muss dies jahrzehntelang geübt haben, denn so routiniert hantiert sie mit den Zutaten, dass man denkt, hier knetet Frau Bäckermeisterin persönlich. Dabei bekennt die rotbäckige Landfrau in mehlbestäubten Jeans und T-Shirt: „Ich bin keine gute Hausfrau!" Nun, da passen Aktion und Aussage irgendwie nicht zusammen, zumal sie mit kräftigen Schlägen lustvoll den Teig walkt und wendet, bis sich dabei die Schüssel dreht. So setzt die Freifrau hinzu: „Ich könnte inzwischen Knetseminare geben, aber eine gute Hausfrau bin ich schon deshalb nicht, weil es mir keinen Spaß macht."

Der arme Teig! Er muss es büßen, denn die ganze Antipathie gegen die Hausarbeit wird offensichtlich an ihm abgearbeitet. Jedoch bekommt es ihm gut, ordentlich malträtiert zu werden, denn was hier knusprig, perfekt gleichmäßig wie aus der Backfabrik in Form von 20 goldbraunen Schrippen zum Vorschein kommt, verdient einen Stern für „Knusperschrippen“ im Guide Michelin! Was der Mensch doch aus Mehl und ein wenig Wasser machen kann… Wir haben das wirklich vergessen, dass es nur einer Prise Salz und ein wenig Hefe bedarf, um auf den bösen Hunger das lauwarme Paradies folgen zu lassen.

Inzwischen hat Freiherr Crafft eingeheizt und den begehbaren Kamin aus dem Mittelalter zu seiner angestammten Funktion gebracht: Es lodert und knistert wie im Märchenfilm und schnell ist die wirklich „saugemütliche“, zünftige Tafel gedeckt. Treppauf, treppab jagt der passionierte Reiter, der am besten im Sattel entspannt, zwischen „alter Küche“ im Keller und dem ersten Geschoss, wo er sich viel vorgenommen hat: Fischklöße im Reisrand machen Arbeit! Und – gar nicht faul – muss dann auch erst alles mit dem Tablett über steinige Wendeltreppen hinab zur zünftigen Tafel balanciert werden. Aber: alles Routine! Was uns auf Fröhstockheim geboten wird, muss man als Erlebnisgastronomie bezeichnen: Da kommt kein Disneyland mit Ritterschauspiel mit! Davon angelockt wird auch Tochter Juliane, die ihren Franz-Kafka-Roman sinken lässt und der Frau Mama aus dem Gesicht geschnitten scheint. Die junge Dame lebt in Brüssel und outet sich als Kollegin von mir: Nix da mit BWL-Studium, nein, man macht Tanztheater!

Die begabte Regisseurin hat eine eigene Ballettcompagnie und sich ohne Wenn und Aber für das Leben einer Künstlerin entschieden. Training, Proben, Gastspiele, Premieren, Vorstellungen, Diät – der Alltag am Theater in Belgien wurde der unkomplizierten Aristokratin zur Heimat. Was hinter den dicken, alten Fröhstockheimer Schlossmauern nicht alles gedeiht und unbeobachtet heranwächst: Die Norm, das Vorhersehbare, das Schablonenhafte hat hier wirklich keine Chance. Und wenn wirklich in ferner Zukunft mal gar nichts mehr gehen sollte, dann kann Dr. Crafft Freiherr von Crailsheim immer noch auf Talkshowtour gehen und seine Lorbeeren als Alleinunterhalter verdienen. Eigentlich habe ich bei meinem Besuch in Fröhstockheim gar nichts gesagt. Ich habe dort allen bewiesen, dass ich durchaus den Schnabel halten kann, wenn ein anderer redet! Nur langweilen sollte man mich nicht. Und davon konnte weder kulinarisch, noch historisch, noch inhaltlich die Rede sein!

Buchen Sie den Freiherrn doch mal: Nicht auszudenken, wie der abgeht, wenn er seine Weinverkostungsseminare hält. Wir jedenfalls mussten am Nachmittag bereits wieder abreisen. Und so schied ich bestens bedient mit nur einer leichten Ahnung davon, welch sprühenden Frohsinn der Schlossherr mit dem satirischen Biss zu verbreiten mag, wenn erst „richtig“ gefeiert wird. Wir wissen ja, was bei den „alten Rittersleut“ geschieht, wenn Festlichkeiten auf dem Programm stehen und in stürmischer Ballnacht ein Todesfall dazwischenkommt! So war es immer und so wird’s auch immer bleiben – selbst wenn inzwischen höhere Töchter zum Tanztheater gehen. Da war ich meiner Zeit ja mal wieder Jahrzehnte voraus!

Der Küchenmeister teilt gern aus …

Man hätte noch stundenlang plauschen können: Baron Crailsheim bei einer typischen Handbewegung ...

Crafft Freiherr von Crailsheim

Fischklößchen **nach Carlotta von Crailsheim**

Zutaten für 4 Personen:
Für die Fischklößchen:
500 g Seefischfilet
2 Zwiebeln
2 TL edelsüßes Paprikapulver
2–3 Eier
125 g Sahne oder Kondensmilch
Salz
weißer Pfeffer
evtl. Semmelbrösel
1 gestr. TL Brühpulver oder
1 Brühwürfel

Für die Dillsauce:
2 EL Butter
5 EL Mehl
Gemüsebrühe
Kapern nach Belieben
ca. 250 ml Weißwein
2 EL frisch gehackter Dill
Salz
weißer Pfeffer

Für die Fischklößchen den Fisch und die geschälten Zwiebeln klein schneiden, anschließend mit dem Mixstab pürieren. Paprikapulver, Eier und Sahne oder Kondensmilch untermischen. Mit Salz und Pfeffer würzen. Falls die Masse zu weich ist, Semmelbrösel nach Bedarf hinzufügen. Mit 2 Teelöffeln Klößchen formen und für ca. 6 Minuten in leicht kochende Brühe einlegen (je nach Größe).

Für die Dillsauce eine Mehlschwitze aus Butter, Mehl und Brühe herstellen (ca. 3/4 l). Nachdem sie 5 Minuten leise gekocht hat, Kapern und Weißwein hinzufügen. Zum Schluss den Dill dazugeben und mit Salz und Pfeffer abschmecken.

Die fertigen Klöße in die Sauce legen. Dazu schmeckt Reis und bestimmt auch Kartoffeln.

Wer möchte dieses delikate Mahl nicht einem 5-Sterne-Restaurant vorziehen?

Dazu gab es die kolossalen Meisterschrippen der Baronin.

Wer will da nicht zulangen?

Ich könnte inzwischen Knetseminare geben!

Iris Freifrau von Crailsheim

Iris Freifrau von Crailsheim

Brötchen:

Menge für 20 Brötchen = 1 Backblech
1000 g Weizenmehl Typ 550
1 gehäufter EL Salz
3 Päckchen Trockenhefe
3/4 l lauwarmes Wasser

Mehl, Salz, Hefe verrühren, lauwarmes Wasser dazugeben und zu einer Kugel kneten und formen. Nicht mit den Fingern kneifen, sondern mit dem Handballen kneten, immer wieder etwas Mehl hinzufügen, bis nichts mehr an den Händen klebt.
Die Kugel mindestens 1 Std. an einem warmen Ort – z. B. im Backofen, der auf 50 Grad vorgeheizt und ausgeschaltet wurde – gehen lassen.
20 Brötchen formen, kreuzweise einschneiden und nochmals ca. 1/2 Std. zugedeckt gehen lassen.

Inzwischen den Backofen auf 250 Grad vorheizen, eine Schüssel Wasser hineinstellen und die gegangenen Brötchen 10 Minuten bei 250 Grad, dann ca. 15 bis 20 Minuten bei 200 Grad backen, umdrehen und nochmal kurz (5 Minuten) auf 250 Grad von unten backen. (Temperatur und Dauer können in Backöfen leicht variieren.) Die fertigen Brötchen entweder auf einem Rost oder in einem luftigen Korb abkühlen lassen.

Anita Fürstin von Hohenberg

Leibspeise: Tafelspitz à la Franz Ferdinand

Schloss Artstetten

Ich gelte als Köchin von Gottes Zorn.

Anita Fürstin von Hohenberg

Es gibt Schlösser, die sehen architektonisch genauso reizvoll aus, wie ein naiver Maler ein Traumschloss skizzieren würde: mit Zwiebeltürmchen, Zinnen, einem Kirchturm und einer Flagge, die im Wind flattert. Schloss Artstetten übertrifft die schönsten Fantasien, denn es grüßt bereits aus der Ferne hoch über der Donau, am Tor zur Wachau in Niederösterreich als schneeweißer Prunkbau des Barock mit sieben charakteristischen Türmchen von weither. Mühelos könnte Rapunzel ihr langes Haar aus einem der Türmchen herabgelassen haben, damit ihr Herzensprinz die unerreichbar scheinende Höhe daran erklömme und dabei recht kräftig daran zöge. Ebenso mutet Artstetten als das Schloss an, welches mit einer dicken Dornenhecke überwuchert sein könnte, während Herrschaft und Dienstboten im 100-jährigen Schlaf schlummerten. Als Walt Disney sich bemühte, die Welt von Cinderella zu skizzieren und die Firma Mattel ein rosa Barbiepuppenhaus designte, muss es Artstetten gewesen sein, das als Vorlage diente.

Von einem verträumten Park umsäumt, werden hier die Schicksalsjahre Österreichs und ganz Europas vor einer märchenhaften Kulisse erlebbar. Schloss Artstetten blickt wie so viele majestätische Besitztümer auf wechselvolle Epochen zurück. Es diente einst als Familiensitz und Sommerresidenz der kaiserlichen Familie Österreichs, den Habsburgern, und wurde schließlich zur letzten Ruhestätte des Thronfolgers Erzherzog Franz Ferdinand und seiner Gemahlin, Herzogin Sophie von Hohenberg, geborene Gräfin Chotek. Seit 1982 befindet sich im Schloss das sehenswerte Erzherzog Franz Ferdinand Museum, das in der permanenten Ausstellung „Für Herz & Krone“ dem Besucher Einblick in das Leben des Thronfolgers und seiner Familie gewährt. Alle Facetten der Persönlichkeit des Erzherzogs werden durchleuchtet, Glück und Leid, sein politisches Wirken, vor allem aber auch der Familienmensch, durch dessen Tod Europa eine dramatische Umgestaltung erfuhr, begegnet dem Besucher. Das verhängnisvolle Attentat, dem das hohe Paar am 28. Juni 1914 in Sarajevo zum Opfer fiel, wurde zum Auslöser für den Ersten Weltkrieg. Der österreichische Thronfolger, an dem kein Geschichtsbuch vorbeikommt, ist tatsächlich hier nebst seiner – im Kaiserhaus unerwünschten – Gattin im Mausoleum beigesetzt und ermöglicht Besuchern des Schlosses, unweigerlich am Basiswissen europäischer Geschichte teilzunehmen. Erzherzog Franz Ferdinand war immer umstritten: Als Querdenker, konsequenter Stratege und unbeugsamer Charakter, war er zeitlebens die sprichwörtliche falsche Person zur falschen Zeit am falschen Ort, noch dazu mit der falschen Frau – die Folgen des Attentats von Sarajevo bedeuteten das Ende einer glanzvollen Ära und den Beginn einer neuen Zeit, in der er sich wohl besser zurechtgefunden hätte. Er war ein Vorausdenker und Avantgardist. Heute könnte sein Lebensstil niemanden mehr provozieren.

Drollig: das Schloss, in dem man selbst lebt, noch einmal en miniature zum Anschauen im Aquarium.

Die glücklichsten Stunden seines Lebens verbrachte der Erzherzog mit seiner Familie gern auf Schloss Artstetten, wo ich mich nun einfinde, um mich von der Urenkelin des Thronfolgers bekochen und verwöhnen zu lassen – ohne mir die Gelegenheit entgehen zu lassen, mich auf eine spannende Zeitreise zu begeben. Die bodenständige Fürstin begrüßt uns ganz sportlich-entspannt und hat sich zwischen Jagdtermin am Nachmittag und einer Führung des Hauses am Morgen extra einen halben Tag Zeit genommen. Noch Tags zuvor hatte sie bei einer Abendveranstaltung jede Menge Gäste empfangen, was dem akkuraten Domizil in keinster Weise anzusehen ist. Die ausladende Terrasse, auf der wir uns zur Jause mit Apfelstrudel niederlassen, grenzt direkt an die moderne, nicht besonders große Küche an und lädt dazu ein, bei einer Wiener Melange dem Plätschern des romantischen Wasserspiels zu lauschen und sich stante pede in den weitläufigen Schlosspark zu verlieben! Uralte, eindrucksvolle Bäume und ein idyllischer Badepavillon, der terrassenartige Rosengarten sowie eine Kastanienallee vermitteln eine Ahnung davon, wie die kaiserliche Gesellschaft zu lustwandeln pflegte. Voll erblühte Pfingstrosen verströmen ihren betörenden Duft und haben garantiert auch den Gefallen der hier verweilenden Majestäten gefunden.

Wie um Himmelswillen wurde Fürstin Anita von Hohenberg aber Schlossherrin? Wie bewahrt man ein solch geschichtsträchtiges Andenken? Wer wischt hier Staub und putzt die Fenster? Fragen über Fragen, die auf Antwort drängen. „Die Frage nach dem Hier und Jetzt beginnt immer mit der Frage nach der Vergangenheit", sagt meine kommunikative Gastgeberin und vermittelt mir einen präzisen Rückblick: Die mittelalterliche Feste Artstetten, die im 13. Jahrhundert erstmals erwähnt wurde, gelangte erst Anfang des 19. Jahrhunderts durch Franz I. in kaiserlichen Besitz. Der Bruder des späteren Kaisers Franz Joseph, der Erzherzog Carl Ludwig, erbte 1861 das imposante Schloss und übergab 30 Jahre später das Anwesen seinem ältesten Sohn, Franz Ferdinand von Österreich-Este, dem späteren Thronanwärter Österreichs. Es kam ja nur leider alles ganz anders als geplant. Der Erzherzog ließ Artstetten, wie die meisten seiner Schlösser, mit dem riesigen estensischen Vermögen auf höchstem Niveau nach zeitgemäßem Vorbild umgestalten und luxuriös ausstatten. Name, Geld, Ansehen – alles machte den Thronfolger zu einer der begehrtesten Partien Europas –, doch er wollte etwas anderes. Er suchte echte und bedingungslose Liebe, frei von jeglichem Standesdünkel – allein dieser tollkühne Wunsch genügte, um beinah eine Staatskrise auszulösen!

Da Artstetten die bevorzugte Residenz der erzherzoglichen Familie war, präsentiert sich das prachtvolle Schloss geradewegs so, dass man meinen könnte, Kaiserin Sisi husche gleich im Ballkleid mit Puffärmeln und Spitzenfächer durch die perfekt restaurierten Salons, um auf einer der zahlreichen Récamièren niederzusinken und ihre seidenen Pantoffeln auf einem Fußbänkchen ruhen zu lassen. Schön wär's! „Für den Touristen fängt die Geschichte Österreichs immer bei der Sisi an", sagt die Fürstin, „aber die Sisi war eine Fehlbesetzung. Sie hat ihrem Mann die Frauen zugeführt, bloß damit sie a Ruh' hat." Ich frage nach dem Lebensgefühl, welches einen begleitet, wenn man berufen ist, in solch einem prunkvollen Schloss die Kostbarkeiten und Exponate zu verwalten und – besser noch – das Zepter zu schwingen? Die Schlossherrin ist trotz allem auf dem Teppich geblieben, klingelt nicht nach der Dienerschaft, sondern bindet sich die Schürze um und gibt beim Raspeln eines Rettichs umfassende Einblicke in längst vergangene Zeiten.

„Pech hatte damals, wer einer adeligen Familie mit wenig Geld und vielen Töchtern entstammte", erläutert sie. Kam man in die Jahre und blieb man unverheiratet, gab es nur zwei Möglichkeiten: „den Schleier zu nehmen und ins Kloster zu gehen oder mit Glück und einer guten Empfehlung Hofdame zu werden". So ging es auch Anitas Vorfahrin, der Gräfin Sophie Chotek aus böhmischem Uradel. Sie war das fünfte von acht Kindern und musste den vier jüngeren Schwestern die früh verstorbene Mutter, eine geborene Gräfin Kinsky, ersetzen. Mit 26 Jahren schon langsam zu alt, sowieso als „langes Elend" viel zu groß und dazu relativ mittellos, wurde „die Chotek" als Hofdame zur Erzherzogin Isabella, geborene Prinzessin von Croÿ-Dülmen, verfrachtet. Diese weilte nebst Gatten Erzherzog Friedrich im heutigen Bratislava, damals genannt Pressburg, und galt bei der Dienerschaft als unangenehme und schwierige Herrin. Natürlich war auch der 31-jährige Thronfolger oft zu Gast in Pressburg. Es wurde von dem umschwärmten *bachelor* eigentlich nur eines erwartet: sich als Thronfolger aus dem Hause Habsburg-Lothringen gefälligst mit einer adeligen Braut, die einem regierenden Fürstenhaus entstammte, zu vermählen – mit einem Fürstenhaus, welches in geheimen kaiserlichen Familienstatuten, quasi einem *inner circle,* vorgesehen war. Er hustete seinem Umfeld was! Er pfiff darauf. Die jungen, aristokratischen, standesgemäßen Jungfern, die dem Thronfolger von Hofschranzen zugespielt und vorgestellt wurden, interessierten ihn nicht die Bohne!

Einem vom Thronfolger selbst verfassten Brief an seinen Leibarzt ist Folgendes zu entnehmen: „Wenn unsereiner jemanden gern hat, findet sich immer im Stammbaum irgendeine Kleinigkeit, die die Ehe verbietet – und so kommt es vor, dass Mann und Frau aus unseren Kreisen immer 20 mal verwandt sind. Das Resultat ist, dass von den Kindern die eine Hälfte Trottel und die andere Epileptiker sind." Als Thronfolger hatte man nur eine Pflicht: für den Fortbestand von Krone, Vaterland und Dynastie zu sorgen, und dieser kapitale Bräutigam betrieb Hochverrat allein schon dadurch, dass er sich ein glückliches Familienleben mit einer Frau seiner Wahl nach ganz normalen Maßstäben erträumte. Der Anspruch, dass „die Chemie" stimmen sollte, lag außerhalb jeglicher Vorstellungskraft. Wahrscheinlich verstand gar niemand, was er da überhaupt faselte … Die Vollendung seiner ersehnten Lebensliebe sollte sich allerdings in einer anderen Dimension vollziehen: Er bekam, was er wollte, aber er rechnete nicht damit, dass sein Familienglück nur 14 Jahre dauern sollte! Die griechischen Tragödien und die deutschen Sagen lehren uns, dass Dramen immer dann beginnen, wenn Menschen bekommen haben, was sie dringend wollen. Ein Happyend kam erst durch Hollywoodfilme in Mode, weil diese nach spätestens drei Stunden ein Ende finden müssen – möglichst ein glückliches, um den Zuschauer mit dem zu beschenken, was in seinem eigenen Leben nie stattfindet: ein glückliches Ende! Erzherzog Franz Ferdinand war es nicht vergönnt, zu dieser weisen Erkenntnis zu gelangen.

Der Nonkonformist auf Brautschau dachte geradezu futuristisch und reiste als umschwärmter „Single" zu einer Soiree nach Prag. Dort traf er im Herbst 1894 auf die nicht mehr taufrische, hochgewachsene, überschlanke, schmallippige Hofdame der Erzherzogin Isabella Croÿ-Dülmen und damit war der Verlauf der Historie besiegelt. Erst kam es zu einer geheimen Freundschaft, für deren Erhalt unter größter Heimlichkeit Kammerdiener und Zofen eingespannt werden mussten. Briefwechsel, Schriftverkehr, Depeschen, geheime Stelldichein folgten jedem Tête-à-Tête und mussten vertuscht werden. Immer öfter aber reiste nun der in Liebe entflammte Erzherzog nach Schloss Halbturn, wo Isabella von Croÿ-Dülmen residierte und im großen Stile Hof hielt. Natürlich ließ sich die geschmeichelte Erzherzogin durch das zunehmende Interesse des Thronfolgers gehörig foppen, denn sie interpretierte dessen Besuche als Signal für eine sich anbahnende Verbindung des Erzherzogs mit einer ihrer Töchter, da sie bemüht war, diese als Favoritinnen „unterzubringen".

Die eigene Hofdame Sophie, alias „die Chotek", war am Heiratsmarkt ja gar nicht im Rennen und wurde als heiratsfähige Partie bestenfalls dem Personal zugeordnet. Während Isabella sich schon im Lichte ihrer Stellung der Kaiserin-Mutter an der Wiener Hofburg sah, bahnten sich zunehmend Gerüchte um eine „drohende Verbindung" zwischen der Hofdame und dem umworbenen Schwiegersohn in spe an. Alles flog schließlich auf, als Erzherzog Franz Ferdinand beim Tennisspiel auf Halbturn dummerweise seine Taschenuhr verlor.

Dienstboten der Erzherzogin Isabella wurden schließlich fündig und händigten das schmerzlich vermisste Schmuckstück ihrer Schlossherrin ehrfurchtsvoll aus – welch eine Erlösung! Die arg vermisste Taschenuhr hatte sich wieder angefunden … bis die Möchtegern-Schwiegermutter des Thronfolgers die edle Taschenuhr genauer inspizierte, sie neugierig aufklappte und darin das Bildnis „der Chotek" entdeckte. Eklat hoch zehn! Ihre Durchlauchtigste Kaiserliche Hoheit, Erzherzogin Isabella von Croÿ-Dülmen, Herrin auf Halbturn, muss schwer getroffen gewesen sein. Sie brach jeglichen Kontakt und Briefwechsel mit dem Thronfolger abrupt ab und warf ihre hochgewachsene Hofdame auf der Stelle hinaus. Diese durfte ihr Bündel schnüren und sollte dorthin gehen, wo der Pfeffer wächst. Anschließend wurden die Pferde eingespannt, um die erzürnte Erzherzogin mit der Kutsche nach Wien zu bringen, auf dass sie dem Kaiser bei einer Audienz von ihrer skandalösen Entdeckung Meldung gebe.

Der gute, alte Kaiser Franz Joseph war fassungslos! Sobald die Katze aus dem Sack war, betrachtete er die Angelegenheit als Staatsaffäre und beauftragte den gesamten Hofstaat, mit Aktionen jeglicher Art das Liebespaar auseinanderzubringen. So wurde beispielsweise die Sitzordnung der kaiserlichen Tafel strategisch neu konzipiert: Des Thronfolgers angeheiratete, standesgemäße Cousine Stephanie wurde ihm als Tischdame und vielleicht sogar künftige Amoure zugewiesen – doch wieder ging auch dieser Schuss nach hinten los. Cousin und Cousine verstanden sich prächtig: Stephanie war eine der wenigen Vertrauten, die zu Franz Ferdinand hielten und seine Herzenswahl unterstützten! Anstatt sie zu ehelichen, fand er in ihr eine Verbündete, der er sich anvertrauen konnte. Und er hatte – vielleicht erstmals in seinem Leben – ein emanzipiertes Ziel. Er wollte seinem Onkel, dem alternden Kaiser, eindrucksvoll beweisen, dass er sich nicht zerbrechen ließ und von unbeugsam aufrechtem Charakter war – paradoxerweise eine Tugend, zu der man ihn als Ehrenmann auch erzogen hatte. Als Mann von Prinzip, Ehre und Anstand bekannte er sich zur „Chotek", rückte nicht von seiner Lebensliebe ab, kämpfte und stand zu der Frau mit Rückgrat, Intelligenz, Bildung, Klugheit und bewundernswerter innerer Stärke. Allen Hindernissen zum Trotz, wurde am 1. Juli 1900 in einer bescheidenen Zeremonie auf dem böhmischen Schloss Reichstadt die Trauung vollzogen, und um die unstandesgemäße Herkunft der Braut zu vertuschen, verlieh ihr Kaiser Franz Joseph den Titel „Fürstin von Hohenberg". Ganz so, wie das heute die britische Krone noch macht, welche die bürgerlichen Bräute Sarah Ferguson, Sophie Rhys-Jones, und Kate Middleton vor der Heirat noch schnell mit Titeln und Phantasiewappen versehen hat.

Die sogenannte morganatische Ehe Franz Ferdinands und Sophies kann als eine der glücklichsten bezeichnet werden, die es je im Hause Habsburg gab. Die Kinder Sophie, Max und Ernst wurden bald geboren und neben dem böhmischen Schloss Konopischt wurde auch Artstetten mit Kunstsammlungen, Antiquitäten und noblem Hausrat ausgestattet und zum Schmelztiegel kaiserlicher Hofhaltung. Rein prophylaktisch und wohl wissend, dass eine Beisetzung seiner Familie in der Wiener Kapuzinergruft auf ewig verwehrt bleiben würde, ließ der Erzherzog auf Artstetten unterhalb der Schlosskirche eine Gruft bauen. Nicht ahnend, dass sein Leben durch das Attentat von Sarajevo wenig später, am 28. Juni 1914, ein jähes

Ende finden würde. Warum dachte der Thronfolger so früh an sein Ableben und warum hat er als junger Familienvater bereits alles vorsorglich für den Todesfall präpariert? Wer möchte denn, wenn Kinderlachen das Schloss erfüllt und eine Schar junger Prinzen im Park fröhlich auf der Schaukel juchzt, bei jeder An- und Abreise zwischen den eigenhändig vorbereiteten Särgen lustwandeln? Ich hätte meinem Mann das nicht erlaubt!

Doch auch hier hat das Schicksal durch einen schier unglaublichen Zufall seinen tragischen Verlauf genommen: Die spontane Änderung der Fahrtroute des kaiserlichen Automobils des Thronfolgers und seiner Frau, die dennoch dem Mörder beim Abfeuern seiner tödlichen Schüsse zum Opfer fielen, weist auf eine Verkettung höchst mysteriöser Umstände hin, die seither die Spekulationen um eine Verschwörung nicht ruhen ließen. Durch das Attentat von Sarajevo und die bereits seit Langem brodelnden Unruhen in den Kronländern, zahlreiche gescheiterte Verhandlungen sowie nicht zuletzt bestärkt durch die „Rückendeckung" von Kaiser Wilhelm, sah sich Kaiser Franz Joseph veranlasst, Serbien den Krieg zu erklären. Und ein Weltbrand wurde ausgelöst!

Die drei Vollwaisen, welche nur wenige Jahre die Geborgenheit einer unbeschwerten Kindheit erleben durften, kamen in die Obhut einer Tante mütterlicherseits. Kaiser Franz Joseph selbst bot den Sprösslingen jedenfalls keinen Unterschlupf! Nach Ende des Ersten Weltkriegs wurde die Situation für Sophie, Max und Ernst noch tragischer. Als Kinder des „gewesenen Thronfolgers" und im Zuge der „abgeschafften" Monarchie wurden sie von der Tschechischen Republik entschädigungslos enteignet und mussten als Nachfahren Franz Ferdinands, da dieser als Auslöser für den Ersten Weltkrieg betrachtet wurde, das Land verlassen. Sie führten ein eher trauriges Dasein und die Brüder Max und Ernst waren als Gegner des NS-Regimes bis ans Lebensende von der Traumatisierung ihrer Inhaftierung gezeichnet. Der Sohn von Max Hohenberg erbte im Oktober 1962 den Besitz Artstetten und war mit Prinzessin Elisabeth von Luxemburg vermählt. Die beiden waren die Eltern meiner Gastgeberin Anita – was die aktuelle Schlossherrin zur Urenkelin Erzherzog Franz Ferdinands und der in der Gruft beigesetzten Herzogin Sophie macht.

Durch den frühen Tod des Vaters übernahm Anita von Hohenberg in jungen Jahren die Herrschaft auf Artstetten. Eine außergewöhnliche Aufgabe, die sie nach dem Vorbild ihrer Vorfahren zu meistern versteht. Die Fürstin sagt: „Durch meinen Ehemann habe ich eine familiäre Blutauffrischung vorgenommen." Es ist ihr ein Bedürfnis, die Freude an dem niederösterreichischen Kleinod und der Gedenkstätte ihrer Ahnen an ihre vier Kinder weiterzugeben, die aus ihrer ersten Ehe hervorgegangen sind: Gaetan, Alix, Gabriel und Raoul. Fürstin Anita trug während ihrer ersten Ehe den Namen de La Poëze d'Harambure und ist in zweiter Ehe mit Graf Andreas von Bardeau verheiratet. Daher kommen in der Familie drei unterschiedliche Nachnamen vor. „Wo aber blieb dann der Name von Hohenberg?", frage ich. Anita betont, eine Frau in Frankreich behalte immer ihren Mädchennamen – und auch das österreichische Namensrecht macht dies möglich: „Ich habe damals 900 österreichische Schilling bezahlt und war nach der Scheidung vom Vater meiner Kinder den ehelichen Namen wieder los!", sagt sie. Es wäre doch auch sehr schade gewesen, wenn der Name Hohenberg, den Gräfin Sophie Chotek im Jahre 1900 erhalten hatte, nach so kurzer Zeit wieder abhanden gekommen wäre.

Bei unserem Rundgang durch unzählige prunkvolle Salons, die wie im Bilderbuch ineinander übergehen, verweist die Schlossherrin darauf, dass die feudale Ordnung regelmäßig auf den Kopf gestellt wird, sobald sich ihre vier jugendlichen Sprösslinge hier mit ihren Freunden und Kommilitonen zur „Hatz" einfinden. Es lässt sich wahrlich herrlich feiern unter einer prunkvollen Bildergalerie die, wie Anita es auf den Punkt bringt „so kein Oligarch je zusammenkriegen kann". Der Stil, der in billigen Chippendalekopien oft in Kitschfilmen kopiert wird, entfaltet sich hier im Original: cremfarbene Louis-Seize-Fauteuils, vergoldete Beistelltischchen mit Marmorplatte, ein biskuitfarbenes neoklassizistisches Speisezimmer, seidene Brokattapeten und pudrige Pastelltöne … feudal und herzallerliebst! Aber weder Parkett noch Polster haben von der „Hatz" Spuren davongetragen. Und ich lege meine Hände ins Feuer, dass hier bestimmt nicht auf Socken gefeiert wird! Schließlich hat ja kein Party-Girl den Ehrgeiz, den ganzen Abend auf Louboutins durchzuhalten, um dann die Stilettos an der Garderobe abgeben zu müssen, weil die Hausfrau ihr Parkett schonen will. Diese Unart ist wirklich das Spießigste was es gibt!

Ich habe eine Blutauffrischung vorgenommen.

Anita Fürstin von Hohenberg

Es macht doch jeden Look kaputt, wenn man bestrumpft und ohne Schuhwerk durch die Salons rutschen soll. Das wäre bestimmt nicht im Sinne des seligen Erzherzogs Franz Ferdinand gewesen! Wenngleich dieser sich eines sogenannten „bürgerlichen" Lebensstils erfreute. Bourgeoisie mit Upgrade, vermute ich mal … das war damals in der Aristokratie en vogue.

Der Thronfolger jedenfalls liebte keinerlei Extravaganzen und bestand auf bodenständiger Haushaltsführung. Da Franz Ferdinand „von aufbrausender Disposition" war, galt seine Haltung im Bezug auf Köche als heikel. Dies traf insbesondere den Chefkoch der Wiener Hofburg, der ihm auf Artstetten zugeteilt wurde. Der temperamentvolle Küchenmeister hieß Otto Desbalmes und war ebenfalls von unbeugsamem Charakter. Die gemeinsame kulinarische Zukunft hielt nur ganze vier Wochen. Dann musste einer von beiden seine Siebensachen nehmen und das Schloss bei Nacht und Nebel verlassen. Wer das wohl gewesen ist, darf sich der Leser an seinen bescheidenen zehn Fingerchen selbst abzählen. Das Maß der Antipathie in dieser kurzen Zeit lässt sich daran ermessen, dass die emsige Betriebsamkeit des vermaledeiten Kochs, der doch bemüht war, sein Bestes zu geben, durch Erzherzog Franz Ferdinand, wann immer dieser ihn in der Küche beim Arbeiten und Hantieren vernahm, mit den abfälligen Worten beklagt wurde: „Der Desbalmes kocht schon wieder!" Schade, dass ich nicht zugegen war, denn zu gern hätte ich zu bedenken gegeben: „Mit Verlaub, Eure Hoheit, aber was soll Desbalmes sonst tun?" Nun, besser vielleicht, dass niemand zu fragen wagte, die Antwort wäre wohl gewesen: „Die Kanaille möge verschwinden!"

Auch mit dem kochenden Nachfolger, Robert Doré, vertrug sich der Erzherzog nicht, aber was blieb ihm anderes übrig als sich zu arrangieren? Denn wo immer sich Franz Ferdinand aufhielt, sein Leibkoch musste dabei sein. Ohne Küchenpersonal und Koch gab es halt nichts zu essen. Der ungeliebte Küchenchef konnte die Kaiserliche Hoheit zwar nicht wirklich beglücken, hielt aber dennoch in seiner prekären Stellung bis 1912 eisern durch. Im Tagebuch des Hausdieners Emanuel Rak, der fast zehn Jahre dem Erzherzog diente, lesen wir: „Der Hohe Herr pflegte gegen neun Uhr aufzustehen und ließ sich zum Frühstück nichts als einen leeren Tee und eine Semmel bringen. Von der aß er nur die Rinde. Das weiche Innere ließ er stehen. Manchmal bestellte er auch Scheiben von dünnem, schwarzem Haferbrot. Weiß der Kuckuck, wer ihm geraten hatte, solch eine Schweinerei zu essen! Ich bin wirklich nicht heikel, aber so was könnt nicht mal ich runterschlucken … Nach jeder Mahlzeit ließ er von jeder Speise viel stehen und ich erbarmte mich seiner beträchtlichen Reste. So teilten wir alle unsere Mahlzeiten mit dem Erzherzog."

Die entspannte, bourgeoise Philosophie des Hauses ist eine Kultur, die Fürstin Anita Hohenberg bestens vertritt. Und die patente Köchin hält für mich die authentischste aller Leibspeisen bereit: das Lieblingsessen des Erzherzogs Franz Ferdinand, Tafelspitz mit Kartoffeln und Apfelkren. Allerdings spricht meine Gastgeberin eine prophylaktische Warnung aus, bevor wir auch nur die Schlossküche erreichen. Sie gemahnt an ihre selige Mutter und verrät: „Meine Mutter nannte mich immer Köchin von Gottes Zorn!" Nun, die Fürstin scheint dazugelernt zu haben, denn die prachtvoll gedeckte Tafel im Erker des Speisesalons mit wahrlich fürstlichem Porzellan, hat mich durch einen perfekten Apfelstrudel schon im Vorfeld mit den Kochkünsten meiner Gastgeberin ausgesöhnt. Aber die Hausherrin hat mehr zu bieten, ist sie doch Hüterin des Original-Rezeptes der erzherzöglichen Leibspeise, und kredenzt uns einen Tafelspitz, den man „die Seele Österreichs" nennen könnte.

Rindfleisch gedünstet, geschmort und vor allem gekocht, das war nicht nur Kaiser Franz Josephs und des Erzherzogs Franz Ferdinand fürstliche Leibspeise, sondern ist seit Jahrhunderten der Stolz der gesamten österreichischen Monarchie – und ebenso der heutigen Republik! Zwar war, wie wir gesehen haben, die gute alte Zeit bei Weitem nicht so rosig wie ein perfektes Roastbeef, aber das tiefe Wissen um die besten Zubereitungsarten für das Fleisch von Jungstier, Kalb und Mastochsen hat uns diese Epoche eindeutig voraus. Die Liste österreichischer Leibspeisen mit Weltruhm ist so lang wie appetitanregend. Aber nichts ist so typisch für die klassische Wiener Küche und eine so erfreuliche Begleiterscheinung der k.u.k-Monarchie wie der gekochte Tafelspitz! Wie schrieb doch einst der selige Kammerdiener? „Nie fehlt an der Privattafel Sr. Majestät ein gutes Stück gesottenen Rindfleisches, das seit jeher zu seinen Leibspeisen zählt!"

Die Prinzessin Elisabeth von Luxemburg, die Mutter meiner verehrten Gastgeberin, würde staunen was aus der „Köchin von Gottes Zorn" noch geworden ist. Unser Tafelspitz nach Erzherzog Franz Ferdinand ist nicht nur meisterlich zubereitet, sondern noch dazu majestätisch serviert. Und das in völliger Abwesenheit jeglichen Personals! Die selige Mutter könnte stolz auf ihre Tochter sein! Wie sagte doch die Fürstin? „Man muss, wenn man seine Häuser öffnet, schon einiges aushalten." Da musste ich ins Detail gehen und fragte exakt nach: „Was denn zum Beispiel?" „Nun, zum Beispiel, dass die Amerikaner nach meiner Führung am Ende immer sagen: „Can we see the real princess?"

Ohne Strudel ging gar nichts beim Erzherzog …

Beste Qualität: Geschirrtuch der Sisi, unzerschlissen!

Ein gutes Stück Rindfleisch – „die Seele Österreichs"

Anita Fürstin von Hohenberg

Tafelspitz à la Franz Ferdinand

Zutaten für 6 Personen:
750 g Rindsknochen (darunter sollten ein paar Markknochen sein)
1,2 kg Tafelspitz
Salz, Pfeffer, Lorbeerblatt, Knoblauch
2 Karotten
1 Petersilienwurzel
1 Stange Sellerie
1/2 Zitrone
Schnittlauch zum Bestreuen

Die Knochen mit kaltem Wasser waschen, blanchieren, erneut waschen und eine halbe Stunde kochen lassen. Das Fleisch mit den Gewürzen in das kochende Wasser einlegen.

Das geputzte und zerkleinerte Gemüse hinzufügen und alles langsam garen lassen.
Ist das Fleisch nach rund 4 Stunden weich, wird es gegen die Faser (!) in Scheiben geschnitten, auf einem tiefen Teller angerichtet und mit der Rindssuppe begossen, gesalzen und mit Schnittlauch bestreut. Dazu kann man Kümmelkartoffeln servieren.

Tipp: Apfelkren als Beilage
300 g säuerliche Äpfel geschält und gerieben mit 3 EL Apfelessig, 1 TL Zucker, Salz, 20 g geriebenen Meerrettich und 1 EL Öl mischen und in Einweckgläser füllen.

Maria Prinzessin zur Lippe

Leibspeise: Hecht nach Blumenthaler Art

Forsthaus Blumenthal

Es wird manche Leute sehr überraschen, mich in einem Kochbuch zu finden.

Maria Prinzessin zur Lippe

Vor den Toren der Hauptstadt, nur 30 Kilometer östlich von Berlin, liegt eine Gegend, die selbst innerhalb unserer Landesgrenzen wenig bekannt ist, jedoch landschaftlich so reizvoll und interessant, dass sie als Naturpark ausgewiesen wird. Wie schön, dass sich dies noch nicht herumgesprochen hat. Keine touristischen Trampelpfade, keine Reisebusse und kein Streichelzoo weit und breit. Der nächste McDonald's liegt am Alexanderplatz.

Wo früher Bäume durchs Dach wuchsen und Unkraut zwischen eingefallenen Ziegeln hervorspross, dort lodert heute ein behaglich knisterndes Kaminfeuer. Wo das eingestürzte Dach der alten Scheune und marode Balken dem Verfall überlassen wurden, dort flackert Kerzenschein und fünf Kinder genießen mit Eltern und Freunden den restaurierten Landsitz mit eigenem Jagdgrund – ein ehemaliges Forsthaus, gelegen am Rande der Märkischen Schweiz, in Brandenburg. Jasmin und Rosenbüsche haben die wuchernden Brennnesseln und den hoch aufschießenden gemeinen Löwenzahn verdrängt. Gemäuer, die in den Jahren des Dornröschenschlafes verwitterten, sind einer gründlichen Sanierung unterzogen worden und heute mit jungem Leben erfüllt.

Gestaltungswille und Schönheitssinn der Besitzer sind in allen Details der um 1880 erbauten ehemaligen Oberförsterei erkennbar. Nein, es ist kein Garten, der das Bauernhaus in Blumenthal umgibt, sondern es ist ein eigener Forst mit drei eingebetteten Seen. Für Wildbret und frischen Süßwasserfang aus Blumenthalsee, Piche-See und Faulem See ist damit an der Quelle gesorgt. Und gratis gibt es dazu natürlich Seeadler, Kraniche, Frösche, Lurche und Spinnen jeglicher Art. Ach, wenn doch nur alle Menschen so leben könnten – ich glaube, in dieser Einheit von Mensch und veredelter Natur wäre unsere Welt eine bessere.

Eine natürliche Ordnung und Vielfalt umgibt die urtümliche Landschaft der fast skandinavisch anmutenden Hofanlage aus Feldsteinen, Ziegeln und Kopfsteinpflaster nebst ausgebauter Scheune – ein Hofensemble, in dem das Grün der Bäume in die Fenster hineinzudrängen scheint und das dennoch durch Schlichtheit besticht. Maria Prinzessin zur Lippe gelingt es, die Arbeit, Mühe und Sorgfalt, die in dieses Familienidyll hineingeflossen sind, zu verbergen und mit scheinbarer Leichtigkeit die praktischen Dinge des Alltags mit den Bedürfnissen der Gäste zu verknüpfen. Dies gelänge nicht ohne eine große Portion Fantasie und Kreativität. Ein Fürst-Pless-Horn hängt wie zufällig am Kleiderhaken und lockt zur Pirsch. Waidmanns Heil als Motto lässt sich nicht verleugnen. Säuberlich aufgereiht wie im Ankleidegeschäft steht eine ganze Auswahl von Westen, Jacken, Hüten und Stiefeln in sämtlichen Zwischengrößen für Menschen von 8–16 Jahren bereit und Unmengen von Schals, Handschuhen und Wollmützen liegen sortiert parat.

Traumpaar: Prinzessin Maria und Stephan Prinz zur Lippe

Holz zum Verfeuern aus eigenem Forst

Schließlich dreht sich das Familienkarussel mitsamt dem zahlreichen Nachwuchs der acht Geschwister (!) meiner Gastgeberin, sodass Cousins, Cousinen, Neffen und Nichten stets für vollbelegte Gästezimmer sorgen. Prinz Stephan zur Lippe hat nämlich in eine große Familie geheiratet!

Und er ging vor über zehn Jahren das Wagnis ein, mit seiner Familie in der versteckten Region, die sich bis zum Oderbruch erstreckt, allerhand Hektar Wald zu erwerben. Was hatte diese vergessene Region zu bieten, mag sich mancher gefragt haben, der dasselbe hätte tun können. Der Juniorchef des Hauses Lippe hätte mit der Verwaltung des Schlosses in Detmold und des alten lippischen Hausvermögens doch genug Verantwortung gehabt, zumal er in einem Nebentrakt des Schlosses eine eigene Anwaltskanzlei führt. Was reizte ihn wohl, diesen Forst in Märkisch-Oderland zu erwerben? Nun, die Zeiten ändern sich – und so auch die existentielle Erfahrung der fürstlichen Familie zur Lippe in diesem Jahrhundert. Mit dem Erwerb von Grundeigentum geht die geistige Anregung einher, sich sein eigenes Reich zu schaffen, für Arbeitsplätze zu sorgen, den Forst nutzbar zu machen. Und Prinz Stephan zur Lippe verfügt über alle Qualifikationen, seine Kenntnisse innerhalb dieser Herausforderungen zu entfalten. Zu seiner beispielhaft guten Ausbildung kommt natürlich noch der besondere Spürsinn für Projekte dieser Art: Kaum ein Wald Brandenburgs ist so reizvoll wie der Blumenthal, der sich von Prötzel bis Tiefensee erstreckt. Eingeschlossene kleine Seen zwischen lichten Schonungen, Moore sowie undurchdringliches Dickicht haben schon Theodor Fontane auf seinen Reisen begeistert, der schrieb:

„Wer um die Mittagsstunde hier vorüberzieht, der hört aus Schlucht und See herauf ein Klingen und Läuten, und wer gar nachts des Weges kommt, wenn der Mond im ersten Viertel steht, der hat über Stille nicht zu klagen, denn seltsame Stimmen, Rufen und Lachen ziehen neben ihm her."

Ja, der Blumenthal ist voll wilder Romantik, sommers wie winters. Wir sind hier in einer Endmoränenlandschaft, der Forst besteht aus Mischwald, in dem noch ein hoher Anteil der natürlichen Waldesflora – Eiche, Hainbuche, Birke und Winterlinde – erhalten geblieben ist. Und das bedeutet: ein idealer Lebensraum für Singvögel schönster Couleur. Garant für eine Komposition aller Spechtarten, begleitet von Sprosser, Kuckuck und im Frühjahr unter Mitwirkung des Pirols. Ein Tiriliiiieee mit Endlosschleife …

Der Name des Waldgebietes ist auf das Blühen eines besonders artenreichen Blumenbestandes zurückzuführen. Maiglöckchen, kleine Wiesenrauten, Glockenblumen und viele Ginsterbüsche sprießen in Hülle und Fülle. Zur Pilzzeit wachsen Maronen, Pfifferlinge und Steinpilze. Und natürlich eine Vielzahl anderer essbarer und auch giftiger Pilzarten. Ein wahres Paradies für eine Großfamilie! Man muss ja nicht unbedingt die Kinder allein zum Pilzesammeln schicken … Das erledigt die Familie gemeinsam. Derweil Feldhasen, Fledermäuse und Waschbären, die das Revier besiedeln, Abwechslung und Abenteuer genug bieten. Nach einem Eichhörnchen dreht sich ja hier schon keiner mehr um!

In der Tat betreiben die Juniorchefs des Hauses Lippe in ihrem Landsitz Blumenthal so etwas ähnliches wie eine Kinderfreizeit. Und KiTa-ähnlich mutet auch die Speisetafel an: Rund um die Uhr wird vorbereitet, aufgedeckt, abgedeckt und gesunde, frische Kost, Gebackenes und Gesottenes bereitgehalten. Spontan werde ich an diesem ursprünglichem Ort immer von Déjà-vu-Erlebnissen übermannt, die mich an die Stimmungen meiner liebsten Astrid-Lindgren-Bücher erinnern. Man muss nicht bis nach Bullerbü fahren, um glückliche Kinder ungezwungen in Freiheit und unter Gottes herrlicher Natur zu erleben. Nein, nur eine Stunde von Berlin findet sich diese Welt der Abenteuer wie aus dem Bilderbuch.

Die Freiheit, bei Wind und Wetter den Tag in der freien Natur zu gestalten, ist eine sinnliche Erfahrung, die Kindern das Rüstzeug fürs Leben vermittelt: Fairness, Verantwortung, Leidenschaft, Glaubwürdigkeit, Respekt vor Autoritäten, Höflichkeit allen Generationen gegenüber, Rücksicht und Ehrlichkeit, all diese pädagogischen Werte erklären sich in solch einem Milieu spielerisch wie von selbst. Auf Regen folgt Sonnenschein, auf ein reinigendes Gewitter saubere Luft.

Die „Mule" – der Kinder liebste Familienkutsche!

Die Rituale vieler Jagden vermitteln Kindern Regeln und Disziplin, ohne dass jemals mit erhobenem Zeigefinger gesprochen werden müsste. Es ist keine Seltenheit, früh um drei im Herbst das warme Bett zu verlassen, um im Frühnebel die Fährten des Rotwildes zu verfolgen. Der Wald ist nun einmal ein lebendes Kunstwerk, das jeden Tag anders aussieht. Das Anliegen, dies zu verwalten und weiterzugeben, eine tief verwurzelte Passion der Familie. Die Fürstenfamilie zur Lippe lebt nicht in Luftschlössern – ihre Projekte sind ausgesprochen real. Glücklich all jene, denen eine Kindheit in solch einem Klima vergönnt ist. Die hier gelebte Naturverbundenheit ist frei von Sentimentalität, Kitsch oder Inszenierung – sie ist schnörkellos und getragen von Verantwortungsbewusstsein und Familiensinn. Das Landleben kommt nicht als Pose daher, sondern es ergibt sich aus dem, was die Natur bereithält und erfordert.

Die Schönheit des Waldes hat sich in Prinzessin Marias eigener Kindheit tief eingeprägt und ihre Liebe zur Natur wurde geweckt, als sie mit den acht Geschwistern auf Schloss Laubach als Gräfin Maria zu Solms-Laubach aufwuchs. Die artenreichen Waldungen am Vorderen Vogelsberg waren bereits in ihrer Kindheit ein gigantischer Flora-Fauna-Abenteuerspielplatz. Wenngleich diese Kindheit dadurch geprägt wurde, dass ihre Mutter Madeleine Gräfin zu Solms-Laubach mit nur 36 Jahren Witwe wurde. Der frühe Verlust des Vaters mögen die jüngeren Kinder kaum bewusst miterlebt haben, aber auf die Rolle der Alleinerziehenden mit neun Kindern war die geborene Prinzessin Sayn-Wittgenstein-Berleburg wahrlich nicht vorbereitet. Und sie meisterte die ungewöhnliche Aufgabe mit Bravour, Klasse, Souveränität und Stil. Von Hause aus, so berichtet man, war Dreh-und Angelpunkt der große Reisebus, der die Geschwister zu organisierten Ausflügen transportierte – ähnlich einer Klassenreise, praktisch wie eine Schulklasse „on Tour", aber alle Kameraden von ein- und denselben Eltern. Die Geschwister blicken auf eine dennoch unbelastete und behütete Kindheit in Freiheit und liebevoller Zuwendung zurück, sicher das Verdienst der außergewöhnlich patenten Gräfin Madeleine.

Heute gesellen sich beim jährlichen Treffen 34 Enkel um ihre Großmutter, die sich als Individualistin mit ausgeprägtem künstlerischen Talent größter Beliebtheit bei Alt und Jung erfreut. Sie hat nicht nur den ältesten Sohn Graf Karl bestens auf seine Rolle vorbereitet, sie hat auch ihrer Kinderschar automatisch vermittelt, wie sich eine Großfamilie managen lässt. Und ob man kochen kann oder nicht, was soll's, die Töchter kriegen jede große Gesellschaft in den Griff und sind allen pragmatischen Herausforderungen des Alltags gewachsen.

Nach der Schneeschmelze überfluteter Bootssteg mit Eltern an der Fischtheke

In diesem Hause besitzt man vielleicht aufgrund der eigenen verwegenen Biografie die Toleranz, die Lebensentwürfe anderer zu respektieren. Und dies steht wahrlich der Tradition nicht im Wege. Dies zeigte sich einmal mehr, als ich im April der Einladung zum beliebigen fangfrischen Fisch – man weiß ja nicht, was anbeißt – am offenen Lagerfeuer nach Blumenthal folgte.

Obwohl eben nur eine Stunde von Berlin-Mitte entfernt, fühle ich mich doch wie auf einer langen Reise, als die Fahrt gen Straußberg geht. Das Konzert des Vogelgezwitschers, die Geräusche des Waldes, das Rascheln im Gebüsch und der Duft der Gehölze entspannen mich als Urberlinerin bereits bei der Anfahrt. Nein, man muss keine Pauschalreise buchen, um den Alltag hinter sich zu lassen. Aufstiebendes Federwild, Rudel und Rotten am Wegesrand werfen vielversprechende Schatten voraus, sobald man die Stadtgrenze verlässt und den Landstraßen nach Osten folgt. Bei der Ankunft erwartet uns die zierliche Prinzessin schon bestens vorbereitet mit Anglerweste und Gummistiefeln, und sie meint schmunzelnd: „Es wird manche Leute sehr überraschen, mich in einem Kochbuch zu finden."

Mit Sensibiliät und Engagement hat sich Prinzessin Maria der Grundidee, welche die entspannte Atmosphäre dieses Hauses bestimmt, verschrieben: ein Ort der Gastfreundschaft und Zusammenkunft, ein Haus für Kinder und Freunde, eine Atmosphäre der Besinnung und Erholung – und all das nur einen Katzensprung von der Museumsinsel und dem Berliner Dom entfernt!

Auf dem dampfenden Samowar wartet schon der Tee darauf, mit heißem Wasser verdünnt zu werden und der dazu gereichte Kindergeburtstagskuchen entlockt uns zahlreiche „Hmms". Das Wort „lecker" verkneife ich mir natürlich, aber dafür stippe ich … Man ist ja schließlich nur ein Mensch, und der schokoladige Teig in den Tee getunkt ist ein unwiderstehlicher Klassiker! Delikat.

Da ich mit unserer Gastgeberin seit über 20 Jahren durch gemeinsame Interessen, Erlebnisse und Freundschaften verbunden bin, habe ich mich im Laufe der Jahre automatisch in die Historie ihrer weitverzweigten Familie eingearbeitet. Ich lese eben immer gern etwas über Leute, die ich kennenlerne – dies bildet mich seit mehr als 25 Jahren.

Das Haus Lippe, dessen Anfänge bis ins 12. Jahrhundert reichen, ist ein Adelsgeschlecht von europäischer Bedeutung. Die Edelherren Hermann und Bernhard werden erstmals 1123 mit dem Familiennamen „de Lippia" – zur Lippe – genannt, was sich in Lippstadt manifestierte.

Was macht den Adel aus?
Rücken geradehalten und nicht aufgeben!

Stephan Prinz zur Lippe

Bernhard II. festigte später die Landesherrschaft auf beiden Seiten des Teutoburger Waldes, dessen Grenzen in fast unveränderter Form bis heute bestehen. Eine einzigartige Landschaft, die ihre Besucher durch die Verbindung unberührter Natur mit Kultur und Geschichte bezaubert. Nicht nur das Hermannsdenkmal, sondern auch Museen, gut erhaltenene historische Stadtkerne und das fürstliche Residenzschloss der Familie begeistern den vor allem historisch und kulturell interessierten Gast.

Auch im Hause Lippe war es mal wieder eine sehr emanzipierte und starke Frau, die Geschichte schreiben sollte: Die Gemahlin des Fürsten Leopold I., Fürstin Pauline (1769-1820), übernahm nach dem Tode ihres Mannes für den noch unmündigen Sohn die Regentschaft des Landes. Sie zeichnete sich durch staatsmännisches Geschick und ein prägendes, nahezu avantgardistisches soziales Engagement aus. Durch ihre persönliche Vorsprache bei Napoleon erwirkte sie den Erhalt der Selbständigkeit des Landes Lippe. Und mit dem von ihr gegründeten, ersten Kindergarten Deutschlands – einer „Kinderbewahranstalt" – legte sie die Keimzelle der noch heute blühenden Fürstin-Pauline-Stiftung, die Kinder, Jugendliche und alte Menschen betreut. In der Revolution nach Ende des Ersten Weltkrieges mussten nach dem Thronverzicht Kaiser Wilhelms II. am 9. November 1918 auch alle anderen Bundesfürsten auf ihren Thron verzichten. Fürst Leopold IV. zur Lippe, der Großvater von Stephan Prinz zur Lippe, dankte als letzter regierender Fürst des Hauses am 12. November 1918 ab. Damit endete die nahezu 800-jährige dynastische Verbindung des Landes Lippe mit der gleichnamigen Familie. Das Detmolder Stammschloss blieb im Familienbesitz, aber der Fürst musste sich in die Rolle des Privatiers fügen. Dazu verblieb ihm ein Vermögen, das seinen Lebensunterhalt sicherte. Er spielte dennoch, wie viele seiner Standesgenossen, zeitlebens seine aus der Geschichte gewachsene gesellschaftliche, kulturelle und soziale Rolle.

Nach dem Zweiten Weltkrieg schließlich musste sich 1947 das Haus Lippe dem neu gegründeten Nordrhein-Westfalen anschließen. Seitdem haben traditionelle Wertvorstellungen ihre Bedeutung verloren, Abgrenzungen sind verschwommen. Die Demokratie hat zum Umdenken gezwungen, seitdem 1918 der Adel abgeschafft wurde. Tempora mutantur – dass sich die Zeiten ändern, dürfte eigentlich am wenigsten den Historiker überraschen. Heute zählt mehr als nur die Herkunft. Der Juniorchef des Hauses ist sich dieser Umbrüche bewusst.

Er bereitet seine Kinder intellektuell und akademisch auf die liberalen Strukturen unserer demokratischen Gesellschaft vor und erzieht seine Schar von Prinzen und Prinzessinnen gewiss nicht für eine lebensfremde Märchenwelt.

Alle schreien „hier" als es zum Angeln geht. Denn wir wollen ja am offenen Feuer aufbereiten, was der See uns schenkt. Und da muss man mit allem rechnen: Zander, Aal, Karpfen, Hecht. Zwischen den Hügeln der Landschaft verstecken sich die malerischen Seen und entsprechend der Jahreszeit finden wir uns an einem überspülten Steg wieder. Aber Gummistiefel und wetterfeste Ausrüstung gehören zum kleinen Einmaleins der Familie. Hier gibts kein „bling-bling", hier geht es darum, warm und trocken zu bleiben.

Mit der von den Kindern sachgemäß präparierten Angel geht die Prinzessin so routiniert um, dass sich die plumpe Frage nach dem Angelschein gar nicht erst stellt. Der See ist voller Prachtexemplare, jüngst ging ein 28 Kilogramm schwerer Marmorkarpfen ins Netz. Wer Fische fangen will, braucht Erfahrung, Gespür und Glück. Den falschen Köder an der falschen Stelle zur falschen Zeit auszuwerfen, wird keinen Erfolg bringen. Erstaunlich schnell hat die Prinzessin unser Abendessen an der Angel: einen prachtvollen, zwei Kilogramm schweren Hecht. Erfolg ist eben eine Frage des Vorbereitetseins! Nach gebotenem Jubel geht es schnurstracks mit der Beute zurück auf den Hof, wo bereits die Kinder im vorgesehenen Steinkranz ein großes Feuer mit eigens gesammeltem und angeschlepptem Holz präpariert haben. Doch dies wäre zu wenig. Nun heißt es, dieses auf die erwünschte Glut zu reduzieren, um darauf grillen zu können.

In der Zwischenzeit treffen wir in der Küche die notwendigen Vorbereitungen.

Maria Prinzessin zur Lippe

Hecht nach Blumenthaler Art

Zutaten für 4 Personen:
Für den Hecht:
1 Hecht (ca. 2,5 kg)
Salz
Saft von 1 Zitrone
1 Bd. Dill
1 Selleriekopf
3 Karotten
1 Stange Lauch

Für die Beilage:
ca. 1 kg Kartoffeln
Paprikapulver
Salz
Pfefferkörner
Thymian
Rosmarin
1 Tasse Olivenöl

Hecht (Kopf und Flossen nicht entfernen) putzen, waschen, auf der Bauchseite aufschneiden und ausnehmen. Innen und außen stark salzen und mit Zitrone säuern. Dill, Sellerie, Karotten und Lauch putzen, klein schneiden und als Füllung hineingeben.

Nun wird der gefüllte Fisch in mehrere, aufeinanderliegende Schichten Alufolie eingerollt und fest verpackt. So wird er auf die Steine in die Glut des Lagerfeuers gelegt.

In der Zwischenzeit werden die Kartoffeln gewaschen, halbiert und ungeschält mit der Schnittfläche nach unten auf ein mit Olivenöl eingepinseltes Backblech gelegt. Im Mörser zerkleinert man Paprika, Salz, Pfeffer, Thymian, Rosmarin und gibt ca. 1 Tasse Olivenöl dazu. Diese sämige Masse wird kräftig durchgerührt und mit dem Pinsel über die Kartoffeln gestrichen.

Die Kartoffeln in den Backofen schieben und bei ca. 180 Grad garen lassen. In der Zwischenzeit kann die Glut im Lagerfeuer kontrolliert werden.

Bei einem Hecht von ca. 2 Kilogramm ist mit 30 Minuten Garzeit zu rechnen. Dies gelingt umso besser, wenn man wie unsere Gastgeberin mit einer Schaufel die Glut direkt über den Hecht schippt und darauf achtet, dass dieser immer gut bedeckt bleibt. Nicht zu empfehlen bei Regenwetter!

Schließlich wird der Hecht vorsichtig mit Handschuhen ins Haus getragen, ausgepackt und auf einer Platte angerichtet. Hierzu können Zitronenscheiben aufgeschnitten und Dill oder die Kartoffeln angelegt werden.

An der Tafel wird der aromatische Süßwasserfisch mit dem festen Fleisch vorsichtig filettiert.

Fangfrisch aus dem eigenen See: Gefüllt wird, was anbeißt!

Privater Kochkurs: die Prinzessin mit ihrer gelehrigen Schülerin.

Hier muss ich passen: Unsere Köchin hat mit ihrer großen Schaufel immer wieder die Glut über den Hecht geschippt!

Eine Mahlzeit in einem Wellness-Tempel kann nicht gesünder sein. Dieses Leibgericht verkörpert eine ultimative, frische regionale Küche. Fangfrisch wandert diese Delikatesse aus dem See vor dem Haus direkt auf den Teller in den Magen. Keine Zwischenlagerung, keine Transportwege, keine Genmanipulation – und bitte nie wieder Fischstäbchen …

Selbstversorger auf höchstem Niveau: meine Lieblingsgroßfamilie!

Ein Gastgeschenk der Gräfin Rixa von Oeynhausen: das handbemalte korallenrote Krebsservice

Selbst die Kleinsten konnten nach Entfernung der Mittelgräte mit den recht tückischen, zarteren Teilen des Skeletts gut fertig werden. Ob dieser Aufgabe zur Vorsicht gemahnt, war Aufmerksamkeit gefordert und dem Vorbild größerer Geschwister folgend, gab es kein Malheur mit den Gräten.

Ein buntgemischter, frischer Salat dazu und auch die Kinder dürften dieses Essen den tanzenden und singenden, bunten Produkten von Fast-Food-Ketten vorziehen. Dies mögen zwar „Lebensmittel" sein, aber Nahrung hat eine optimale, frische, natürliche Komponente, die Massengastronomie nicht zu ersetzen vermag.

Heute mag es ein frischer Fisch gewesen sein, morgen vielleicht Wildbret, was meine Gastgeber erbeuten. Wenn andere zum Metzger gehen, brechen im Morgengrauen die zukünftigen Fürsten mit der Büchse in den Wald auf. Zahllose Trophäen zeugen von den waidmännischen Erfolgen der begeisterten Jäger. Meine Gastgeber sind auch auf dieser Ebene einander ebenbürtig: Den ersten Hirsch erlegte die Prinzessin 1992 in Laubach, mit 24 Jahren.

Und ihr 18-Ender, der mit einer Goldmedaille ausgezeichnet wurde, stammt vom September 2010. Prinz Stephan, der seit seiner Kindheit jagt, hat diesen Vorsprung mit seiner Goldmedaille für einen abnormen 22-Ender ausgeglichen.

Der Kampf der Geschlechter geht also vorerst unentschieden aus. Jäger sind aus gutem Grund konservativ: Sie haben ihre eigene, alternative und nachhaltige Lebensform.

Was woanders plötzlich Trend ist, gehört beim Waidmann seit Jahrhunderten zur Normalität. Jäger waren schon immer „bio". Sie verwerten Spezialitäten aus der Region und garantieren für Nachhaltigkeit. Der Besitz eines Reviers ist wahrlich nicht nur ein Vergnügen, sondern eine Leidenschaft. Und dies ist nicht die einzige, die Prinz und Prinzessin zur Lippe teilen. Da fährt der Gast nicht nur gesättigt heim, sondern gleichzeitig beseelt vom Mythos Wald. Und wiedermal hat sich gezeigt, was Adel wirklich ausmacht: Rücken geradehalten und nicht aufgeben! Schon gar nicht beim Sanieren eines Anwesens. So fahre ich nicht ohne Wehmut heim.

So möchte ich mich jetzt auch ernähren. Aber ob das klappt? Es geht ja nicht darum, dass ich keinen See habe, aus dem ich mir den Hecht hole. Ich frage mich, wie mache ich das bloß mit dem Lagerfeuer in meiner Stube?

Sophie Gräfin zu Trauttmansdorff-Weinsberg

Leibspeise: Reis Trauttmansdorff

Gut Vösendorf

Der Milchreis lehrt,
aus bescheidenen Mitteln Großes
entstehen zu lassen. – *Désirée*

Wenn man sich davon berühren lassen will, wie lebendig Geschichte noch immer ist, dann öffnet auch das Kulinarische dazu eine Tür. Denn die Lebensmittel und Zutaten, mit denen gearbeitet wurde, sind im Verlauf der Jahrhunderte die gleichen geblieben. Die Liebe zum Kochen war schon immer die entscheidende Essenz hausfraulicher Bemühungen. Und es gab eine Zeit, da band man sich eben noch eine Schürze um, selbst wenn das Kleid darunter bescheiden war, und rührte eine halbe Stunde im Topf, um die perfekte Konsistenz hinzubekommen. Heutzutage hingegen trommelt man ungeduldig mit den Fingern auf der Tischplatte, wenn sich auf dem Laptop ein Browserfenster nicht flink genug öffnet, und Muttis stampfen mit dem Fuß auf, wenn die Mikrowelle ganze sieben Minuten benötigt, um die TK-Kost aufzuwärmen.

Es gibt zwei Dinge, die ich an der Mikrowelle hasse: Erstens ist es unnatürlich heiß – und ganz besonders in der Mitte. Die Temperatur ist nicht ebenmäßig und beträgt ungefähr soviel Grad wie flüssiges Magma aus dem Erdkern hat. Zweitens ist die Speise mit einer Art Haut überzogen, die man erst durchstechen muss, es liegt ein eigentümlicher Glanz über dem Gericht, und es wirkt irgendwie müde und in sich zusammengepappt. Essen aus der Mikrowelle ist brühendheiß und sieht trotzdem nicht gekocht, sondern auf den Teller geklatscht aus. Wer den schleimigen Brei, der handelsüblich als Milchreis zu haben ist, ablehnt und es eilig hat, der kann mittlerweile Milchreis in Tüten kaufen. In heiße Milch einrühren, ausquellen lassen, nach drei Minuten fertig. Und dank „Heißer Tasse" kann man durch Aufbrühen mit kochendem Wasser in drei Minuten sogar Spaghetti Bolognese, ein Gzediner Goulasch und Hong-Kong-Ente zaubern. Bitte tut mir den Gefallen und reißt einmal eine Tüte auf, um anzuschauen, wie das Hexengemisch ausschaut, welches wir unseren Lieben einverleiben wollen. Im Falle des Milchreises ist es ein weißliches Pulver, das an Vogelfutter erinnert. Nach optischer Begutachtung möchte man es zur Wildfütterung im Winter ausstreuen. Es staubt ein wenig und eignet sich hervorragend als Schmirgelpulver zur Reinigung von verbrannten Kochtöpfen. Dafür kaufe ich immer den Milchreis in der Tüte. Auch hartnäckige, verkeimte Flecken im Bad, gegen die sonst kein Kraut gewachsen ist, lassen sich damit mühelos entfernen. Ob man wohl sein Glück mit solch einem Milchreis finden kann?

Zwei Künstlerinnen im Rausch der Farben

Ein guter Milchreis ist ein Versprechen! Ein „Arme-Leute-Essen", das den Aufstieg in höchste gesellschaftliche Kreise geschafft hat – da muss was dran sein! Betrachtet man die Zutaten alter Rezeptbücher, so bestechen diese durch ihre Einfachheit, Schlichtheit und Natürlichkeit. Niemand in der Schlossküche hat sich auf den Weg gemacht, um beim Asiadiscounter nach der tiefgefrorenen Stinkfrucht zu suchen. Man hat mit Zutaten gearbeitet, die immer vorrätig sind und in großen Mengen aufbewahrt werden können. Außerdem hat man nicht für drei Leute gekocht sondern für 30 bis 300. Mehl, Reis, Zucker, Kartoffeln, Zwiebeln, Äpfel, Eier können säckeweise aufbewahrt werden und sind Basis für zahllose Variationen. Dazu noch Dosentomaten und Nudeln, und Sie brauchen einen ganzen Monat nicht mehr einkaufen zu gehen. Alte Schlossrezepte in Kombination mit modernen Haushaltsgeräten, die das Schlagen und Rühren übernehmen, sind das Praktischste, was es gibt – wenn man sich nicht ausgerechnet die Schwanenpastete in Aspik herauspickt.

Man sieht es ja am Milchreis: Die Zutaten finden sich in jedem Junggesellenhaushalt und sollten bei keiner Outdoorexpedition als Survivalfood im Rucksack fehlen. Rundreis, Milch, Zucker, Zimt. Da wir Gourmets sind, erweitern wir unsere Liste, wenn wir nicht gerade in den schottischen Hochebenen campen, noch um eine Zitrone, Schlagsahne und Früchte nach Wahl. Das Allerwichtigste allerdings sind ein Topf und ein Holzlöffel, am besten mit Loch. Wer ganz verwegen plant, der wird sogar erkennen, dass ein Schneebesen wahre Wunder vollbringen kann. Der Rest ist Chemie. Denn der schlichte Milchreis birgt ein Geheimnis:

Die im Rundreis enthaltenen kurzkettigen Stärkemoleküle werden gelöst und dicken die Milch ein, während der Reis quillt. Das Ergebnis ist eine sämige, weiche Konsistenz, in der die einzelnen Körner nicht zermatscht, sondern noch erkennbar sind. Ähnlich wie bei Spaghetti lässt das Grundrezept unendliche Varianten zu: Mit Zucker und Zimt wird Milchreis warm als beliebte Hauptmahlzeit für Kinder, gerne aber auch als Zwischenmahlzeit oder Nachtisch kalt gereicht. Pur genossen, mit Honig drauf, hat er ebensoviel Flair, wie mit Roter Grütze, Erdbeeren, Rhabarberkompott oder Apfelmus. Oder wie wäre es serviert mit Blaubeeren, gequetschter Banane oder Dosenpfirsich? Wem das alles zu hausbacken ist, der schichte filettierte Mangostücke in mehreren Lagen abwechselnd mit dem Milchreis in eine große Glasschüssel und halte diese prinzipiell immer im Kühlschrank bereit. Damit kann man sich die Liebe der Familie geradezu erpressen! Schwache Gemüter sind natürlich verführt, in schlaflosen Nächten in die Küche zu schleichen und bei Kerzenschein im Nachthemd eine ganze Familienportion zu verdrücken. Man stirbt davon aber nicht. Ich weiß es, denn ich bin unter Einsatz meines Lebens schon mal einer eisgekühlten Mousse au Chocolat für acht Personen erlegen. Sie hatte eine perfekte Temperatur, kurz vor dem Gefrierpunkt, und ich wusste nicht, ob es noch eine Creme oder schon Schokoladeneis ist – da habe ich mich der Sünde ergeben und wurde zum willigen Sklaven meiner zart auf der Zunge dahinschmelzenden Mousse au Chocolat. Spätfolgen waren nicht festzustellen.

Man muss die Zubereitung des Milchreises immer im Auge behalten, damit er nicht anbrennt – nix da mit „schnell ein Vollbad nehmen" während er ausquillt … Überhaupt gibt es allerhand Erfahrungswerte, die in keinem Kochbuch stehen: Ich nehme für Milchreis immer einen Topf aus Metall oder Glas, keine Keramikbeschichtung oder Ähnliches. Die Milch muss auch nicht kochen, sie muss nur heiß sein. Nach dem Einstreuen kann man die Herdtemperatur drosseln, sodass der Reis dann in ca. 40 Minuten ausquellen kann. Immer mal umzurühren oder am besten mit einem Schneebesen den Bodensatz zu lockern, ist der Trick. Eventuell nach Bedarf etwas Flüssigkeit dazugeben, falls der Reis zu viel Milch aufsaugt.

Eine ganz alte Methode, die in neumodischen Familien mit der 100.000 Euro teuren Luxusküche umjubelt wird, ist, einen Liter Milch mit Zucker und einer Prise Salz zum Kochen zu bringen und zwei Tassen Milchreis unterzurühren – dann den Topf vom Feuer nehmen, mit einem großen Tuch zubinden und ihn unters Federbett stellen! Dann quillt der Reis von ganz allein. Und Sie können in Ruhe baden. Nach einer Dreiviertelstunde ist alles fertig – ohne Anbrenngefahr. Ja, sowas habe ich von Großmutter gelernt, aber heute springen Omas lieber im lila Leopardentigerprint im Bauchtanzkurs herum und pilgern nach Indien zum Tantrakurs. Angesichts steigender Stromkosten wird der alte Federbett-Trick seine baldige Renaissance erleben. Je verwöhnter die Kinder sind, desto beeindruckter sind sie von den alten Hausmitteln wie dieser Wärmezelle eines Federbettes.

Wie konnte nun aber dieses bescheidene Mahl die Tafeln der Haute Cuisine erobern? Die Erfolgsgeschichte des Milchreises beginnt in Skandinavien – wo man, wie wir inzwischen dank zusammenbaubarer Billigmöbel, die sperrige Namen tragen, wissen, dem Schlichten prinzipiell huldigt. Flickenteppiche liegen dort selbst in Schlössern, und im Schweden der bezaubernden gustavianischen Stilepoche hat man sich von Vergoldungen jeglicher Art angewidert abgewandt. Die sparsamen Schweden bevorzugten verhaltene Farben, die bestenfalls mit Silber kombiniert wurden. Barocker Protz war in Skandinavien schon immer verpönt und will sich auch mit Elch- und Rentiermotiven nicht so recht kombinieren lassen. Wer sich an den einfachen Dingen des Lebens berauschen will, dem wird das in Skandinavien, der Hochburg des Minimalismus, vermittelt. Der bescheidene Milchreis ist Teil eines jeden traditionellen skandinavischen Weihnachtsessens, egal ob bei arm oder reich. Dieser Brauch hat sich bis nach Dänemark, Finnland, Norwegen und Island durchgesetzt. Kein Wunder, blühten doch schon immer in einer Region, in der es sechs Monate zappenduster ist, Fantasie, Fabeln, Märchen und Sagen. Dort, wo die Kobolde ein wildes Dasein führen, überall da ist der Milchreis nationales Leibgericht. Am Heiligen Abend wird sogar, so will es der Brauch, für die im Haus behilflichen Wichtel ein Schüsselchen Milchreis in den Stall gestellt – sonst bereiten die Elfen und Kobolde im kommenden Jahr desaströsen Ärger! Und wer will es darauf schon ankommen lassen? In einem Land, in dem der Weihnachtsmann nahe des Polarkreises sein Zuhause hat, legt man sich besser nicht mit den Zwergen an … am Ende stecken die Fabelwesen doch alle unter einer Decke! Zusätzlich enthält die Milchreisschüssel zum Weihnachtsfest oft eine Mandel. Wer sie auf den Teller bekommt, der heiratet im darauffolgenden Jahr, so will es der Volksglaube. Der Milchreis lehrt also, aus bescheidenen Mitteln Großes entstehen zu lassen. Das liegt mir ja auch im Blute. Also ruhe ich in meinem hauswirtschaftlichen Pflichtbewusstsein nicht eher, bis ich dem Geheimnis um die Krone aller Milchreisspeisen auf den Grund gegangen bin: dem legendären Reis Trauttmansdorff!

Das österreichische Adelsgeschlecht, welches der veredelten Delikatesse zu ihrem Siegeszug verholfen hat, scheint der einfachen Speise so verfallen gewesen zu sein, dass es sie für würdig befand, per Namensgebung zum Teil der Familie zu machen. Wenn Reis Trauttmansdorff gut genug war, um Feldherren zu stärken, reizt es mich, den entscheidenden, kleinen Unterschied herauszufinden, der den guten alten Milchreis zur Delikatesse dieser Offiziersfamilie gemacht hat.

Ehrgeizige Hausfrauen auf höchstem Niveau!

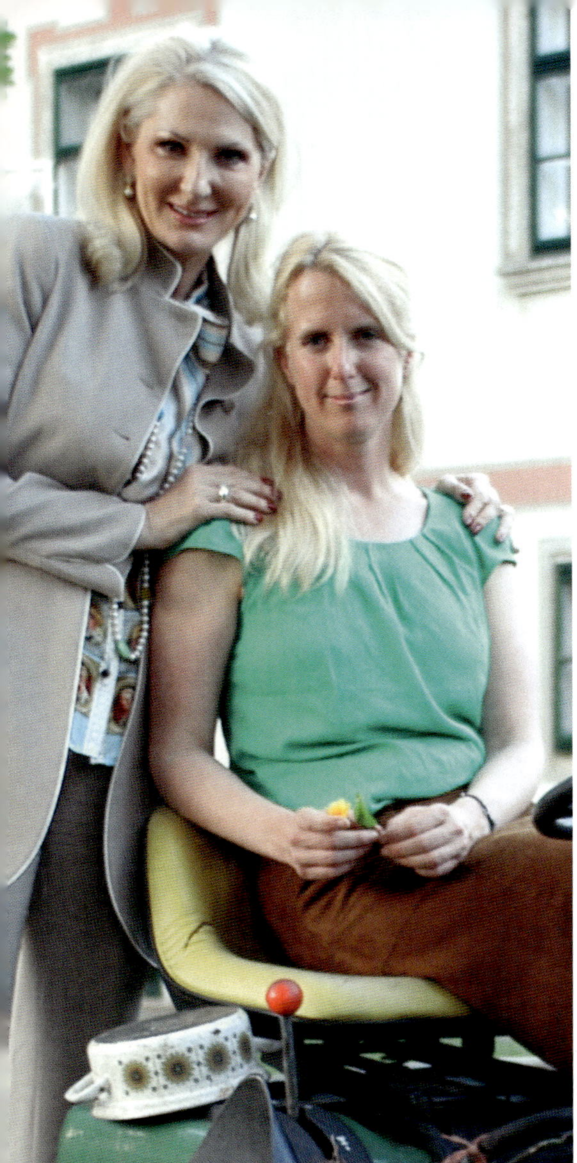

Zwischen Traktor, Kochtopf und eigenem Atelier: Multitalent Gräfin Sophie!

So zögere ich nicht, mich bei meiner Freundin Sophie Gräfin zu Trauttmansdorff-Weinsberg, Hüterin des Geheimrezeptes, zu der Leibspeise des Hauses einzuladen. Welch ein zauberhaftes Motiv für eine Geschäftsreise, wegen einer Schale Milchreis nach Wien zu pilgern, wo Gräfin Sophie im Künstlerviertel am Spittelberg lebt. Während ich es mir zum Ziel gemacht habe, alte Rezepte neu zu beleben, widmet sich die begabte Künstlerin einem uralten Kunsthandwerk: den virtuellen Welten der Dekorations- und Illusionsmalerei!

Ja, die Familie, welche maßgeblich am Zustandekommen des Westfälischen Friedens beteiligt war, der das Ende des Dreißigjährigen Krieges besiegelte, hat eine ganze Reihe von bildenden Künstlern hervorgebracht und über die Jahrhunderte künstlerischer Kreativität stets einen hohen Stellenwert eingeräumt. Meine Freundin Sophie pflegt dieses Talent als Teil ihres Erbes mit Verantwortung, Respekt und Hingabe. Und so öffnet mir die Blondine die Tür ihres versteckten Domizils in bunt beklecksten, abgeschnittenen Jeans, mit hochgebundenen Haaren und einem herzlichen Lächeln. Es gibt kein Klingelschild, das den klangvollen Namen, den die Familie seit dem 17. Jahrhundert trägt, verrät. Stammvater ihres Familienzweiges ist kein geringerer als Maximilian Reichsgraf von und zu Trauttmansdorff-Weinsberg, Freiherr von Gleichenberg, Neuenstadt am Kocher, Negau, Burgau und Totzenbach, Herr zu Teinitz, Ritter des Goldenen Vlieses, Kaiserlicher Geheimer Rat, Kämmerer und Obersthofmeister. Der Mann hatte was auf dem Kasten, soviel steht fest. Die Trauttmansdorffs sind offenbar aber auch den Zuckerbäckerverlockungen der k.u.k.-Monarchie gefolgt – sie waren Süßschnäbel! Sehr sympathisch!

Die Fürstenwürde war der Lohn für die diplomatischen Geschicke unter Kaiser Ferdinand II. und Ferdinand III. im 17. Jahrhundert. Maximilian Trauttmansdorff fädelte Bündnisse ein und wurde 1634 zum Minister berufen. Schließlich schenkte ihm der Kaiser als Dank für seine Erfolge Stadt und Amt Weinsberg, was der edle Mann dann aber zehn Jahre später an Württemberg zurückgab. Der gräfliche Diplomat war mit Gräfin Sophie Pálffy verheiratet, aus der Ehe gingen neun Kinder hervor. Eine Nachfahrin des Mannesstammes ist auch meine liebe Freundin, die schon die Schürze umgebunden hat, damit kein Spritzer Milch auf ihre bekleckste Malerhose gelangt. Eine unverdorbene Mädchenhaftigkeit haftet der Gräfin an, und mit einem Flair edler Boheme hat sie sich auch ihr behagliches Heim gestaltet. Dass hier eine Dame lebt, sieht man sofort. Eine blau gewischte Küchen-Essecke legt Zeugnis von dem künstlerischen Feingefühl ab, welches meine Gastgeberin auszeichnet. An einem Farbton wird schonmal tagelang gerührt! Und dort, wo weiße Wände waren, blicken wir durch ein Fenster in den blau-gewölkten Himmel einer Ideallandschaft.

„In Schlössern, Kirchen und Klöstern, ja selbst in Bauernhäusern war Wand- bzw. Illusionsmalerei früher das Normalste von der Welt", sagt Sophie Trauttmansdorff, während sie die Zutaten für den weltberühmten Milchreis ihres seligen Vorfahren bereitstellt. Ihre Leidenschaft für ihren Beruf kann die Malerin nicht einmal beim Kochen verhehlen, denn kaum schneidet man das Thema an, sprudelt es aus ihr heraus:

„Wir müssen ja nicht gleich zur Höhlenmalerei und zur Antike zurückgehen, aber halten wir fest, dass Wandmalerei seit der Renaissance hoch im Kurs stand, wovon man sich beim Besuch fast jeden Kirchenhauses oder Schlosses überzeugen kann", sagt sie. Die Einführung der Perspektive gab den Malern das Mittel in die Hand, echte räumliche Illusionen zu schaffen, was den Seitenzweig der Trompe-l'œil-Malerei, der Kunst der Täuschung des Auges, begünstigte. „Im Barock wimmelte es nur so von Pantheons und Putten an Decken und Kuppeln", weiß die Gräfin und sie erläutert: „Ohne Wandmalerei ist es früher nie gegangen, ob es sich nun um die orientalische Ornamentik oder die figurative Kunst in unseren Breiten handelte. Und das beschränkte sich keineswegs auf Schlösser und Kirchen, sondern ging wie in der Lüftlemalerei bis in die Bauernhäuser mit ihren dekorierten Kästen und Fensterrahmen." Mit ihrer Firma Murals.at verleiht Gräfin Sophie dem alten Kunsthandwerk zeitgenössische Impulse. Und sie hat sich ihr Arbeits-Atelier dort eingerichtet, wo sie die andere Hälfte ihres Daseins verbringt: auf dem elterlichen Betrieb in der Nähe Wiens! Dort bewirtschaftet die Landfrau Felder, Wiesen und Ländereien. Zwischen Ackerbau, Traktorfahren und Feldarbeit Raum für so eine exklusive Leidenschaft zu finden und diese beiden Welten zu verknüpfen, macht Sophie wohl zur kleinsten Randgruppe der Welt – ich kenne keine Zweite von ihrer Art. Die Veredelung von Natur und Kultur verschmelzen bei der Gräfin zu einer Einheit.

Während wir also in der Küche plaudernd das Gericht zubereiten, welches ihren Namen trägt, erfrage ich, wie das künstlerische Talent vom Hobby zur Profession werden konnte. Im Jahr 1996 machte sich meine Gastgeberin als „Illusions- und Dekorationsmalerin", wie sie sich nennt, selbständig und hat sich mit ihrem Mitarbeiterstab in der Zwischenzeit derart erfolgreich etabliert, dass Aufträge nicht nur aus Österreich und dem nahen Ausland, sondern aus ganz Europa, ja sogar aus Amerika und Dubai kommen. „Die Wandmalerei ist meine Berufung und mein Weg. Meine Aufträge geleiten meinen Weg", sagt die gläubige Katholikin. Schweren Herzens lässt sie dafür ihre beiden Esel, die Pferde und das geliebte Alpacca Anton zurück, denn immer setzen die Aufträge große Mobilität voraus.

Ich komme in den Raum,
spüre, was er braucht, und
lasse mir etwas einfallen.

Sophie Gräfin zu Trauttmansdorff-Weinsberg

Macht mehr Scheunen zu Ateliers! Die Gräfin produziert Kunstwerke am laufenden Band.

Und sie hat mehr als nur eine Passion: Alpacca Anton, Esel und Pferde sorgen fürs Kontrastprogramm.

Blondinen beim Kochen

Mit 50er-Jahre-Utensilien kommt die Gräfin zum perfekten Ergebnis …

… des berühmten Milchreises, der ihren Namen trägt!

Den Palast eines Oligarchen zu gestalten, dauert dann eben ein ganzes Jahr – und die bodenständige Gräfin zögert nicht, um die Welt zu reisen, um in den Objekten ihrer Auftraggeber ideale Welten zu erschaffen. Mit schöpferischer Kraft verwirklicht sie sich in mediterranen Landschaften, das Meer glitzert marineblau, die Hügel leuchten sanft und grün im Sonnenlicht, exotische Pflanzen wuchern, Vögel wie aus einer anderen Welt bevölkern den Himmel. Dann sind da noch Korallenriffe, Schildkröten und Singvögel, täuschend echt wirkende künstliche Holztüren und Marmorwände, Balustraden und Säulen – unter den Händen der Gräfin verwandeln sich weiße Wände in fabelhafte Szenerien.

Das Schönste an ihrer Arbeit sei die erste Berührung, sagt Sophie Trauttmansdorff: „Ich komme in den Raum, spüre, was er braucht, und lasse mir etwas einfallen. Da fließt und funkt etwas zwischen mir, dem Raum und dem Kunden, und dann entsteht etwas Einmaliges – dieser Moment ist das Faszinierendste an meinem Job." Zu diesem schöpferischem Akt bedarf es nicht nur Sensibilität, Spontaneität und Kreativität, sondern auch kunsthistorischer Bildung und Technik.

Zuletzt stellte Gräfin Sophie all das in den Hamptons, einer Landzunge außerhalb von New York, unter Beweis: „Ich gestaltete mehrere Räumlichkeiten eines Besitzes und bezog das vorhandene Setting in meine eigenen Landschaftsgemälde mit ein: den Kolonialstil des Hauses, das Schilfland, das es umgab, die Karomuster der Terrazzoböden, die ich nachbildete." Auffallend ist die Detailtreue und Genauigkeit ihrer Arbeit.

Ihre gemalten Welten, obwohl Werke reiner Fantasie, zeichnen sich durch einen ungeheuren Realismus aus. Alles ist sauber und fein herausgearbeitet. Besonders liebt sie es, in der perspektivischen Malerei Unendlichkeit zu suggerieren. Sophie Trauttmansdorff spricht über ihre Arbeit fast mit einer religiösen Hingabe. Die Vorstellung aber, der Job erschöpfe sich darin, in verträumter Weise Traumwelten zu erschaffen, lehnt sie energisch ab: „Es geht um ganz anderes, nämlich darum, meinen Kunden professionelle Problemlösungen zu liefern, Räume um- und neuzugestalten. Ich berate meine privaten und gewerblichen Kunden in puncto Sujets, Interieur, Dekoration, Farben. Man kann schief gelaufene Interieurs durch Eingriffe dieser Art wieder ‚reparieren und kaschieren'. Und in Cafés, Restaurants, Wellnesshotels, Krankenhäusern, Büros oder Shopping Center ist Atmosphäre überhaupt das A und O der Motivation."

Wer so detailverliebt plant, denkt und arbeitet, wer so voller Hingabe seine Aufgaben analysiert und Projekte leidenschaftlich umsetzt, der serviert auch einen Milchreis so, als ginge es ums Ganze. Da wird nichts auf die Schnelle hingehudelt, da wird mit der berühmten Speise dem großen Namen alle Ehre gemacht. Der fertiggestellte Milchreis muss erst einmal abdampfen und wird dann in eine kalt ausgespülte Milchreisform gefüllt, die zwar hochmodern aussieht, aber ein Original der 50er-Jahre ist. Auch der fast schon antike Elektroquirl, mit dem die Gräfin die Sahne steifschlägt, stammt aus dem letzten Jahrhundert. Alles an dem geschmackvollen Singlehaushalt ist von erlesenem Vintage-Appeal und femininem Charme. Die erlauchte Gräfin überzeugt mit Talent und Bescheidenheit.

Auch beim Kochen. Mit Schlagobers und Gelatine verfeinert, wird aus dem schlichten Milchreis Hochkultur! Die Krönung erfährt die Speise durch das beigefügte rote Kompott. Gestürzt und angerichtet ergibt sich ein verlockender Anblick, der in weiß-roter Ästhetik reduziert daherkommt, aber mit seinen unterschiedlichen Konsistenzen als raffiniertes Geschmackserlebnis aromatisch überzeugt. Es ist nur Gutes drin, im Reis Trauttmansdorff – genau wie in Gräfin Sophie!

Einmal mehr lässt sich feststellen, dass nichts im echten Adel verpönter ist, als offensives Zurschaustellen von Pomp, Prunk, Pracht und Protz. Tand und Talmi sind heutzutage wahrlich die Markenzeichen von Bling-bling-Billigmarken, die mit ihren pompösen Kronenmedaillons nicht weiter vom Adel entfernt sein könnten, als der Nordpol vom Südpol.

Sophie Gräfin zu Trauttmansdorff-Weinsberg

Reis Trauttmansdorff

Zutaten für 2 Personen:

Für den Reis:
500 ml Milch
50 g Zucker
1 Msp. abger. Zitronenschale
1 Pck. Vanillezucker oder
1/2 Vanilleschote
1 Prise Salz
50 g Rundkornreis
2 Blatt Gelatine
30 g Sultaninen
2 EL Kirschwasser
150 g geschlagene Sahne

Für die Garnitur:
1 EL Sultaninen
1/2 TL Rum
je 125 g Himbeeren, Erdbeeren und Kirschen
1 EL Zucker
1 EL Honig
1 TL Pistazien, grob gehackt
etwas steif geschlagene Sahne

Die Milch mit Zucker, Zitronenschale, Vanillezucker oder dem Mark der halben Vanilleschote und Salz erwärmen. Den Reis dazugeben und bei schwacher Hitze ca. 30 Minuten weich kochen. Eventuell mit Milch auffüllen und gelegentlich umrühren, damit er nicht anbrennt.

In der Zwischenzeit die Gelatineblätter in kaltem Wasser einweichen, ausdrücken und unter den heißen Milchreis rühren. Die etwas zerkleinerten Sultaninen zum Reis geben. Den Reis abkühlen und etwas gelieren lassen. Kurz bevor die Reismasse stockt, das Kirschwasser und die steif geschlagene Sahne vorsichtig unterheben. Den Reispudding sofort in eine kalt ausgespülte Auflaufform füllen und mindestens 2 Stunden kalt stellen.

Für die Garnitur die Sultaninen im Rum einweichen. Die Auflaufform kurz in heißes Wasser tauchen und den Reis auf eine Platte stürzen. Die Früchte kurz mit Zucker in wenig Wasser einmal aufkochen und eindicken lassen. Alternativ können die Früchte mit dem Mixstab püriert werden, dabei am besten gefrorene Früchte nehmen, die leicht angetaut sind. Dieses Fruchtpüree rundherum am Reis anrichten. Den Reis mit etwas Honig beträufeln und mit den Pistazien, der steif geschlagenen Sahne und den Sultaninen garnieren.

Alexandra Herzogin von Croÿ

Leibspeise: Russisches Festmahl Kulebjaka

Haus Merfeld, Dülmen

Ich habe aus Paris beibehalten,
zweimal am Tag warm zu essen!

Alexandra Herzogin von Croÿ

In einem 360 Hektar großen Naturschutzgebiet im Dülmener Bruch weiden 400 Wildpferde auf riesigen Koppeln unter freiem Himmel. Hätte Alfred von Croÿ nicht im Jahre 1845 die letzten 40 wildlebenden Pferde einfangen lassen und für deren Arterhaltung gesorgt, wäre die kleinwüchsige Rasse mit dem großen Kopf und dem Aalstrich auf dem Rücken längst ausgestorben. Am letzten Samstag des Monats Mai strömen nun seit dem Jahre 1907 dank des Erhalts dieser Rasse bis zu 20.000 Besucher zum Merfelder Bruch, um den traditionellen Wildpferdefang mitzuerleben, bei dem die Jährlingshengste eingefangen und versteigert werden.
Wer steckt hinter diesem einzigartigen Schauspiel? Wer macht so etwas, frage ich mich?

Nun, meine Reise auf den Spuren fürstlicher Leibgerichte soll mich an einen Ort wenige Kilometer jenseits der Stadt Dülmen führen, wo mich Herzog Rudolph Carl Rupprecht von Croÿ und Herzogin Alexandra mit ihren sechs Kindern, Erbprinz Carl Philipp, Xenia, Marc Emanuel, Heinrich, Sandro und Anastasia, zum Mittagessen erwarten. Und natürlich noch viel mehr als das: Ritter, Rösser, Geschichte, Kruzifixe, Wappen, Tradition und Ahnengalerien.

Bis ich das 500 Jahre alte Haus Merfeld erreiche, stellt sich schon bei der Anreise ein Zauber von Ruhe und Abgeschiedenheit ein. Idyllisch schmiegen sich Reste einer Gräfte um das Backstein-Anwesen, das zwischen alten Bäumen hervorlugt. Die anliegende Kapelle geht auf das 15. Jahrhundert zurück. „Archäologen haben hier die alten Gräber von Rittern und Geistlichen gefunden“, erklärt der Herzog, während er uns wie aus dem Ei gepellt im Lodenjanker am Portal freundlich und aufgeschlossen empfängt. Ein vornehmer, 56-jähriger Herr, geradlinig und zurückhaltend, doch verbindlich und einfühlsam im Auftreten.

Man merkt sofort: Historie ist nicht nur sein Lieblingsthema, sondern sein Element. Er vermag mühelos große Zusammenhänge mit spielender Leichtigkeit zu verknüpfen. Kein Wunder, wenn man aus einer Familie stammt, die auf die Ritter des Goldenen Vlieses zurückblicken kann und selbst gern den Blick auf die historische Vergangenheit der eigenen Vorfahren richtet.

Erbprinz Carl Philipp ist der Herr der Dülmener Wildpferde der nächsten Generation.

Urahnen von einst hängen verteilt im Haus Merfeld – als Ahnengalerie versteht sich. Während andere im Treppenhaus ihre Poster platzieren, findet man sich hier in einer Kunstsammlung wieder. Wer einmal die Stiege bis zum Obergeschoss erklimmt, nimmt an einem Rundgang und einem Streifzug durch die Familienhistorie teil. Dabei kommt nichts pompös daher, ganz im Gegenteil. Und über jedes einzelne der Exponate, Familienwappen oder Portraits weiß Herzog Rudolph detailliert zu berichten. Ja, man könnte ihm stundenlang zuhören, denn die Selbstverständlichkeit, mit der er historische Zusammenhänge erläutert, hat den Flair des Understatements und führt spielend von einem Jahrhundert ins nächste.

Das Adelsgeschlecht derer von Croÿ, das sich bis in die 1. Hälfte des 12. Jahrhunderts zurückverfolgen lässt, stammt ursprünglich aus der Picardie in Frankreich und hat sich alsbald in diverse Linien aufgespalten. Vorfahre aller heute lebenden Familienmitglieder ist Emmanuel Herzog von Croÿ, der von 1718 bis 1784 lebte. Als am 9. Februar 1801 beim Abschluss des Friedens von Luneville Besitzungen in den Niederlanden verloren gingen, erhielt das Haus Croÿ 1803 die Herrschaft Dülmen. Man siedelte dort an und baute das Stadtschloss.

Der 14. Herzog von Croÿ, Carl Emanuel Ludwig, heiratete 1953 Gabriele Prinzessin von Bayern. 1954 schließlich wurde Tochter Marie-Thérèse geboren und 1955 ihr Bruder – nämlich mein leibhaftiger Gastgeber Herzog Rudolph Carl Rupprecht. Dieser bedauert zutiefst den Verlust der in den Kriegswirren verlorenen Latifundien: „Unser Stadtschloss fiel im Zweiten Weltkrieg den Bombenangriffen zum Opfer. Sechs Wochen vor Kriegsende, am 26. März 1945, wurde es komplett zerstört. Man hat sogar die Bilder aus den Rahmen geschnitten. Vieles konnte nicht gerettet werden, Antiquitäten, Gemälde, Porzellan und andere Kostbarkeiten." Man möchte das gar nicht vermuten, denn antikes Mobiliar, Uhren, Dekorationen, Memorabilia, Silber und Porzellan sind trotz allem überall präsent. Und immer wieder edle Rösser in allen Varianten. Sie sind überall vertreten, man begegnet ihnen auf Kissen und Untersetzern, in Form von Bronzefiguren, auf Buchcovern und alten Stichen, kurz: so wie ich es mit den Möpsen halte. Geht es also um „Pferdestärken", leuchten die Augen des Herzogs.

Vor dem roten Hintergrund der Wände des Salons kommen die Gemälde wundervoll zur Geltung. Porzellanfigurinen, die höfische Jagdszenerien nachstellen, nehmen in einem Alkoven einen zentralen Platz in diesem Salon ein. Das faszinierende Nymphenburger Jagdensemble in grün, bestehend aus verschiedenen Skulpturen von Reitern hoch zu Ross, erinnert an einen Tafelaufsatz für eine königliche Jagdgesellschaft. Dem Aristokraten sind die Fortführung der alten Traditionen und Aufgaben seines Geschlechts das wichtigste, und darüber herrscht Einigkeit im Hause Merfeld. Alle acht Familienmitglieder lieben den Reitsport, gehen gemeinsam zur Jagd, sind interessiert an Geschichte und Philosophie, würdigen Bildung, Kunst und Wissenschaft.

Eine Sammlung von zahllosen Kruzifixen weckt mein Interesse, da die Symbolik davon zeugt, dass christliche Rituale im Zyklus des Kirchenjahres ganz natürlich in den Alltag integriert werden. So zum Beispiel die Fastenzeit. Die Herzogin sagt: „Am meisten beeindruckt hat mich meine jüngste Tochter – sie verzichtet komplett und mühelos auf alle Süßigkeiten und das freiwillig und aus eigenem Antrieb.“ Doch auch mit Rosenkranz und Bibel auf dem Nachttisch muss Religiosität nicht bedeuten, dass spartanische Kargheit Maßstab der Erziehung ist. Weit gefehlt, denn in Alexandra Herzogin von Croÿ begegnet mir wahrlich eine Fee aus dem Bilderbuch: Die zierliche 50-Jährige, die glatt für 40 durchgehen könnte, hat ellenlanges blondes Haar, trägt Jeans und wirkt wie ein junges Mädchen – so tanzt sie auch, sobald sich die Gelegenheit auf Festen bietet. Eigentlich sollte sie den Titel tragen: „Ihre Hübschigkeit“.

Einem Naturwunder gleich, sieht man der Herzogin die sechs Kinder in keinster Weise an, sondern hält sie sogar für die Schwester der ältesten Tochter. Die attraktive Herzogin hat sich eine zeitlose Mädchenhaftigkeit bewahrt, die allen Klischees spießiger Biederkeit trotzt. Mühelos kann sie mit ihren Töchtern die Gaderobe tauschen, da gibt es kaum einen Unterschied im Look. Dem russischen Grafengeschlecht Miloradovich entstammend, wurde Herzogin Alexandra bei ihrem Großvater Zdenko Freiherr von Hoenning-O’Carroll auf Schloss Sünching, einem der schönsten Barockschlösser Bayerns, geboren. Der Baron selbst hatte 13 Geschwister – ein absolutes Spitzenreiterergebnis seines gutaussehenden Vaters, dessen erste Ehefrau neun Kinder gebar und dessen zweite Ehefrau fünf. Wer in solch einem kinderreichen Milieu aufwächst und erlebt, wie ein großes Haus geführt wird, dem erscheint eine Großfamilie bald als Normalität. Da kommen ja zum engsten Familientreffen schon 371 Personen – bei mir gäbe es einfach immer Brunch!

Als Alexandra zehn Jahre alt war, zog man nach Paris, dem Geburtsort ihres Vaters, wo sie das Abitur machte und studierte. Aber noch einmal zurück zur bewegten Familiengeschichte: Im Jahre 1917 hatte Alexandras Großmutter das Glück, mit der Mutter von Zar Nikolaus II. auf einem Schiff, welches König Georg V. von England geschickt hatte, aus Russland fliehen zu können. Wie viele vertriebene Offiziere musste der Goßvater zunächst sein Geld als Taxifahrer in Paris verdienen – was ihn nicht daran hinderte, gewissen aristokratischen Ritualen treu zu bleiben: Nichts hielt ihn davon ab, beim Snack auch im Taxi mit gebügelter Serviette und Silberbecher zu speisen. Er blieb seinem Stil treu. Später wurde der Großvater Antiquitätenhändler, und seine Gattin, eine geborene Prinzessin Troubetzkoy, die als Hofdame eine Ausbildung zur Krankenschwester bekommen hatte, ging diesem erlernten, bürgerlichen Beruf nach. Sie gebar ihr erstes Kind als sogenannte Spätgebärende mit 40 Jahren, und es wurde seinerzeit als ein Wunder erachtet, dass sie „in diesem biblischen Alter“ noch niederkam.

Pferdestärken und Heraldik dominieren das traditionelle Interieur des herzoglichen Domizils.

Unter solch erschwerten Umständen lautete das Prinzip von Alexandras Vater: Wir haben zwar kein Kapital, aber gerade deshalb müssen wir unseren Kindern Erziehung und Bildung vermitteln. Kommt mir bekannt vor. So war es normal, dass alle Schwestern an der Sorbonne studierten. Die Herzogin hat drei Magister und eine Doktorarbeit über die russischen Dissidenten in Deutschland vorzuweisen. Man darf spekulieren, dass Alexandra wohl einen Franzosen geheiratet hätte, wenn sie nicht im riesigen Kreise ihrer großen aristokratischen Verwandtschaft frühzeitig ihrem Mann begegnet wäre. Obwohl, von Kennenlernen kann eigentlich gar nicht die Rede sein, denn als Oheim 5. Grades war Rudolph eigentlich schon immer präsent. „So zog ich alsbald nach Merfeld", so die Herzogin. Nach vielen nächtelangen Gesprächen hatte es schließlich gefunkt zwischen der damals 20-jährigen Alexandra und ihrem Herzog. Am 24. Oktober 1987, immerhin fünf Jahre später, wurde auf Schloss Sünching geheiratet.

Ein Leben in der Stadt scheint mir bei Herzog Rudolph unvorstellbar, ebenso eine Partnerin, die nicht reitet. Schnell offenbart der Herzog außer den Pferden seine zweite Leidenschaft – und siehe da, fast hätte ich es mir gedacht: Es ist die Jagd. Nie habe ich von jemandem ein derart flammendes, überzeugendes Plädoyer vernommen: Mutter Natur produziere in Vorbereitung auf Seuchen, Hungersnöte und Klimakatastrophen mehr Leben als sie erhalten könne. Alles Leben konkurriere um Nahrungsraum. Das Gleichgewicht natürlicher Auslese ist durch den Menschen und nach Ausrottung der Raubtiere durcheinandergeraten und es sei ein Urgesetz, dass bei natürlicher Selektion nur der Stärkere überlebe. So verhungerten beispielsweise schon im ersten Winter bereits 50 Prozent der Population gewisser Vogelarten.

Jede Geburt ist anders.

Alexandra Herzogin von Croÿ

Ja, die Natur sei grausam und die Stadtbevölkerung käme oftmals mit viel zu romantischen Vorstellungen aufs Land. Stimmt! Man möchte eine schöne Landhausküche und kreischt laut auf, wenn eine blutige Maus zwischen den Zähnen einer Katze zappelt. Man vergisst, dass ein Wolfsrudel zum Überleben in der Wildnis jeden zweiten Tag ein Stück Wild reißen muss. Die Jagdsaison gehört nun einmal zum Jahreskreislauf, so wie man die Ernte einfährt. Durch Reduktion des Wildes wird für die „Ernte" im Wald gesorgt. Die Jagd erfordere Wissen, Handwerk und Charakterstärke. Spätberufene, welche die Jagd als Fashiontrend begreifen, um schicke Lodenklamotten vorzuführen, müssen in diesem Lichte zwangsläufig den Waldbesitzern suspekt erscheinen.

Mutter Natur hat auch ihre Macht im Hause Croÿ gezeigt und nachweislich Spuren in der Biografie von Herzogin Alexandra hinterlassen: Die zierliche, sechsfache Mutter hatte allerhand Fehlgeburten zu verkraften. Wie konnte die zarte Person bloß diese Schwangerschaften durchstehen, frage ich mich. Ein Phänomen, der Rolle der Frau mit allen Konsequenzen zu entsprechen.

Und heutzutage auch eine Seltenheit. Doch wie bitteschön, kann man gleich eine ganze Serie von Fehlgeburten wegstecken? Die Herzogin findet die Antwort im Glauben: „Dadurch ist mir das große Glück, sechs gesunde Kinder zur Welt gebracht zu haben, nur noch bewusster geworden." Wenn man jahrelang in Schwangerschaft verbracht hat, vermag dieser „Ausnahmezustand" vielleicht auch ein stückweit als Normalität zu erscheinen, sinniere ich. Die intime Plauderei übers Kinderkriegen mit der Herzogin ergibt sich völlig zwanglos. „Ich hatte zwei Notkaiserschnitte", räumt sie ein, „die ich als viel schlimmer empfand als eine natürliche Geburt. Aber ich hatte das Glück, immer liebend gerne schwanger gewesen zu sein, und wenn es Unannehmlichkeiten gab, hatte das einen tollen Grund."

Ich erinnere mich an Alexandras Großmutter mütterlicherseits, eine geborene Prinzessin Lobkowicz, die mit nur 33 Jahren bei der Geburt des elften Kindes gestorben war. Das sind ja wirklich ganze Sportvereine, die weiland eine Frau entbunden hat. Welch ein Frauenschicksal, ein Dasein zwischen Entbindungen, Geburtswehen und Kindbett zu fristen, und, kaum dass Erholung eintritt, erneut geschwängert zu werden … Sicher gab es damals Ammen, aber die Kinder musste man schon selbst austragen. Mit drei Entbindungen stoßen heute weniger robuste Frauen bereits schon an ihre körperlichen Grenzen der Belastbarkeit. Und wem der Kinderwunsch auf natürlichem Wege nicht vergönnt ist, der mietet sich heutzutage – so wie es die Hollywoodstars tun – die Gebärmutter einer Leihmutter. Was für ein Sciencefiction-Szenario aus damaliger Sicht. In katholischen Kreisen mag es zwar noch achtfache Mütter geben, aber sicherlich steht dann auch ein Palast zur Verfügung, in dem sich die Kinderschar verläuft. Ein Hoch auf die Familienplanung! Wer wäre heute noch solchen körperlichen Strapazen gewachsen? Herzogin Alexandra fasst pragmatisch zusammen: „Jede Geburt ist anders." – Und ich glaube, das hätte auch eine der Vorfahrinnen mit zehn Kindern festgestellt.

Ob die Herzogin sich all diese Erfahrungen auch für die eigenen Töchter wünschen würde, frage ich, und die Antwort kommt prompt: „Natürlich!"

Das große Glück, welches die Eltern im Hause von Croÿ vorleben, scheint mir eine Gnade, die nur wenigen vergönnt ist. Denn eine Garantie für eine gelungene Ehe und ein geglücktes Liebesleben gibt es bei standesgemäßen Verbindungen, wie die Erfahrung immer wieder zeigt, ebenso wenig wie bei den Bürgerlichen. Wenngleich man sich dort eher trennt, statt in Stagnation eine Verbindung, für die der Treueschwur geleistet wurde, auszusitzen. Wie heißt es doch: „in guten und in schlechten Zeiten" – und letztere dauern manchmal an „bis dass der Tod euch scheidet". Nun, der Herrgott möchte mit Sicherheit, dass wir zur besten Version unserer selbst, zur eigenen Vollendung finden, und im Hause der Herzöge von Croÿ stößt man auf das ideale Familienleben. Der Tradition verpflichtet bleibt man in diesem Klima ganz gewiss. Mit einigen Lockerungen allerdings, denn Kochen – oh ja, das können inzwischen im Hause Croÿ nicht nur die Töchter.

So begleitet uns der Hausherr in die helle, sonnige Küche und fix bereitet er uns mit ein paar Zitronenscheiben eine frische Limonade zu, die in einer schönen Karaffe serviert wird. Ja, auch Mineralwasser kann geradezu fürstlich daherkommen, allein weil es mit Sorgfalt und Liebe präsentiert wird. Die Herzogin sagt: „Mein Mann ist sehr genügsam. Bei uns muss es nicht viel, aber gut sein." Nun, ich würde sagen, die russische Küche zeichnet sich definitiv dadurch aus, dass sie in riesigen Mengen aufgetischt und gut vorbereitet werden kann – eine ideale Voraussetzung für die großzügige Bewirtung von Gästen, oder eben Großfamilien.

Und unsere Leibgerichte im Hause Croÿ sind ein russisches Festival – ein buntes Potpourri eines reichen Festmahls.

Alexandra Herzogin von Croÿ

Bestens vorbereitet präsentiert Alexandra Herzogin von Croÿ ihre russische Leibspeise, eine Kulebjaka – eine typische Moskauer Spezialität, die ähnlich wie Piroggen zubereitet wird, aber eine längliche Form hat und höher ist. Man kann sie statt des Fischs auch mit Hack füllen.

Kulebjaka

Zutaten für 4 – 6 Personen:

700 g Zander
1 Zwiebel
150 g Champignons
110 g Butter
Salz und Pfeffer
50 g Grieß
Hefeblätterteig aus 400 g Mehl oder TK (aufgetaut)
4 – 6 Blinis
5 hartgekochte Eier
gehackte Petersilie
gehackter Dill
1 Eigelb

Den Fisch häuten, entgräten und aus dem Abfall eine Brühe kochen. Das ausgelöste Fischfleisch zerkleinern. Die klein gewürfelte Zwiebel und die blättrig geschnittenen Champignons in 100 g Butter mit Fischbrühe dünsten, das Fischfleisch hinzufügen, mit Salz und Pfeffer würzen und garen.

250 ml Wasser mit der restlichen Butter und einer Prise Salz aufkochen, Grieß hinzufügen und zu einem dicken, krümeligen Brei ausquellen lassen.

Den Hefeblätterteig auf einem bemehlten Tuch etwa 30 x 35 cm ausrollen. Halbseitig mit der Hälfte der gebackenen Blini belegen. In die Mitte die Hälfte des Grießbreis aufstreichen. Die Hälfte der in Scheiben geschnittenen Eier darauf anordnen. Die Fisch-Pilzmasse darüberhäufen und glatt streichen. Darauf die restlichen Eischeiben, den Grießbrei und die Blinis geben. Mit Petersilie und Dill bestreuen.

Mithilfe des Küchentuches die freie Teighälfte darüberklappen, die Ränder fest zusammendrücken und mit der Nahtstelle nach unten auf ein mit Wasser abgespültes Backblech legen. Teigreste in Blätterform oder als Gitter zum Verzieren verwenden und mit Eigelb bepinseln.
Mit einem spitzen Messer dekorative Einschnitte machen und bei ca. 150 Grad etwa 40 Minuten backen.

Statt kochen reicht manchmal schon schnippeln: Rote Beete und Selleriesalat.

Neumodisch: der Backofen auf Augenhöhe

Die hervorragend mundende russische Fisch-Pie, diese dekorative, mächtige Blätterteigrolle, wird an der Tafel in dicke Scheiben aufgeschnitten und steckt optisch voller Überraschungen. Sie kann als Mahlzeit ebenso wie als Mittelpunkt eines Buffets kalt serviert werden und eignet sich bestens, quasi wie ein Apfelstrudel, in aller Ruhe vorbereitet zu werden, um dann nur kurz vor dem Servieren ein wenig erwärmt zu werden. Die Zubereitung insgesamt macht allerdings Arbeit und ist nichts, um nebenbei auf die Schnelle „gezaubert“ zu werden.

Drei Gänge gibt es bei uns nur, wenn Gäste kommen.

Alexandra Herzogin von Croÿ

Ein Mittagessen im kleinsten Kreis besteht aus 8 Personen – und die Herzogin kredenzt es „mit links"!

Die Herzogin hat zwar Hilfe im Haushalt, aber keine Köchin. Einkauf, Planung und Zubereitung der Kost für die große Familie liegt einzig in der Hand der Hausherrin. Nun, ein russisches Festmahl kommt sicher nicht täglich auf den Tisch, aber auch im Alltag liegt die Mindestmenge, die von den Lieblingsspeisen der Kinder, nämlich Spaghetti, Spinat oder Käsesoufflé, zubereitet werden muss, bei zehn Portionen.
Da findet sich hoffentlich immer ein Kind, welches beim Großeinkauf zur Hand geht. Eine Kulebjaka reicht gerade einmal für eine Mahlzeit der großen Familie aus. Immerhin erlaubt sich die Herzogin eine gewisse Praktikabilität im Alltag und bekennt: „Drei Gänge gibt es bei uns nur, wenn Gäste kommen." Mit der Hausfrau geradezu mitfiebernd, atme ich bei diesem Geständnis erleichtert auf.
Allerdings gleicht die Herzogin gleich wieder ihre Maxime aus, indem sie hinzufügt: „Ich habe aus Paris beibehalten, mittags und abends warm zu essen. Einen Auflauf oder ein Soufflé zu machen, ist praktischer, als ein Abendbrot zu decken." Wie sie bei alldem ihre schmale Silhouette bewahrt, wird wohl ewig das fürstliche Geheimnis bleiben. Märchenfeen werden eben nicht dick, basta!

Man pflegt im Hause von Croÿ mit den Kindern in der dritten Person zu sprechen. Der Grund ist schlicht. Die Herzogin dazu: „Meine Mutter sprach einst so, und ich habe es übernommen." „Kommt er mit reiten?", fragt da die Herzogin den Erbprinzen Carl Philipp schon mal. Und garantiert findet sich immer ein Sohn, der antwortet: „Ja, er kommt mit" – oder eine Tochter die sagt: „Ja, sie eilt schon!" Ich bin sicher, die glückliche Tochter, die mit den Enkelkindern der Herzöge von Croÿ niederkommen wird, vermag die Konversation in dritter Person ebenso spielerisch an ihre Kinder weiterzugeben:
„Hat er wieder die Windel voll?" So setzt sich Tradition fort. So überdauern althergebrachte Gepflogenheiten den Wandel der Zeit. Wie die Rezepte – sie existieren, weil sie funktionieren.

Dass dieser tollkühne Plan, die direkte Rede in der 3. Person an die Nachfahren weiterzugeben, im Hause derer von Croÿ klappen wird, das sagt mir irgendwie mein Gefühl … Schließlich haben die Herrschaften ja auch die Dülmener Wildpferde mit vorausschauenden Maßnahmen vor dem größten Malheur zu bewahren gewusst, welches eine Dynastie ereilen kann: dem Aussterben!

Rixa Gräfin von Oeynhausen

Leibspeise: Frischlingsbraten mit Früchten des Waldes

Forsthaus Rusterhof

Es gibt nichts Schöneres auf der Welt, als im Morgengrauen im Wald nach dem Rechten zu sehen.

Rixa Gräfin von Oeynhausen

Der bunte Reigen meiner Gastgeberinnen besteht aus alten und neuen Bekanntschaften, aus Busenfreundinnen, Weggefährtinnen, geschätzten Nachbarinnen, Seelenverwandten, Weiterempfehlungen innerhalb der Verwandtschaft und vor allem Neuvorstellungen per Mundpropaganda. Eine Teilnehmerin allerdings steht für sich selbst und bildet konkurrenzlos ihre eigene Kategorie. Sie ist eine Institution! Meine sehr verehrten Damen und Herren, Vorhang auf für (Trommelwirbel und Tusch) Rixa Gräfin von Oeynhausen, *the most sexy hunting lady ever!* Ja, sie ist die Königin des Waldes – und sie hat selbst im Abendkleid die Hosen an, meine hochverehrte, wunderbare Rixa Gräfin von Oeynhausen! Die legendäre Waidmännin straft sämtliche Klischees über Frauen am Abzug Lügen. Mit perfekten, langen, blutrot lackierten Fingernägeln schultert die Gräfin die Büchse und hat nur einen Wunsch: fit sein, wenn zum Halali geblasen wird, denn die Jagdsaison bestimmt ihren Terminkalender.

Der gemeine Städter kann sich einfach nicht vorstellen, in welchen Momenten Gräfin Rixa ihre ganz persönlichen Höhepunkte erfährt. Die Amazone hat ein Leben lang begeisterte und engagierte Jagdfreunde getroffen, und es zieht sie immer wieder dorthin, wo Hochsitze und Jagdgründe Waidmannsheil versprechen. In Deutschland gehen neuerdings immer mehr junge Frauen auf die Pirsch. Schon 20 Prozent aller Kursteilnehmer zum Jagdschein sind weiblichen Geschlechts. Rixa gilt als die Pionierin, die Dame, die mit der Machete in der Hand den Pfad durchs Dickicht geschlagen hat, damit ambitionierte Ladys heute mit einer Lizenz zum Jagen nicht mehr als „Flintenweiber" belächelt werden.

Rixas Liebe zum Wald ist fanatisch. Und ich bin fasziniert von Rixa, weil ich bis dahin nicht wusste, dass man leidenschaftlich nicht nur den Wald lieben kann, weil er „das grüne Meer" ist, sondern weil man als emanzipierte Frau dort gerne Beute macht. Und die Gräfin hat sich hartnäckig in der Hirarchie einer Männerdomäne höchsten Respekt erkämpft. Mit diesen Wesenszügen gehen selbstredend Werte, Traditionen und Charaktereigenschaften einher, welche die Persönlichkeit einer Frau in eine ganz bestimmte Form meißeln. Treffsicherheit zum Beispiel! Entschlossenheit und Pragmatismus. Wer die Welt durchs Fadenkreuz betrachtet, reißt sich eben am Riemen, wenn das Leben es verlangt – jammern, zetern, mosern, nölen oder lamentieren liegen ihr nicht. In unserer Gesellschaft, wo alles so beliebig und schablonenhaft ist, erstrahlen Unikate und Individualisten umso mehr. Mit oberflächlichen Dingen, durch die andere sich trösten oder ablenken lassen, weiß die Gräfin nichts anzufangen. Und irgendwie hat dieser Individualismus aus der Gräfin eine Einzelkämpferin gemacht. Das beginnt schon beim Kaffee, den sie mir zur Begrüßung serviert. Handgebrüht!

Zwei charakterfeste Persönlichkeiten, unbeugsam und anständig: behütete Gräfin mit bemützter Autorin.

Und nie und nimmer könnte man die Gräfin mit so überflüssigen Dingen wie einem Induktionsherd oder anderen neumodischen Raffinessen beeindrucken. Wer soviel Outdoor-Höhepunkte erlebt hat wie Rixa, wer auf der Pirsch großgeworden ist, wer nur zu gut weiß, dass es nur eines Lagerfeuers bedarf, um den köstlichsten fangfrischen Fisch zu genießen, der kommt auch mit einem alten Backofen klar, der nur zwei Einstellungen hat: Ein und Aus. Für Rixa ist Modernität gleichbedeutend mit Beratungsresistenz.

Die Gräfin ist eine Frau mit knallharten Prinzipien und man muss sie einfach lieben dafür. Nein, auf der Etage möchte sie wirklich nicht leben, jede bescheidene Datsche im Baltikum mit ein paar Kräutern und einem Apfelbaum vor der Tür wäre ihr lieber als das coolste Penthouse in einer Wolkenkratzermetropole mit Sushi-Lieferservice. Und in ihrer Passion setzt sie strenge Maßstäbe an. Sie ist konsequent. Das kommt schon von der Jagdhundabrichtung, die sie perfekt beherrscht. Ich erfahre, dass unausgelastete und unterforderte Jagdhunde im Alltag mit allerhand Kapriolen nerven können. Es sei denn, man beschäftigt die Jagdhelfer auch in der Freizeit sinnvoll. Das verschafft der Familie Ruhe und erhält des Hundes jagdliche Fitness. Ratsuchenden in ihrer Domäne gibt die Gräfin umfassend Schützenhilfe.

Dabei sieht die auf den ersten Blick burschikos wirkende Dame immer das große Ganze und begnügt sich nicht mit oberflächlichem Smalltalk. Für die Gräfin mit der Flinte sind selbst Landkinder keine echten Landkinder mehr. Denn deren Mütter sind „Stadtmäuse“. Und das kann nichts Gutes bringen. „Eine Generation auf der Etage und die Sache ist gelaufen“, betont sie. Trotz aller Metropolenskepsis ist Gräfin Rixa in jeglicher Hinsicht weltgewandt. Eine Dame, die man an einer Tafel neben jeden setzen kann: vom Bauern bis zum König. Ich glaube, bei Letzteren macht sie sich am besten. Sie sollte mal dem König von Spanien erklären, wie man Büffel und Elefanten erlegt, ohne sich dabei die Hüfte zu brechen. Dennoch vermute ich, ein Leben in der Stadt wäre für die Gräfin wie eine Haftstrafe. Allein der Wald schenkt nach Rixas Auffassung unserer Existenz die Grundlage für ein menschenwürdiges Dasein.

Rixa Gräfin von Oeynhausen muss auch nicht einkaufen gehen. Was Wald und Forst nicht liefern, braucht der Mensch einfach nicht. Andere gehen in den Supermarkt, Rixa pflückt Bärlauch, Brennnesseln, Löwenzahn und Pilze, bereitet sich Schlehensaft, Quittengelee, Holunder und sammelt Beeren – und sie hat selbst erlegt, was auf ihrem Speisezettel steht. Gräfin von Oeynhausen liefert wahrlich eine Theraphie gegen jedweden Shoppingwahn. Sie vermag den gehetzten Städter von all seinen Blockaden zu befreien. Würde man Gespräche mit der Gräfin vom Therapeuten auf Rezept verschrieben bekommen, gäbe es kein Burn-Out mehr.

Eine Generation auf der Etage und die Sache ist gelaufen.

Rixa Gräfin von Oeynhausen

Stress und Hektik engagierter Großstadtmenschen, die zwischen Terminen, Telefonkonferenzen, Devisenmarkt, elektronisch transportierbarem Geld,Videoüberwachung, Flugreisen und einem ständig anhaltenden Wettlauf gegen die Uhr „auf Achse“ sind, ringen der Gräfin nur ein mitleidiges Lächeln ab. „Was den Menschen heute fehlt, ist die Sicherheit und Geborgenheit einfach zu leben, ohne sich bedroht zu fühlen“, sagt sie.

Den Errungenschaften unserer Zeit steht sie skeptisch gegenüber. „Nahezu grenzenlos in allen 24 Zeitzonen gleichzeitig zu leben und zu arbeiten, macht die Menschen unfrei.“ Was für erlösende und weise Worte! Da klingt ein Guru durch, der Seminare für stressgeplagte Manager leiten sollte und ihnen wieder das Holzhacken beibringt. „Holz ist ein einsilbiges Wort, aber dahinter verbirgt sich eine Welt der Märchen und Wunder“, sagt sie. Kleingeister, Spießer, Dummköpfe, sie alle beißen sich an Rixa die Zähne aus. Und sie werden auf ihre Plätze verwiesen – mit Schachmatt-Argumenten wie: „Es ist eben sehr schwierig mit Leuten zu argumentieren, denen jegliche Basis fehlt!“ Peng! Man mag die Gräfin als exzentrisch belächeln, aber man hängt an ihren Lippen, denn sie hat recht. Erläutert sie doch druckreif, wie die Elektronik nur neue Abhängigkeiten schaffe. „Je intensiver die Leute mit ihren weit entfernten Geschäftskunden in Kontakt stehen, umso intensiver machen sie sich gegenseitig abhängig. Darin liegt doch das Problem.“ Mit ihren Thesen kann die Gräfin manchen Soziologen Paroli bieten.

Sie ist von altem Schrot und Korn und ich bewundere die eiserne Haltung, mit der sie ihre Auffassungen vertritt. Besonders liebe ich es aber, mit Rixa über Feindbilder zu sprechen. Denn sie nimmt kein Blatt vor den Mund und macht keinen Hehl aus ihrer Haltung. Liebstes Feindbild: Kochsendungen! „Man macht den Fernseher an und überall laufen diese Kochsendungen – aber noch nie wurde in Deutschland so schlecht gegessen wie heute!“ Auch hier kann man sich Widerspruch sparen. „Die Leute setzen sich ja nicht einmal mehr hin zum Essen“ Stimmt! „Döner, McDonald’s, Sushi, Fast Food, Currywürste, alles wird unterwegs im Stehen, oft sogar im Rennen nach der Tram reingepfiffen.“ Wo sie recht hat, hat sie recht. Ich will gar nicht erst fragen, was sie davon hält, dass heute Mütter ihren Kindern Quarkspeisen und Joghurt aus Lutschtüten anbieten, die man sich über eine schnabelartige Tülle in den Mund spritzen muss … „Gute Sachen von früher kauft doch kein Mensch mehr. Schweineohren und Zunge zum Beispiel“, sagt sie und zündet sich einen langen, braunen Zigarillo an. Allein schon mit welch lässiger Geste die Gräfin das silberne Feuerzeug am Rauchertisch ablegt, hätte eine Elisabeth Flickenschildt vor Neid erblassen lassen.

Mehr braucht es nicht um weihnachtlich-festlichen Glanz zu schaffen: ein nicht-elektrifizierter Kronleuchter mit echten Kerzen und Mistelzweigen.

Aber meine liebe Freundin, die in Gummistiefeln ebenso eine gute Figur macht wie im Cocktailkleid, erinnert sich auch gern an gute Zeiten – an Zeiten, da im familiären Schloss ein glasierter Schweinekopf mit Halskrause und Zitrone im Maul die Tafel krönte. Sie weiß, wie das Führen eines großen Hauses funktioniert, denn sie ist dort aufgewachsen. Aber kochen konnte sie anfangs überhaupt nicht. Sie wusste kaum, wo im Schloss sich die Küche befindet. Erst ihre Studienzeit in Berlin, wo sie in den wilden 70er-Jahren beim Lette-Verein eine Ausbildung zur Fotografin machte, weckte ihr Talent für die Hauswirtschaft. Verwandtschaftlich bestens vernetzt, bezog sie gemeinsam mit ihrem Vetter Rudolf Prinz zur Lippe in der Meinekestraße am Kurfürstendamm eine große Altbauwohnung. Schnell gaben sich in diesem Hause Verwandte, Künstler, Politiker und Akademiker die Klinke in die Hand und es etablierte sich eine Art „Salon“. Ein Berliner Community-Netzwerk, eine Umschlagzentrale für Kontakte, lange bevor es Facebook gab! Zu diversen Anlässen oder Premierenfeiern im Rahmen der Berliner Festwochen hieß es über kurz oder lang: „Was sollen wir ins Restaurant gehen, feiern wir doch bei Rixa!“ – und pötzlich hatte sich eine ganze Gesellschaft zum Essen angesagt. Auf die Frage an Vetter Rudolf, der behände zahlreich die Gäste einlud, wer denn kochen solle, antwortete dieser: „Na ich hab doch jetzt dich – nun mach mal.“ Auf diese Weise genötigt, irgendetwas zu servieren, entdeckte die Gräfin ihren Ehrgeiz und das Talent, die wunderbarsten Diners zu arrangieren. „Ich habe auf diese Weise die tollsten Leute kennengelernt und mich aus dem Stand zur Gastgeberin und Köchin entwickelt.“ Mit diesem Talent wäre Rixa in heutiger Zeit prädestiniert gewesen, eine weitere „Eventagentur“ am Prenzlauer Berg zu gründen.

Mit links also schüttelt sie nach jahrzehntelanger Erfahrung ein vorweihnachtliches Abendessen in der Adventszeit für mich aus dem Ärmel und weiß am frühen Morgen selbst noch gar nicht so recht, was sie kochen soll. Mal sehen, was heute vor die Büchse springt, sozusagen. Selbstverständlich ging unserem Festmahl ein Pirschgang voraus, bei dem die Waidmännin einen Frischling erlegte. So stand also fest, dass wir einen legendären Frischlingsbraten an Gemüsen, die der Wald schenkt, genießen würden. Die Dame hat sich einfach einen Jagdhut aufgesetzt, ihre Jagderlaubnis in die Tasche des Lodenmantels gesteckt, die Büchse geschultert, die Patronen nachgeladen, und dann kam sie mit etwas Essbarem zurück. Ich habe Rixa auf der Jagd erlebt: Ahnungslos wie ich bin, vermag ich doch am Auftreten abzulesen, wie es gelaufen ist. Die einen kehren fröhlich lärmend und blaurotbäckig zurück, die anderen spitznäsig, verkniffen und schmallippig bescheiden. Da braucht man keine Fragen mehr zu stellen. Die Wahrheit zeigt sich eh unaufschiebbar, wenn die Strecke gemeldet wird. Selten zählt Gräfin Rixa zu den Erfolglosen. So auch heute: „Da hängt es nun, das arme Schwein!“, denke ich mir, als ich vor dem Fenster das prachtvolle Stück baumeln sehe. Wie sie das nur wieder hingekriegt hat … Die Gräfin sagt: „Wildbret ist leicht verdaulich und macht nicht dick. Es hat mehr Blut und weniger Fett als das Fleisch von zahmen Tieren.“

Natürlich ist die Tiefkühltruhe der Jägerin prall mit dem gefüllt, was sie übers Jahr erlegt hat. Während ich auch nur einen Anflug von Unbehagen zeige, verweist die Gräfin auf ihr nächstes Feindbild: die Massentierhaltung! „Noch nie ist die Menschheit so schlecht mit Tieren umgegangen wie heute“, empört sie sich völlig zu recht. Wer was wann wo wie zu schießen habe, darüber kann sie sich in Rage reden. Wie auch über jene Politiker, die sich in die Jagdgesetze einmischen, ohne von der Materie die geringste Ahnung zu haben.

Der Herrgott hat es gut mit ihr gemeint, denn die parkettsichere Gräfin lebt in einem alten, großen Forsthaus am Rande des Eggegebirges, einem Teil des Weserberglandes in Ostwestfalen. Und hier lässt es sich aushalten. Das klassische Objekt hat die Gräfin unermüdlich mit ihrer eigenen Hände Arbeit vorschriftsmäßig aufs Edelste geschmackvoll saniert. Sie kann sich schonmal wochenlang geplagt von Gedanken an gewisse Farbnuancen zwischen einem Grau-Blau, Grün-Grau oder Taubenblau-Grau schlaflos im Bett wälzen – um sich dann für den Farbton Taupe zu entscheiden. Auf's Entzückendste hat sie mit Schlichtheit und optimaler Sachkenntnis behagliche Räumlichkeiten geschaffen, die sie zwar als bescheiden bezeichnet, die aber der Inbegriff des oft kopierten Landhauslooks sind. Und bis weiland die Mutter im Alter von 104 Jahren starb, lebte die Gräfin nicht allein in Reelsen, sondern mit der geliebten Mama zusammen und hat die geistig so rege und rüstige Dame aufopferungsvoll gepflegt. Eine Aufgabe, die ihr viel abverlangt hat, aber der sie sich mit Liebe – und, wie man sieht, lebenserhaltendem Erfolg – verschrieben hatte. Hege und Pflege liegen meiner umsichtigen Freundin im Blut. Man könnte ihrer Fürsorge die gesamte Bandbreite der Kinder Gottes anvertrauen – und zwar in all ihren Verzerrungen.

Ich wage zu behaupten, Rixa würde unter gewissen Konditionen, die die Mehrzahl aller Menschen für erstrebenswert hält, eingehen wie eine Primel. Aber sie ist ja auch anders sozialisiert. Großgeworden in Schloss Reelsen bei Bad Driburg, entwickelte sich durch das dramatische Schicksal der aus Schlesien vertriebenen Mutter eine besonders innige Mutter-Tochter-Beziehung. Die Mutter, geborene Hella von Oven, war eine preußische Offizierstochter, welche Rixa nach dem Motto „Nimm dich nicht so ernst!“ erzog. Manchmal muss man das Leben aber doch sehr ernst nehmen. Rixa verlor ihren Vater mit nur vier Jahren unter dramatischen Umständen. Als einziger von drei Söhnen war der Offizier nämlich aus dem Krieg heimgekehrt. Traurig genug. Nach Heirat und Familiengründung widmete er sich leidenschaftlich seinem Hobby, dem Springreiten – und erlag tragischerweise einem Reitunfall. „Hätte er doch nur Golf gespielt!“, sage ich zur Gräfin, die in der praktikablen Küche die ersten Vorbereitungen trifft und Tee serviert. Rixa kontert: „Das war damals noch nicht in.“ Schade. So kann die Wahl der Sportart eben doch über Leben und Tod entscheiden. Beim Minigolf wäre nichts passiert. Am besten, man spielt Schach. Danach muss man nicht mal duschen.

Vielleicht ist es die Überwindung dieses großen Schmerzes über den Verlust des Vaters, dass ich Rixa Gräfin von Oeynhausen ein so hohes Maß an Empathie und Einfühlungsvermögen bescheinigen kann. Rixas Mutter fand sich also als Alleinerziehende und als Sekretärin bei Feldmarschall von Brauchitsch wieder. Und das, nachdem ihre Vermählung als junges Fräulein mit dem Grafen Oeynhausen eh als unstandesgemäß gegolten hatte, und sie familiären Anfeindungen ausgesetzt war, da die von Ovens mit ihren „nur“ vier Besitztümern als arme Familie galten. In der kurzen Zeit des Familienglücks aber, welches Rixas Mutter beschert war, machte diese auf Wunsch des Vaters ihren Jagdschein. Und die kleine Rixa ging selbstredend immer mit und lernte die Jagd als Quell des Glücks von Grund auf kennen. Der Jagdleidenschaft blieb man als Witwe weiterhin treu und der viel zu früh abhanden gekommene Vater hätte dies sicher gern gesehen. Ich vermute, sein Geist wurde lebendig, wenn man gemeinsam die vertrauten Reviere besuchte, in denen man mit ihm glücklich gewesen war – auf dem Hochsitz zu weilen und sich seiner zu besinnen, mag eine geistige, mystische Verbundenheit erhalten haben. So blieben Werte und Leidenschaft des Vaters über dessen Tod hinaus präsent und spürbar, und die talentierte Schützin Rixa wuchs in die Männerwelt der Jagdgründe und Trophäenjäger ganz natürlich hinein. Noch dazu entpuppte sie sich als meisterliche, intelligente Schützin mit ausgeprägten Instinkten für die Jagd und wurde alsbald im Kreise der Waidmänner akzeptiert.

Aus diesem Holz geschnitzt, wittert die Gräfin sofort, wenn unlautere ethisch-moralische Beweggründe Spätberufener, Schmach und Schande im Revier hinterlassen und die Jagd in Misskredit bringen. Wie zum Beispiel die weitverbreitete Untugend, sich des Aufbrechens zu verweigern. Da gibt es bei Gräfin Rixa keine halben Sachen. Sie formuliert es knapp: „Entweder man geht zur Jagd oder man muss es sein lassen. Man kann nicht nur halb zur Jagd gehen und sich die Rosinen rauspicken. Wer Beute gemacht hat, muss auch aufbrechen." Nur in fürstlichen Betrieben hat man das Glück, dass Jagdhelfer zur Verfügung stehen, die das Aufbrechen übernehmen.

Wer nun aber meint, man habe es mit einem Feldwebel zu tun, der wird eines Besseren belehrt, wenn er die Kunstwerke der Gräfin bestaunt. Die gelernte Fotografin hat im Keller einen Brennofen und ist eine begnadete Porzellanmalerin, die mit ihrem geschulten Auge, ihrem ausgeprägten Farbensinn und ihrem Talent die atemberaubendsten Motive anfertigt. Man betrachte nur das korallenrote Tafelservice mit Krebsmotiven, welches im Alkoven des pistaziengrünen Speisezimmers ausgestellt ist. Sonderanfertigungen, Auftragswerke, besondere Anlässe, Jubiläen, Hochzeiten, Stammbäume auf Porzellan, heraldische Motive mit Familienwappen, Rixa hat unvergessene Meisterwerke produziert – jedes Teil ihrer Auftragsarbeiten ist ein Einzelstück, fernab vom Massenmarkt.

Rixa ruht in sich selbst und beantwortet die überflüssige Frage nach dem Lebenspartner knapp und präzise. „Es hat sich nicht ergeben." Thema beendet. Außer dass ich darauf anspiele, die smarte Gräfin habe bei ihren Jagdgesellschaften den ein oder anderen „Riesenflirt" gehabt. Dem ist nichts weiter hinzuzufügen. Kein überflüssiges Palaver und keinerlei Larmoyanz. Von Einsamkeit keine Spur, denn die gewachsene Gesellschaft und große Verwandtschaft, die sie umgibt, bietet endlose Möglichkeiten zur

Statt shoppen: Man kann auch zur Pirsch gehen!

Konversation und Reflektion. Rixa ist umschwärmt von Alt und Jung, Kinder beeindruckt die flotte Dame mit ihrer unverwechselbaren Persönlichkeit ebenso wie den Förster, den Waldarbeiter, die Jäger – und was außerhalb der Wald- und Forstwirtschaft stattfindet, das spielt in ihrem Leben kaum eine Rolle.

Eine Passion allerdings ist von ebenso wichtiger Bedeutung. Die Verarbeitung dessen, was der Wald uns schenkt. Die leidenschaftliche Köchin weckt ein, legt ein, kocht ein, präpariert, brutzelt, seiht durch, bewahrt auf und wirtschaftet, dass es eine helle Freude ist. Sie macht Apfelmus, Marmeladen, backt Brot, bereitet Gelees, Suppen, Geselchtes und Gesottenes. Da gibt es dann eben selbstgemachtes Waldmeisterparfait mit Holundersauce, von Zweigen, die sie mit der Küchenschere aus dem Garten geholt hat. Findet sich kein Holunder, wird eben Bärlauch gepflückt, blanchiert und tiefgefroren. Dann muss er nur noch bei Bedarf in Butter angebraten und eingekocht werden. Sodann wird ein Brühwürfel in Wasser aufgekocht, mit Bärlauch und dem Mixstab passiert und mit Schmand und einer Prise Salz abgerundet. Sei es Rhabarber, Spinat oder Brennnesseln – die Gastgeberin wirbelt durch die Küche, um immer etwas Besonderes zu zaubern, wovon Otto Normalverbraucher nicht einmal zu träumen wagt. Ob Pesto alla Genovese oder Mayonnaise, bei Rixa ist die Kost *homemade* im besten Sinne des Wortes.

Rixa Gräfin von Oeynhausen

Wildschweinrücken mit Pilzen

Zutaten für 4 Personen:
1,2 kg Wildschweinrücken
4 Lorbeerblätter
750 g kleine Kartoffeln
Salz
1 EL Kümmel
3 kleine rote Zwiebeln
750 g große Champignons
2 Zwiebeln
4 Knoblauchzehen
30 g Butterschmalz
Pfeffer
1 EL mittelscharfer Senf
250 g Schlagsahne

Die Fettschicht des Wildschweinrückens netzartig einschneiden. Die Lorbeerblätter zerkleinern und auf das Fleisch legen. Dann in Klarsichtfolie wickeln und kühlen. Die Kartoffeln mit Salz und Kümmel kochen, pellen und abkühlen lassen.

Das Fleisch in einen Bräter geben und von allen Seiten gut anbraten, danach gut mit Salz würzen. Die geschälten, zerteilten roten Zwiebeln dazulegen. Auf der Mittelschiene im vorgeheizten Backofen bei ca. 120 Grad ca. 45 Minuten schmoren. Wenn sich braune Krusten zeigen, den Boden mit Wasser bedeckt halten. Filetiert und in Scheiben aufgeschnitten wird das Fleisch dann zurück in den Schweinerücken gelegt.

Die Pilze putzen und mit den klein gewürfelten Zwiebeln und dem Knoblauch in Butterschmalz anbraten. Die kleinen Kartoffeln hinzufügen, mit Salz und Pfeffer würzen und bei mäßiger Hitze ca. 15 Minuten schmoren, ab und zu wenden.

Den Fond vom Wildschweinrücken durchseihen, mit Senf und Sahne zur Sauce verkochen, abschmecken.

Dazu passen köstlich zubereiteter Rosenkohl oder Rotkohl.

Holunderparfait auf Zwetschgenragout

Zutaten für 4 Personen:
3 Eigelb
Mark von 1 Vanilleschote
60 g Zucker
1 cl Birnenlikör oder Birnenschnaps
100 ml Holunderblütensirup
250 g geschlagenes Obers
500 g Zwetschgen
Zucker
etwas Butter
Amaretto

Eigelb, Vanillemark und Zucker über Dampf heiß aufschlagen. Dann die Masse kalt schlagen, den Birnenlikör und den Holunderblütensirup dazugeben. Geschlagenes Obers unter die Masse heben, in Formen füllen und mind. 6 Stunden einfrieren.

Zwetschgen waschen und entkernen. Zucker in Butter karamellisieren, mit Amaretto ablöschen und die Zwetschgenstücke dazugeben. Alles aufkochen und etwas eindicken lassen, abkühlen und mit dem Parfait anrichten.

Jägerin, Sammlerin, Köchin aus Leidenschaft

Bei Rixa ist alles echt: Auch der Rotkohl wird selbst gemacht.

Im Handumdrehen gezaubert: Früchte des Waldes.

Die Gräfin macht das immer so – auch wenn keine Gäste kommen. Und zum Portwein gab's „Girls' talk"!

Bei Rixa Gräfin von Oeynhausen isst das Auge mit, denn das saisonale Dekorieren der Tafel wird mit großer Sorgfalt betrieben. Mistelzweige über dem Kamin, Tannengrün auf den Fensterbänken, brennende Kerzen, geputztes Tafelsilber, die besten Kristallgläser, zurechtsortierte Moccaservices, gefüllte Wasserkaraffen, perfekt temperierte Weine, dies alles hält eine gute Gastgeberin auf Trab, bevor Besuch kommt. Und wie schön hat meine verehrte Freundin alles hergerichtet! Große silberne Platten präsentieren die reichhaltige Ernte des Waldes und man fragt sich, warum man nicht immer so lebt. Man würde von vielem genesen, gönnte man sich tagtäglich solch eine Tafel – aber der Luxus und das Privileg dieser Lebensform liegt in dem Zeitaufwand und der Freiheit, sich sein Leben nach eigener Fasson zu gestalten. Übriggeblieben ist von dieser Wildbrettafel nichts – wir haben Rixa aus der Hand gefressen! Wie das die Geschöpfe des Waldes tun. Sie hat mich ins Vsier genommen, angesprochen, angelockt und zur Futterkrippe geführt, die hervorragend bestückt war.

Dankbar und zufrieden gesellt man sich nach solch einer Raubtierfütterung in den Salon an den Kamin, um bei Mocca und Portwein exorbitanten Absurditäten freien Lauf zu lassen. Es gibt ja genügend Leute im Umfeld, über die man reden kann.

Geistig verbunden, versippt, verschwägert und verwandt mit einem Großteil meiner Gastgeber aus diesem Werk, pirscht sich meine wunderbare Rixa auch in der Konversation an heikle Themen heran und trifft mit ihren Standpunkten zielsicher ins Schwarze. Dann wäscht sie noch ab, räumt die Küche auf, entkorkt eine neue Flasche und parliert. Man kann ja auch zu späterer Stunde auf Whisky umsteigen … und zwischendurch immer wieder ein Zigarillo. Und unter Freunden nimmt man schließlich kein Blatt vor den Mund! Erst recht nicht unter Hartgesottenen. Zeit, sich auszusprechen über Stammbäume ... und all jene, bei denen der Stammbaum endet: herrlich! Wer hätte gedacht, dass im Dunst der deutschen Küche ein strahlender Stern dem Uradel im Paderborner Land entsprang, dessen wertvollste Würze der Leibspeise der Atem der Geschichte ist? Danke Rixa, für deine Schule des Lebens!

Weil ich selbst so wahnsinnig gern esse, muss es immer was Besonderes geben.

Rixa Gräfin von Oeynhausen

Elke Gräfin von Pückler

Leibspeise: Fürst Pückler Eis-Törtchen

Schloss Branitz

Ich hatte das Gefühl, endlich wieder nach Hause zu kommen!

Hermann Graf von Pückler

Mit Verlaub, ich habe mich verliebt. Und zwar in den flotten Hermann! Obwohl ich diesen Mann nie getroffen habe, ist er mir zutiefst sympathisch. Und wir sind seelenverwandt. Denn normal war der Mann nicht. Dafür hinterließ er aber Gerichte mit Geschichte! Und das nur nebenbei – denn die Welt erinnert sich an den Grandseigneur und Lebemann als an „den grünen Fürsten". Ob allerdings die Nachwelt, die von dem kulturellen Erbe, welches der Fürst mit den Schlössern Branitz und Muskau hinterlassen hat, fasziniert ist, auch den Menschen Herrn Pückler ertragen hätte, ist fraglich.

Er ist nicht ein einziges Mal den bequemen Weg gegangen. Er bot Widerstand. Er pfiff auf Normen und Maßstäbe anderer. Er hasste Konventionen. Er war charakterstark, exzentrisch und ein großer Freigeist. Ein Einzelkämpfer, der sich verlachen und verspotten ließ – es kümmerte ihn wenig. Er dachte avantgardistisch und handelte rebellisch. Vom prachtvollen Bild des idealen Schwiegersohns war er weit entfernt. Und doch will jeder teilhaben an dem Mythos um den Fürsten. Mit dem Weltkulturerbe, das er hinterlassen hat, schmückt man sich gern. Gartenliebhaber pilgern um die halbe Welt, um die Sichtachsen und Baumgruppierungen, die Wegführung der Seen- und Insellandschaft des Visionärs zu bestaunen. Denn das botanische Kunstwerk, das er schuf, ist am Ende ein ewig wechselndes Kaleidoskop im Spiegel der Natur. Der Preis dafür war hoch. Wir knüpfen an die Geschichte des Schlosses Dennenlohe an, in dem seine spätere Frau und Weggefährtin Lucie, geborene von Hardenberg, schon ihre landschaftsgestalterischen Visionen erprobte. Sie war bereits neun, als der Fürst im Jahre 1785 als erstes von fünf Kindern geboren wurde. Seine Mutter, eine geborene Clementine von Callenberg, entband ihn, als sie 15 war – und das Elend nahm seinen Lauf.

Pückler war ein Universalgenie, und nicht, dass ihm die weltberühmten Parkanlagen, die er gestaltete, genügt hätten, nein, nebenbei hat er ein umfassendes Werk von literarischen Aufzeichnungen und Büchern hinterlassen und galt bereits zu Lebzeiten als populärer Autor. Seinen Tagebuchnotizen ist es zu verdanken, dass wir nicht spekulieren müssen, sondern genau wissen, welchem häuslichen Klima er ausgesetzt war und wie es zuging anno dazumal. Nicht vom distanzierten Chronisten festgehalten, sondern vom emotionalen Autor als Information aus erster Hand, die keine Zweifel erlaubt. Er war gerade 16, da schrieb er in einem Brief an seinen Vater über seine Mutter, sie behandelte ihn wie ein Spielzeug „ohne selbst zu wissen, warum sie mich bald schlug, bald liebkoste". Zu dieser Zeit war die Mutter aus ihrer unerträglichen Ehe längst ausgebrochen. Sein Vater hatte den jungen Fürsten jedoch auch zeitlebens auf Distanz gehalten. Er hat ihn praktisch verstoßen. Der Vater wird von Pückler als „mürrisch" und „tatenarm" beschrieben. Feine Verhältnisse also!

Gräfin Elke empfängt die Autorin mit praktischem Regenschutz.

In einem Brief offenbart Pückler seine Erziehung wie folgt: „In den frühen Jahren meiner Kindheit finde ich mich in den Händen theils dummer, theils roher Bedienter, die mich ziemlich nach Gefallen behandelten." Sein jüngerer Bruder starb an der Ruhr und Hermann wuchs bei seinem Großvater mütterlicherseits, Graf von Callenberg, auf. Leider nicht lange. Denn nach dem frühen Tod des Großvaters 1792 begann für den Siebenjährigen eine Odyssee: Er wurde in eine Erziehungsanstalt nach Uhyst, dann nach Halle und schließlich nach Dessau gegeben. Die streng pietistische Erziehung an der, wie Pückler schreibt „herrenhutischen Heuchelanstalt" in Uhyst begründete seine spätere Abneigung gegen den Protestantismus. Im Jahre 1800 immatrikulierte er sich zum Studium der Rechte an der Universität Leipzig, brach frühzeitig ab und begann eine militärische Laufbahn in Dresden. Alles auf sächsisch vermutlich!

Als ihm das nicht mehr gefiel, entdeckte er seine Reiselust – er scheute keine Strapazen und ging gerne zu Fuß – bis in die Provence und nach Italien! Als er 1811 Standesherr wurde, übergab er die Verwaltung einem Freund, dem Dichter Leopold Schefer. Dieser war es auch, der ihn wenig später auf seine erste Reise nach England begleitete, und diese Eindrücke veränderten angesichts der englischen Schloss- und Gartenkultur Pücklers Leben. Die Inspiration englischer Landschaftsgärten weckte ihn ihm den Visionär! Als einem der größten Landbesitzer im Königreich Preußen, boten sich Pückler ungeahnte Möglichkeiten. Und trotzdem reichte das Geld nie! Am 9. Oktober 1817 heiratete Pückler Lucie von Hardenberg, inzwischen geschiedene von Pappenheim. 1822 wurde Pückler schließlich in den Fürstenstand erhoben. Bereits vier Jahre danach kam es zur Scheidung von Lucie, was aber eine Finte war. Der gemeinsam ersonnene Plan sah vor, dass Pückler nach England gehen sollte, um dort eine reiche Erbtochter aufzutun, die ihr Vermögen in seine Ideen für Schloss Branitz und Muskau investieren möge. Aber die Suche nach einer vermögenden Erbin scheiterte. Pückler bewunderte indessen den Lebensstil des englischen Landadels.

Auch wenn Pückler keine Braut fand, die sich entsprechend ausnehmen ließ; seine Reiseberichte wurden ein literarischer und finanzieller Erfolg in Deutschland, dann auch in England und schließlich in den USA. Bevor er also richtig loslegen konnte, ereilte ihn schon *en passant* der Ruhm als Schriftsteller. Offenbar von sich selbst beeindruckt, beschloss der Fürst nun, nach Nordamerika zu „pilgern". Zuerst stand allerdings auf dem Tagesplan noch schnell ein Duell. Er drückte ab, ging als Sieger hervor, verpasste aber leider die Schiffsabfahrt. Manchmal nimmt man sich eben auch zuviel vor. Als seine ausgedehnten Weltreisen ihn schließlich 1837 in den Sudan führten, ließ er dort erstmal nach seiner Ankunft seinen Namen an den dortigen Pyramiden eingravieren. Er änderte seine Reiseroute spontan gen Ägypten und bekam vom Pascha für seinen Aufenthalt einen Palast mit Personal bereitgestellt. Nach diesem Zwischenstopp ging die Reise weiter, bis er – inzwischen geschwächt und vielleicht doch des Reisens müde – in Khartum ankam und von dort aus die Rückreise über Kairo antrat. Von dort brachte er sich ein kleines Mitbringsel mit: Man will ja auch nicht ohne Souvenir zu den Seinen heimkehren!

Die Antwort auf den Siegelring: das überlebensgroße Familienwappen als Kaminschmuck.

Auf dem Sklavenmarkt von Kairo kaufte er die damals wohl gerade erst elf- oder zwölfjährige Machbuba – eine schwarze Gespielin, die er mit nach Hause nahm. Die Frage „Hast du mir was Schönes mitgebracht?“ wird Lucie sicher bereut haben. Machbuba wurde Schülerin, Geliebte, Gefährtin, Sklavin, erlag aber den Strapazen und dem Klima wenige Jahre später. Wir stehen hier in Schloss Muskau vor der Totenmaske Machbubas, vor ihrem Handabdruck in Gips und sind betroffen von der Zartheit ihrer Gestalt: Wie ein Vögelchen, wie ein heute achtjähriges Kind, so zerbrechlich und klein liegt dort auf rotem Samt der Abdruck ihres Schädels in Gips. Die Hand nicht größer als die einer Sechsjährigen, das Handgelenk gerademal passend für einen silbernen Serviettenring als Armreif. Aber Pückler hatte noch nicht genug erlebt, er reiste mit Lady Hester Stanhope (Stanhope Gardens!) nach Konstantinopel, nach Griechenland und in den Fernen Osten. Dort wollte er preußischer Botschafter werden – wieder hatte er sich zuviel vorgenommen. Man wies ihn ab. Egal. Man muss eben nach den Sternen greifen, um auf dem Mond zu landen. Pückler kleckerte nicht, er klotzte! Wie man das als landschaftskünstlerisches Genie eben so tut. Er prägte wie kaum ein anderer die Landschaftsgestaltung des 19. Jahrhunderts in Europa. Ein solcher Mensch kann sich nicht mit Kleinigkeiten aufhalten!

Sein extravaganter Lebensstil kam im Preußen des Biedermeier nicht immer gut an. Dennoch besann er sich in hohem Alter auf eine Militärlaufbahn und war nicht zu bremsen. Mit 85 Jahren wollte er in den Deutsch-Französischen Krieg ziehen – man verweigerte ihm jedoch die Teilnahme. Welch eine Frechheit, denn schließlich war er fit – war er doch grade als 81-Jähriger noch als Titular-General im preußischen Feldzug gegen Österreich-Ungarn unterwegs gewesen. Nein, Fürst Pückler hat sich nie auf die faule Haut gelegt, auch nicht an seinem Lebensabend.

Zwischenzeitlich, quasi nebenbei, hatte er in all den Jahren bereits Muskau geplant, sich aber finanziell übernommen, sodass er die gesamte Standesherrschaft verkaufen musste, um den Schulden zu entkommen, und in sein Erbschloss nach Branitz zog – an dieses Fleckchen Erde in der Lausitz, um die Ecke von Cottbus.

Kaum hatte er den Erlös des Verkaufes von Muskau zur Verfügung, ließ er Branitz umbauen. Sehr zur Freude meiner Gastgeberin, die sich mit der Anlage des Fürst-Pückler-Parks im englischen Landschaftsstil einverstanden zeigt. Elke Gräfin von Pückler wird uns hier empfangen und vielleicht sogar bekochen? Nichts hätte ich mir sehnlicher gewünscht, als eine Park-Führung unter sachgerechter Hand der Nachfahren. Die Günderin des Branitzer Schlossfestivals, die alljährlich zu Ehren Pücklers die historische Schlossgärtnerei in ein barockes Gewand kleidet, huldigt mit ihrem Festival den Parkkreationen und Pflanzenträumen Pücklers. Ich spüre bei unserem Rundgang direkt den Geist des Fürsten und lausche gebannt den Erläuterungen der Gräfin: Für die Anlagen wurden Unmengen Mutterboden aus weit entfernten Gegenden mit Ochsenkarren herangeschafft – ein teures Unterfangen, so die Gräfin. Aber nötig, da der Boden hier nicht für den üppigen späteren Bewuchs geeignet gewesen wäre. Und ganz der Visionär, der Pückler nun einmal war, war er der Erste, der ausgewachsene Bäume verpflanzte – mit Erfolg! So konnte das für ihn berühmte Konzept der „Blickachsen“ schon bei der Anlage des Parks verwirklicht werden. Er war zudem der Erste, der freien Zugang in derartige Anlagen etablierte und diese zur Erbauung für jedermann konzipierte. Unser Weg führt uns zur Seepyramide im Parksee – dorthin, wo Fürst Pückler heute begraben liegt.

Die Einäscherung Verstorbener war zu Zeiten Pücklers aus religiösen Gründen verboten. Für den geistreichen Pückler nur eine weitere Herausforderung. Auf dem Sterbebett griff er zu einer List: Er verfügte, dass sein Herz in Schwefelsäure aufzulösen sei und sein Körper präpariert werden solle. So wurde er am 9. Februar 1871 in einem hochaufgeschütteten Erdhügelgrab bestattet: Die berühmte Pyramide stellt eine künstliche Insel im See dar. Im Inneren liegt auch die Grabstätte seiner verstorbenen und – nach dem Tod des Fürsten – umgebetteten Frau Lucie von Pückler-Muskau. Am südöstlichen Seeufer befindet sich die stufenförmig gestaltete Landpyramide. Hier stehen wir nun und sind betört von der Spiegelung und Reflektion des Fürstengrabes in der Parklandschaft.

Gräfin Elke von Pückler erklärt mir die Philosophie der Wegeführung des „grünen Fürsten“.

> In den Schoß gefallen ist das Anwesen der Familie nicht.
>
> *Hermann Graf von Pückler*

Pückler bleibt zeitlebens kinderlos. Mit der profanen Sorge um den Stammbaum hielt er sich nicht auf. Schloss und Park gingen nach seinem Tod an seinen Vetter, den Reichsgraf Heinrich von Pückler, das Vermögen an seine Nichte Marie von Pachelbl-Gehag. Die Schriftstellerin Ludmilla Assing erbte den literarischen Nachlass des Fürsten. Sie sollte die Biographie des Autors schreiben und seine ungedruckten Briefwechsel und Tagebücher veröffentlichen. Schon zu Lebzeiten sorgte seine geschäftstüchtige Frau Lucie dafür, dass all seine persönlichen Briefe an sie veröffentlicht wurden – er schrieb über alles: über Liebe, Sex, Krankheit, Macht, Gier, Geldnöte, Hass und Neid der anderen – und natürlich über Parkgestaltung. Er schrieb ohne jegliche Prüderie. Voller Ironie. Die Bücher verkauften sich deshalb rasant, weil er das Bürgertum erstmals an den Erfahrungen des Hochadels teilhaben ließ. Er war ein Boulevardjournalist, der eine *daily soap* publizierte. Der Dandy berichtete über ein Milieu, das dem einfachen Bürger bis dahin verschlossen war.

Mittels seiner Reiseberichte aus exotischen Ländern vermochte er seine Leser in ferne Gegenden zu entführen, von denen sie bis dato nur träumen konnten. Sein exorbitanter Lebensstil und sein Ruf als Luftikus und Frauenheld trugen dazu bei, dass sich ein wahrer Anekdotenschatz um ihn herum bildete. Fürst Pückler glich keinem seiner Zeitgenossen – blieb einmalig bis heute.

Auf dem Weg ins Parkinspektorenhaus, welches Elke Gräfin von Pückler mit ihrem Mann Hermann, einem Urgroßneffen Pücklers, bewohnt, brennt mir doch die Frage auf der Zunge, wie das Glück dieses Kleinod nach der Wende denn nun den heutigen Bewohnern zufallen ließ. Graf Hermann von Pückler, der gerade per Motorrad zu uns stößt, sieht zehn Jahre jünger aus, als er tatsächlich ist, und begrüßt uns mit spitzbübischem Lächeln: „In den Schoß gefallen ist das Anwesen der Familie nicht.“ Der 75-Jährige zeigt auf ein Fenster des originalgetreu sanierten Schlosses: „Da oben, das dritte von links, das war mein Kinderzimmer.“ Bis zum fünften Lebensjahr lebte hier der Graf mit Eltern, Geschwistern und Großmutter in 38 Räumen. Seine Erinnerung daran: „Es war immer zu kalt!“ Mit einem Pferdekarren musste die Familie 1945 fliehen, der Vater fiel im Kampf gegen Hitler und die Mutter arbeitete als Verkäuferin, um die Familie durchzubringen. Zu DDR-Zeiten besuchten die Pücklers den Familienstammsitz zweimal und wollten daraufhin nie wieder dorthin zurückkehren.

Jedoch änderte sich dies schlagartig, als die Mauer fiel. „Ich hatte das Gefühl, endlich wieder nach Hause zu kommen und mich frei in meiner Heimat bewegen zu können“, erzählt unser Hausherr. Nun, der Antrag auf Rückgabe des 300 Jahre alten Besitzes scheiterte. Doch – ganz wie der berühmte Vorfahr – Pückler fand sich damit nicht ab. Um sich neben München eine zweite Heimat aufzubauen, kaufte er Teile des Waldes und ein paar Häuser zurück. Schloss Branitz ist nun Museum und steht samt Marstall der Öffentlichkeit als Kulturdenkmal und Museum offen. Das Ehepaar hat das alte Parkinspektorenhaus wohnlich hergerichtet, bei dem unser Rundgang durch den Schlosspark endet. Als Frau begegnet Elke Gräfin von Pückler dem berühmten Verwandten jedoch mit der nötigen Portion Skepsis. „Verheiratet hätte ich mit ihm nicht sein wollen, aber ansonsten hat er meinen größten Respekt“, sagt sie. Und wir stehen vor dem Original seines berühmten Ölporträts im floral angehauchten Salon.

Pücklers Eigenbeschreibung zeugt von guter Selbsteinschätzung: „ein Kind der Phantasie – beweglich wie ein Schmetterling“, so schreibt er über sich. Von Blüte zu Blüte also …

Ja, er war ein Salonlöwe. In jeglicher Hinsicht den Sinnenfreuden des Lebens ergeben, und dazu gehört unbedingt auch das Kulinarische. Tafeln wie Fürst Pückler – das kann nur grandios sein!

„Der tolle Pückler" liebte die Einsamkeit ebenso wie ein gutes Gespräch bei einem guten Essen in Gesellschaft weniger, aber ausgesuchter Gäste. Ab 1854 verzeichneten handschriftlich geführte „Tafelbücher" die dabei servierten Menüs und die anwesenden Gäste. Diese Bücher sind erhalten geblieben. Als Desserts werden darin oft Kompotte, Gelees, Crêmes und Gefrorenes von Früchten genannt. Jene berühmte Fürst-Pückler-Spezialität als Abschluss eines Diners ist geheimnisumwittert wie eh und je. Also gilt es, das Geheimnis zu lüften. Elke Gräfin Pückler erklärt: „Das Halbgefrorene ist ein Sahneeis, das wegen seines hohen Fettanteils nur halb gefriert. Hinsichtlich des Aussehens des Halbgefrorenen besteht Einigkeit: Es soll braun-weiß-rot sein, von unten, vom Teller aus gesehen." Also umgekehrt einfüllen, wenn es denn gestürzt werden soll, kombiniere ich …

Es handelt sich beim Fürst-Pückler-Eis aber nicht nur um eine Zubereitungsart, sondern auch um eine Anrichteweise, eine Garnitur, wie bei dem sexy Pfirsich Melba, und damit ist es abhängig von Sympathie und Mode. Wie mir scheint, ist es inzwischen ein bisschen in Vergessenheit geraten, wohl durch minderwertige Ware, die zwischen irgendwelche ausgetrockneten Waffeln geklemmt wird. So liegt es bei meiner Recherche nahe, sich zuerst einmal in den Schriften des Fürsten Pückler selbst umzusehen. Am 30. Juni 1822 schrieb Pückler nämlich an seine Frau Lucie: „Sorgst Du überdies noch für Abwesenheit der Fliegen, kühle Stube, accurates Serviren, große Ordnung und Reinlichkeit, Eis und Eispunsch, so werde ich entzückt von Dir sein." Wie lieb, ein Paar, das sich einig ist!

Wir finden im Hauskochbuch Pücklers: „Fürst-Pückler-Schnitten": „Eine Schokoladenkapsel wird mit Schokoladenbutterkrem gefüllt, darüber wird Vanillebutterkrem, darüber Erdbeerbutterkrem und über diesen wieder Vanillebutterkrem gestrichen. Der ganze Streifen wird mit Kuvertüre oder Fettglasur übergossen, unten wird etwas Trüffelschokolade angedrückt. Es muß mit einem warmen Messer geschnitten werden. Auf die Schnitten wird etwas Blattgold gelegt." Donnerwetter! Wenn das nicht fürstlich ist! Erfunden zu Zeiten, als es noch keine Tiefkühltruhen gab, berauschte man sich dennoch an Eistorten, Eisbomben und aufwendiger Dekoration, um die illustre Gesellschaft zu amüsieren. Und zu überraschen. Dann sollte das doch heute mit den modernen Hilfsmitteln im Haushalt spielend zu kopieren sein. Man kann ja schummeln und Fertigeis kaufen, das man dann verarbeitet und in einer großen Timbale neu zusammensetzt, spekuliere ich. Und ich liege nicht falsch! Am besten, man macht es wie Gräfin Elke, nämlich in kleinen Portionsförmchen individuell dekoriert, als Dessert vorbereitet und eingefroren.

Verheiratet hätte ich mit ihm nicht sein wollen …

Elke Gräfin von Pückler

Entertainment fürs Auge: Statuen, Zäune und gepflegte Rabatten vor altem Baumbestand!

Intimes Damenkränzchen mit leerer Keksschale

Elke Gräfin von Pückler

Fürst-Pückler-Eis für Eilige

Zutaten für 1 Volumenliter:
Für die Füllung:
200 g Vanillehalbgefrorenes
250 g Erdbeerhalbgefrorenes
300 g Schokohalbgefrorenes

Für die Dekoration:
160 g Schlagsahne
100 g Erdbeeren
25 g Kuvertüre
80 Mandelmakronen, grob gerieben

Die Masse wird schichtweise in Förmchen gefüllt und bei mindestens -18 °C gefroren. Schnelles Gefrieren verhindert, dass sich größere Kristalle bilden und führt zur Verbesserung der Konsistenz. Mit Erdbeeren, steifer Schlagsahne, Kuvertüre und den geriebenen Mandelmakronen garnieren. Varianten sind möglich durch Austausch von Erdbeer- gegen Himbeereis sowie Vanille- gegen Ananaseis.

Hausfrauen bei der Arbeit

Respekt – gewusst wie, praktisch gedacht und clever Zeit gespart. Die appetitlichen Törtchen sind ein Clou! Sie sehen verführerisch aus und können in aller Ruhe vorbereitet und für unangemeldete Gäste gehortet werden. Die perfekte Gastgeberin kann darauf vertrauen, dass sie mit dieser umsichtigen Planung punkten wird.

Das ist so etwas wie der Muffins-Effekt: „Es darf gesündigt werden, und deshalb streuen wir noch goldene Mandeln und rosa Glitzer drüber.“ Fast ist schon ein bisschen Prinzessin-Sophie-Appeal dabei!

Aber wenn ich schon mit der Erbin all dieser Rezepte in der Küche stehe, dann kehre ich mit Nachdruck zum Ur-Rezept, zu Vater und Mutter aller Fürst-Pückler-Eis-Rezepte, im Wortlaut und mit allen Fehlern, zurück:

Elke Gräfin von Pückler

Fürst-Pückler-Original-Rezept

„Hohe Form wird mit versüsstem Schlagrahm, dreifarbig, weiss mit Maraschino, mit Erdbeer-Mark, schwarz mit Chocolade-Pulver, vermengt und dann in entweder glatte, mit Papier ausgelegte Kegelform, oder aber auch in eine gerippte Form gehüllt. In jede Mischung gebe man kleine gehackte Macaronen oder Biscuitwürfel. Lasse die Form 2 – 4 Stunden in gut gesalzenem Eis frieren. Nach dem Stürzen wird die Form hübsch mit Erdbeer-Eis ausgarnirt und mit einem kleinen Kränzchen geziert. Obenauf setze man eine kleine Ananas" – so steht's im Fürst-Pückler-Original Kochbuch. Und es sieht phänomenal aus!

Zukünftige Gourmet-Generationen orientieren sich bitte laut Elke Gräfin Pückler an folgender Überlieferung:

Für 10 – 12 Personen nehme man
1 Liter Schlagsahne, 200 Gramm Zucker für die Sahne, etwa 250 Gramm frische Erdbeeren und/oder Himbeeren, reichlich Zucker für die Früchte (je nach Geschmack) oder je 175 Gramm „Confect" – das heißt Konfitüre – von Renekloden (Mirabellen), Kirschen und Aprikosen.

Man vermischt die Früchte mit reichlich feinem Zucker, lässt sie einige Zeit stehen, gießt den Saft ab und lässt sie gut abtropfen. Die Sahne wird geschlagen und der Zucker behutsam untergezogen. Dann mengt man vorsichtig – damit die Sahne nicht zusammenfällt – die Früchte unter die Sahne, füllt die Mischung in eine geeignete Form und lässt sie 2 – 3 Stunden bei ca. -8 Grad im Gefrierschrank gut durchfrieren.

Für die eigentliche Pücklereiszubereitung teilt man die vorbereitete Sahne in drei gleiche Teile, fügt jedem Teil eine der drei nicht allzu flüssigen Konfitüren hinzu und schichtet sie abwechselnd in drei oder mehrere Schichten in eine passende Form. Anschließend lässt man das Ganze gefrieren.

Festlich hieß bei Pückler immer auch imposant. Und mit einem Paukenschlag sollte jedes seiner Diners enden.

Ja, der Geist des Fürsten ist lebendig und nach der Schlossführung mit den Nachfahren, meint man wirklich, bei Hermann Fürst zu Pückler-Muskau persönlich zu Gast gewesen zu sein. Zumal wir beim Champagner die köstlichen Eistörtchen im original Fürst-Pückler-Speisesalon genießen. Ich frage derweil die Gräfin nach ihrer Lieblingsblume und sie sinniert: „Ich liebe Rosen. Am allerliebsten aber habe ich die Wildblumen in meinem Garten, nahe der Alpen. Diesen Garten habe ich seit über 40 Jahren, und ich habe ihn nie gedüngt. Das wäre der Tod dieser Wildblumen. Aber ich liebe auch blaue Hortensien sehr. Das waren Lucie Pücklers Lieblingsblumen. Sie standen in den Amphoren vor dem Schloss."

Fürst Pückler wäre zufrieden gewesen mit unserer Konversation in Gedenken an ihn. Blumen, Landschaftsparks, Schlösser, Seen, Frauen, Gemälde, Weltreisen – und Fürst-Pückler-Eis – der flotte Herrmann war zeitlebens damit beschäftigt, sich ein Paradies zu erschaffen.

Marietheres Baronin Waldbott-Bassenheim und Philippa Gräfin zu Königsegg-Aulendorf

Leibspeise: Marillensoufflé Maria-Theresia

Schloss Halbturn

Nennen Sie mich bloß nicht Baronin ... !

Marietheres Baronin Waldbott-Bassenheim

Wie hat man sich ein Barockjuwel vorzustellen, welches als liebste Sommerresidenz und vortrefflichster Jagdsitz des österreichischen Kaiserhauses diente? Nun, um ein Barockjuwel zu besichtigen, ist mir keine Reise zu mühsam, aber wenn ich noch dazu bei den Besitzern dort dinieren darf, dann bin ich fast schon aufgeregt. Zumal ich schon fernmündlich die umsichtig-liebevolle Art der Schlossherrin verlockend fand, die mit ihrer sympathischen Persönlichkeit erahnen lässt, was den Charme des ehemaligen Hoflebens der k.u.k.-Monarchie ausgemacht haben muss. In der guten alten Kaiserzeit war es nämlich üblich, dass der Kaiser zu sogenannten Familiendiners einlud, zu denen die Gäste eine „Hofanzeige" erhielten, in der nicht nur Zeit und Datum mitgeteilt wurden, sondern auch welche „Toilette" man zu tragen hatte. Baronin Alice Waldbott-Bassenheim, geborene Habsburg-Lothringen, deren Sohn selbiges Barockjuwel im Burgenland nach dem Ersten Weltkrieg zufiel, schreibt hierzu in ihren Erinnerungen:

„Es wurde mitgeteilt, ob es das große oder das kleine Dekollete sein sollte und welche Orden man tragen musste. So ausgerüstet fuhren wir in goldgeräderten Kutschen in die Wiener Hofburg oder nach Schloss Schönbrunn hinaus. Fuhr man in das Tor ein, so trommelte die Wache, senkte die Fahne und wir mussten mit tiefer Kopfneigung grüßen. Beim Empfang im Schloss standen überall ausgesucht schöne, große Männer Spalier, die repräsentierten. An ihnen ging es vorbei durch viele Säle hindurch, bis man in den Raum kam, in dem der Kaiser uns erwartete. Bei jeder Tür, die wir passierten, klopfte der Oberzeremonienmeister mit seinem Stab. Der alte Kaiser kam zur Begrüßung entgegen und wir mussten drei tiefe Hofknickse machen und ihm die Hand küssen." Bittschön, ganz so, wie es sich für einen Mythos gehört, hat sich der Kaiser sehr perfekt als „Seine Majestät" zu inszenieren gewusst.

Nimmt der Stoff, aus dem die Träume vom Märchenschloss sind, vielleicht doch noch Gestalt an und lässt mich gar sprachlos zurück, weil ich Menschen begegnen darf, die um den Erhalt ihres Traumes gerungen haben? So wie die Baronin Marietheres Waldbott-Bassenheim, „die gute Seele" des Schlosses? Zu kämpfen und zu siegen ist das, was Helden kennzeichnet. Und ich bin mir bewusst, heute einer *Heldin* zu begegnen, denn Frauenpower war stets das Markenzeichen von Schloss Halbturn. So führt mich meine Reise ins östliche Österreich, zum Neusiedler See, und ich bestaune die Schönheit des Burgenlandes, welches bis 1921 ein Teil Ungarns war. Das Burgenland ist ein Wahnsinn! Die langgestreckte Region grenzt an die Steiermark, an Slowenien, Ungarn und die Slowakei und ist stellenweise nur vier Kilometer breit.

„Hereinspaziert Ihr Lieben ..." – Schön wär's!

Das Grenzland wirft schon die Schatten Osteuropas voraus: Es liegt plötzlich ein atmosphärischer Wandel in der Luft, denn hier vollzieht sich der Übergang alpiner Gebirgslandschaften zur ungarischen Tiefebene, der eine Vorahnung auf die ausgedehnten Steppenlandschaften, die riesigen Sonnenblumenfelder und die Birkenwälder Osteuropas gibt. Im Burgenland ist es brüllend heiß. Und das stelle ich bereits im Mai fest! Das Aufeinandertreffen von Alpenklima und Tiefebene beschert eine extreme Mischung von atlantischem und mediterranem Klima, was sich in der einzigartigen Flora und Fauna widerspiegelt. Hier ist alles ein bisschen verrückt!

Alles was für Österreich gilt, gilt für das Burgenland in besonderem Ausmaß: Die jahrtausendealte Grenzlandsituation hat das Burgenland zum Durchzugsgebiet der Truppen und zum Auffangbecken für Verfolgte und Flüchtlinge gemacht. Die Menschen fanden hier durch das völlige Fehlen großer Städte dörfliche Strukturen vor, mit einer Vielzahl von Thermen, besten Mineralwasserquellen, grandiosen Weinanbaugebieten, einer ungemein großen Musiktradition und der Wiege all dessen, was die Küche Österreichs zu bieten hat: Buchteln, Strudel, Mehlspeisen, Gulasch – ein Eldorado der Palatschinken, Soufflés, Dampfnudeln und Germknödel. Was will man mehr? Wäre ich auf der Flucht, hätte ich dort auch zumindest erst einmal Rast gemacht. So dachten viele und damit wurde das Burgenland zur Heimat der Vertriebenen. Und alle haben irgendwie ihre Geheimrezepte aus der Erinnerung wiederaufleben lassen. Topfenknödel, Millirahmstrudel und Powidltaschen enstehen wohl nur in einer Region voller Melancholie! Begreift man aber, wie die Heldin von Halbturn um ihren Traum gerungen und gekämpft hat, so bleibt nur noch, sich mit Respekt und Faszination vor diesem Lebenswerk zu verneigen. Und das tat ich, als ich der Baronin Marietheres Waldbott-Bassenheim begegnete, weil sie unerschütterlich an ihrem Traum festhielt, das 300 Jahre alte, im Jahre 1949 bis auf die Grundmauern abgebrannte und ausgeplünderte Schloss aus Schutt und Asche neu auferstehen zu lassen.

Schloss Halbturn gilt nicht nur als bedeutendster Barockbau des Burgenlandes, sondern es fasziniert durch das Lebenswerk der Menschen, die es zu dem werden ließen, was es heute ist. Unzählige Hindernisse, Hürden, Widrigkeiten galt es zu überwinden, damit der zum habsburg-lothringischen Privatbesitz zählende Prunkbau am Leben erhalten werden konnte, sodass er nun in der kulturellen Vielfalt Österreichs einen neuen Glanzpunkt darstellt. So extrem das Burgenland, so extrem die Persönlichkeiten, denen Schloss Halbturn seine Existenz verdankt. „Ist das ein Schloss!", entfährt es mir bei meiner Ankunft, als sich die vierachsige Schlossfront mit ihren Eckpavillons, luftigen, filigranen, schmiedeeisernen Gittertoren und den großzügigen Parkanlagen im Sonnenlicht entfaltet.

Ich bin mir bewusst,
heute einer Heldin zu begegnen!

Désirée

Erbaut unter der Herrschaft der ungarischen Krone, blickt das Anwesen auf eine wechselvolle Geschichte zurück, in deren Verlauf sich die dramatischen Schicksale der Eigentümer wie Perlen an einer Kette aneinanderreihen. Es lenkten einerseits stahlharte Charaktere im kriegerischen Handwerk die Geschicke des Besitzes, andererseits waren es sechs außergewöhnliche Frauen, die Herrinnen über das Schloss gewesen sind und mit ihrer weiblichen Sichtweise das Schicksal steuerten.

Alles begann damit, dass die Habsburger Könige von Ungarn wurden. Die Erzherzogin Maria von Österreich wurde einjährig (!) aus dynastischen Gründen mit dem noch ungeborenen Kind des Königs von Böhmen verlobt. Gott sei Dank gebar die Mutter kein Mädchen, sondern tatsächlich den erhofften Knaben. Die mutige Verlobung wurde zum gelungenen Coup: Am 22. Juli 1515 wurde im Wiener Stephansdom Doppelhochzeit gefeiert. Der 56-jährige Kaiser Maximilian I. wurde mit der zwölfjährigen Anna, einer Tochter des Königs von Ungarn, vermählt. Aber der Kaiser war gar nicht der Bräutigam. Er erschien nur als Vertreter seines Enkels Ferdinand, der noch nicht laufen konnte. Gleichzeitig heiratete der neunjährige Ludwig, nach acht Jahren Verlobung, die zehnjährige Maria. Wenn das nicht Science Fiction ist! Nein, es ist Geschichte. Um diese Hochzeit gebührend zu zelebrieren, musste sich der Kaiser von der Familie Fugger 54.000 Gulden leihen. Aber auch die Fugger anzupumpen hat sich gelohnt, denn durch diese Doppelhochzeit stieg das Haus Habsburg zu einer der führenden Mächte Europas auf. Die vorzeitig verlobte und verheiratete Maria hatte bereits das, was man „das Habsburger Profil" nannte. Sie wird als eine nicht unbedingt attraktive Person mit starkem Kinn und kräftiger Unterlippe beschrieben, die „mehr als ein Mann als wie eine Frau auftrat". Die mit 21 Jahren zur Witwe gewordene Erzherzogin von Österreich floh vor der Türkenbelagerung aus Budapest und nahm 1526 ihren Witwensitz in Halbturn.

Schloss Halbturn, so wie es sich heute präsentiert, wurde im Jahre 1711 von Lucas von Hildebrandt, einem der wichtigsten Vertreter der spätbarocken Baukunst, während der Regierungszeit von Karl VI. erbaut. Durch dessen Tochter, Maria Theresia, gelangte das Schloss abermals in den Privatbesitz der Familie Habsburg-Lothringen. Danach hat das Schloss viele gute und viele schlechte Zeiten erlebt. Der härteste Schicksalstag war wohl der 11. August 1949, als nach einem großen Brand nichts als die steinernen Außenmauern stehen blieben. Da war der Traum sichtbar vernichtet. Doch das Schicksal wollte es anders und allein die Liebe eines Paares vermochte die Vision von altem Glanz und Gloria wiederauferstehen zu lassen. Dort, wo heute die vorbildliche Weinkellerei und ein gemütliches Restaurant mit Biergarten zum Verweilen einladen, richtete einst Kaiser Karl VI. ein Gestüt mit über 350 Pferden ein, um die spanische Hofreitschule mit Rössern zu versorgen. Im Zuge der Türkenstürme, die über das einstige Ungarn hinwegfegten, wurde das Gestüt aber vollständig zerstört. Ein grauenvolles Gemetzel, das nicht das letzte gewesen sein sollte, welches das Burgenland heimsuchte. Pest, Entvölkerung, Plünderei, Kriegswirren, die Wolfsplage, immer stand diese Region im Brennpunkt dessen, was man nicht unbedingt haben muss, um ein beschauliches Dasein zu führen. Der auf Halbturn lebende Kaiser Karl VI. erkrankte 1740 vermutlich an einer Pilzvergiftung, worauf er kurz danach in Wien verstarb. In der Folge diente Halbturn seiner Gemahlin Elisabeth Christine von Braunschweig-Wolfenbüttel als Witwensitz. Die gemeinsame Tochter, Kaiserin Maria Theresia, wurde später zur Erbin, gelangte in Ungarn auf den Thron und ließ das Schloss später durch ihren Hofbaumeister Franz Anton Hillebrandt umbauen. Dabei versah sie es mit einem Juwel: dem himmlischen, scheinbar schwerelosen, lichtvollen Deckenfresko – einer „Allegorie auf den anbrechenden Tag" – von Franz Anton Maulbertsch. Auch er war ein Visionär. Mit dem Auftrag, eine Allegorie der Zeit und des Lichts zu erstellen, nahm sich der Künstler vor, ein Deckenfresko zu erschaffen, das einem Schloss gebührt, welches auftragsgemäß „wie aus Licht und Schatten erschaffen wurde". Ein Traumschloss also.

Selbiges schenkte die Kaiserin 1765 wiederum ihrer Tochter Maria Christina zur Hochzeit mit Herzog Albert von Sachsen-Teschen. Welch eine Überraschung doch auch ein gänzlich unverpacktes Präsent sein kann!

Dem Paar waren keine männlichen Erben beschieden. Man adoptierte daher den Lieblingsneffen, Erzherzog Karl, den Sohn Kaiser Leopolds II. 1815 heiratete der Erzherzog die um 26 Jahre jüngere Prinzessin Henriette von Nassau-Weilburg, obwohl sie evangelisch war und nicht bereit, zum katholischen Glauben überzutreten. Es war dies die erste „Mischehe" im Kaiserhaus. Die Prinzessin brachte den evangelischen Brauch des geschmückten Christbaumes mit – ein Brauch der sich schnell allgemein durchsetzte. Die Ehe war ausgesprochen gücklich und das Paar wurde mit sieben Kindern reich beschenkt. Der älteste Sohn, Erzherzog Albrecht, übernahm 1847 den Besitz. Bedauernswerter Weise verstarb dessen einziger Sohn mit 18 Monaten an den Pocken und seine Tochter Mathilde fiel einem dramatischen Missgeschick zum Opfer: Sie war vorgesehen, den Prinzen von Savoyen zu heiraten, um Königin von Italien zu werden. Sie hatte sich aber in einen entfernten Cousin verliebt und hoffte auf eine Verlobung, als ihr das Schicksal einen grausamen Strich durch die Rechnung machte. Die junge Erzherzogin hatte sich für einen Theaterbesuch ein besonders schönes Kleid aus Tüll angezogen. Vor der Abfahrt ins Theater wollte sie sich doch tatsächlich noch schnell wagemutig eine Zigarette anzünden. Als ihr Vater, der Erzherzog, sie jedoch beim Rauchen ertappte, versteckte sie den Glimmstengel aus Angst vor Strafe mit zitternden Händen hinter ihrem Rücken – das Ballkleid aus Tüll ging sofort in Flammen auf. Im Beisein von Kaiserin Elisabeth rannte die Prinzessin als lebende Fackel durch die Salons, bis ein Lakai die Flammen um das Mädchen mit einem Teppich erstickte. Erzherzogin Mathilde konnte nicht mehr gerettet werden und erlag 1867 mit nur 18 Jahren ihren Verbrennungen. Rauchen kann tödlich sein!

Die einzige überlebende Tochter Erzherzog Albrechts war mit Herzog Philipp von Württemberg verheiratet. Der Erzherzog adoptierte die Kinder seines Bruders. So gelangte sein Vermögen – darunter das Schloss – nach seinem Tod im Jahr 1895 an Erzherzog Friedrich. Er galt als einer der reichsten Männer Europas.

Schloss und Mann waren untrennbar miteinander verbunden.

Marietheres Baronin Waldbott-Bassenheim

Schloss und Park erblühten in alter Pracht und wurden zum Treffpunkt der internationalen Gesellschaft. Selbiger Erzherzog war wiederum mit der Prinzessin Isabella von Croÿ-Dülmen verheiratet. Die Königliche Hoheit, Ihre Durchlauchtigste Frau Erzherzogin Isabella, wie sie ehrfürchtig genannt wurde, galt zu dieser Zeit als Inbegriff der großen Welt. Sie ließ auf Halbturn eine Pferderennbahn anlegen und schuf den ersten Tennisplatz der Monarchie. Man schrieb zu dieser Zeit Halbthurn auch mit einem „h" – wie in Thurn & Taxis oder Thun –, weil dies eleganter war. Ich frage mich, wer sich eigentlich dafür eingesetzt hat, die elegantere Version wieder abzuschaffen?

Die Erzherzogin schenkte ihrem Gemahl acht Töchter – was natürlich einen Stammhalter zu wünschen übrig lässt. So ist überliefert, dass die Wöchnerin die neugeborene achte Tochter ihrem Gemahl mit den Worten in die Arme legte: „Mit Verlaub, seine Königliche Hoheit müssen sich leider noch einmal bemühen!" Die fortlaufenden „Bemühungen" brachten schließlich im Jahre 1897 den ersehnten Erfolg mit der Geburt des neunten Kindes in Gestalt von Erzherzog Albrecht von Österreich-Teschen, den ein wildes, wenig erfreuliches Schicksal erwartete. Mehrmals kam er als ungarischer Thronfolger ins Gespräch, doch ihn erwarteteten zwei Weltkriege, das Ende der Monarchie im Jahre 1918, eine unglückliche Ehe mit Irene Leibach, eine zweite Liebesheirat mit der wunderschönen Katalin Bocskay de Felsö-Bánya, der zwei Töchter entsprangen, und die Emigration nach Argentinien, wo er 1955 verstarb. Einen männlichen Erben gab es abermals nicht. Des Erzherzogs jüngste Schwester Alice, also das (unerwünschte) achte Mädchen, heiratete den Baron Dr. Friedrich von Waldbott-Bassenheim, aus rheinischem Uradel, und gebar sechs Kinder. Gott sei dank waren drei Buben dabei! Einer davon war der 1924 geborene Paul Waldbott-Bassenheim, der zum Erben und Retter von Halbturn werden sollte. Als Abkömmling einer bis ins 12. Jahrhundert zurückreichenden Familie besuchte Baron Paul die Militärakademie in Budapest und kam knapp 20-jährig als Leutnant im Zweiten Weltkrieg in amerikanische Kriegsgefangenschaft. Seine Eltern hatten nur mit ein paar Koffern in der Hand Ungarn 1918 verlassen müssen und waren als Vertriebene in einem Flüchtlingslager gestrandet. Die Familie wurde schließlich in Bayern von Verwandten aufgenommen und die Schwestern mussten später in München arbeiten gehen.

Baron Paul hatte als junger Mann, wie viele seiner Generation, nur verdammt harte Zeiten kennengelernt. Er heuerte in jungen Jahren als Kriegslegionär in Spanien an; eine schwere Zeit, über die er selten sprach. Als er es dort nicht mehr länger aushielt, überraschte ihn ein Telegramm vom Anwalt seines Onkels Erzherzog Albrecht. Es ging um ein persönliches Treffen in Österreich. Bei diesem Termin eröffnete ihm der Rechtsanwalt das plötzliche Ableben des Onkels in Argentinien und die Tatsache, dass dieser ihn zu seinem Universalerben eingesetzt habe. 1955 berief Paul Waldbott-Bassenheim der Antritt seines Erbes also nach Schloss Halbturn. Der neu erklärte Teil Österreichs, der nicht mehr Ungarn war, wurde von einem unendlichen Flüchtlingsstrom überschwemmt. Doch nicht genug damit. Was der Baron als sogenanntes Schloss vorfand, war Last und Bürde zugleich: Die ausgebrannte Schlossruine war eher ein Mahnmahl. Bis auf die Außenfassade abgebrannt, witterte das ausgeplünderte Schloss ohne Aufsicht in desolatem Zustand dahin und bot ein erbärmliches Bild. Die „große Erbschaft" erwies sich als mehr als kompliziert. Für die marode Ruine, die heute wohl jeder gerne auf dem Immobilienmarkt für einen Euro abgestoßen hätte, musste der Baron noch die ihm auferlegte Erbschaftssteuer aufbringen und wurde damit gezwungen, viele Liegenschaften zu verkaufen. Es galt zudem die Erbansprüche der Tanten und Geschwister zu befriedigen, was den Baron praktisch völlig mittellos zurückließ. Paul Waldbott-Bassenheim, der Erbe von Halbturn, stand vor dem Nichts.

Gott sei Dank war im Jahre 1929 im österreichischen Gmunden Marie Therese Capello, Reichsgräfin von Wickenburg, geboren worden. Auch sie war eine Vertriebene, da sie mit 16 Jahren aus der Tschechoslowakei ausgewiesen wurde. Die elterlichen Güter musste sie „mit dem Handkarren" im Gefolge zurücklassen. Sie arbeitete nach der Matura zunächst in ihrer Heimat Gmunden journalistisch beim Rundfunk und traf dort mit vielen Schriftstellern und Künstlern zusammen. Deren Nähe hat die Gräfin ein Leben lang immer wieder gesucht, und so entsprang in ihr selbst der Wunsch, sich als Autorin zu betätigen – ein Ziel, das die Gräfin heute auf eine beachtliche Reihe von Veröffentlichungen zurückblicken lässt. Die Reichsgräfin begleitete zu Zeiten der ungarischen Revolution den Malteserorden als Lazarettschwester im Rahmen der Flüchtlingshilfe. Im Jahre 1956 kam sie als Flüchtlingsbetreuerin ins Burgenland, arbeitete auf einem der Gutshöfe und erlag dem Schlossbesitzer mit der abgebrannten Ruine.

Geheiratet wurde im Juni 1958 und das Paar zog in einem der Nebengebäude Halbturns in eine Zweizimmerwohnung. Die Dame, die nun vor mir steht und mich mit Zuneigung, Begeisterung und einem großen Vertrauensvorschuss empfängt, begrüßt mich unter dem perfekt restaurierten, himmlischen Deckenfresko im prachtvollen Ballsaal von Halbturn und nimmt mich mit ihrer Persönlichkeit sofort gefangen.

Der Rote Hof – wunderschöner Wohnsitz meiner Gastgeber

In den hellwachen, blitzgescheiten und fröhlichen Augen der Baronin blitzt der Schalk – und mehr noch als das: eine immense Ausstrahlung von Willensstärke, Klugheit mit viel schlauem Witz und Humor und eine gehörige Portion Charme. Was mag es sie nur für Energie und Ausdauer gekostet haben, ihr gesamtes Leben dem Ziel zu verschreiben, die abbruchreife, niedergebrannte Fassade wieder zur ursprünglichen Pracht zurückzuführen?

Sie formuliert es knapp: „Unsere ersten zehn Jahre haben sich als große Belastung herausgestellt!" „Sowas steht man nur aus Liebe durch", spekuliere ich. Die Baronin gibt mir recht und sagt: „Schloss und Mann waren untrennbar miteinander verbunden." Ist klar! Das Paar hatte nichts als einen Traum – und man verfügte über keinerlei Sachkenntnis der Materie oder gar Mittel, diese Vision umzusetzen. An diesem Punkt scheitern Pläne normalerweise, Märchen hören auf, Träume platzen, und jede Menge von Argumenten sollen rechtfertigen, dass man eh keine Chance gehabt hätte, etwas Großes entstehen zu lassen.

Der Reichtum des Paares Waldbott-Bassenheim lag in den nicht materiellen Werten. Sie schöpften Kraft und Energie aus den Dingen, die es für kein Geld der Welt zu kaufen gibt. Was ihnen keiner nehmen konnte, war ihre Liebe zueinander, die Verpflichtung, das Erbe zu bewahren, die Leidenschaft, gemeinsam aus dem Nichts das Traumschloss ihrer Liebe neu erstrahlen zu lassen. Und wer soll's bezahlen? Egal! Wem der Herrgott solch ein Kleinod beschert, dem wird er auch Wege zeigen, die Aufgabe zu bewältigen. So ist es der Kreativität der Baronin zu verdanken, dass an diesem Punkt die Idee, Halbturn zum Kulturtreffpunkt werden zu lassen, reiche Früchte trug und ein stabiles Fundament geschaffen hat.

Im Schlosspark von Halbturn inmitten von Kastanienblüten in meiner Lieblingsfarbe. Im Herzen bin ich ein Mädchen geblieben!

Jährlich wechselnde Ausstellungen mit faszinierenden Themen, die Konzertreihe Château Classic, Kammerkonzerte mit Mitgliedern der Wiener Philharmoniker, die zum Magnet der ganzen Region geworden sind, locken im Frühling ein begeistertes Stammpublikum ins Burgenland. Die Ausstellungen wurden weit über die Landesgrenzen bekannt und lenken seit jeher zunehmend die Touristenströme nach Halbturn. Kühle Denker hätten „dem verarmten Adel" den Vogel gezeigt. Die Waldbott-Bassenheims ließen sich durch nichts und niemanden beirren – sie packten an.

Fast möchte man einen Knicks machen, mit soviel natürlicher Autorität begrüßt mich die elegante Baronin. „Nennen Sie mich bloß nicht Baronin, damit macht man sich in Österreich strafbar", kommt sie mir zuvor. Und richtig, sich selbst titulieren ist gesetzeswidrig und wird in Österreich sogar strafrechtlich verfolgt. Trotzallem kann ich meine Bewunderung für dieses Lebenswerk, hier im Freskensaal stehend, nicht verbergen. Und wenn sie ihren Blick über den 60 Hektar großen Park schweifen lässt und zurückblickt, sind ihre Erinnerungen von einem herzhaften Lachen begleitet; im Bewusstsein allen Zweiflern und Pessimisten ein Schnippchen geschlagen zu haben. Im gemütlichsten Donauschlossdeutsch sagt die Baronin: „Ich weiß schon, was Sie wollen: die Kochkunst des Burgenlandes aufgrund alter Aufzeichnungen, mündlicher Überlieferungen, lebendiger Erfahrungen darstellen und zwar in einer zeitgemäßen Form, also praktisch, knapp und nach den Erfordernissen der heutigen Lebensform im mittleren Europa." Nun, da bin ich doch mal sprachlos. „Da, schaun Sie mal", fährt die über 80-jährige Retterin des Schlosses, die zur Seele und Gründerin aller dort stattfindenden kulturellen Aktivitäten wurde, fort: „Ihre Idee hatte ich schon 1978!" – und überreicht mir das von ihr zusammengestellte „Burgenländische Kochbuch" mit persönlicher Signatur. Wieder einmal ein Schnippchen geschlagen! Und was für ein lustiges Kompendium die Baronin da zusammengestellt hat: 264 Rezepte aus der Landschaft des sogenannten „Pannonien", in der sich alle Vorzüge der Wiener Küche vereinen! „Raffiniert!", sage ich und danke für ein Übermaß an Leibgerichten. Es fragt sich nur, auf welches wir uns einigen sollen!

Während wir durch die wunderschöne Allee mit den vollerblühten roten Kastanien zum wunderschönen „Roten Hof" fahren, beraten wir uns hinsichtlich der Fülle Halbturner Leibspeisen. Ich werde mich überraschen lassen und vertraue der Baronin voll und ganz. Auf Halbturn lebt sie nicht allein, auch wenn die Ehe der Waldbott-Bassenheims leider kinderlos blieb. Dies warf abermals die dynastische Frage der Erbfolge auf. Im Jahr 2000 adoptierte deshalb Baron Paul den Sohn seiner jüngsten Schwester, seinen Neffen Graf Markus zu Königsegg-Aulendorf, dessen Familie seit 1251 dem schwäbischen Uradel angehört. Der diplomierte Landwirt vermählte sich im Jahre 1990 mit keiner geringeren als Philippa Gräfin zu Waldburg-Zeil-Hohenems, einer direkten Nachfahrin der Kaiserin Sisi. Marie-Valerie, die jüngste und bevorzugte Tochter Sisis, war mit Franz Salvator von Österreich-Toskana verheiratet und ist die Urgroßmutter meiner charmanten Gastgeberin. Das weist die Ururgroßeltern der Gräfin Philippa somit als Kaiserin Elisabeth – Sisi – und Franz Joseph I., Kaiser von Österreich, aus. Philippas Vorfahrin Marie-Valerie ging ein Ruf großer Mildtätigkeit und Herzensgüte voraus. Hingegen weiß man, dass Kaiserin Sisi ein Faible für Sport, Gymnastik und „Health-Food" hatte und im Prinzip ein IT-Girl ihrer Zeit war. Überliefert ist, dass die extravagante Kaiserin mit ihrer eigenen Kuh auf Reisen ging – um ganz sicher zu sein, dass sie die beste, hauseigene Milch bekam – und viel Zeit auf ihr äußeres Erscheinungsbild verwendete. Die schmale Taille, das prachtvolle brünette Haar, eine märchenhafte Gaderobe – all dies spiegelt sich in den zahllosen Bildnissen wider, welche die sagenumwobene geborene Prinzessin von Bayern bis heute zur unvergessenen historischen Ikone gemacht haben.

Bestimmt haben sich diese Gaben weitervererbt, geht es mir durch den Kopf, als uns die charmante und attraktive Gräfin

Philippa zu Königsegg gemeinsam mit „Tante“ Marietheres nun im weitläufig angelegten Nebengebäude, dem „Roten Hof“, zum Diner begrüßt. Selten habe ich einen wärmeren und herzlicheren Empfang erlebt – ein unprätentiöses und zeitgemäßes Heim, mit erlesenem Geschmack und ausgewählten Kostbarkeiten gemütlich und familiär gestaltet, ohne überladen oder pompös aufzutrumpfen, stattdessen eine behagliche und entspannte Atmosphäre, in der man sich sofort wohlfühlt. Wer die jugendliche Gräfin Philippa erlebt hat, der kann nachvollziehen, dass Männer für eine Frau ein Königreich verspielt und Haus und Hof verwettet haben. Oder Lustschlösser bauen ließen. Die Gräfin ist eine lustige, witzige, todschicke Person, von femininer Eleganz, die ganz im Hier und Jetzt lebt.

Beim perfekt servierten Kaffee lasse ich die ideale Mischung von alter und neuer Kunst auf mich wirken. Und nicht nur das, als fanatische Traumreisen-Touristin, die ich bin, und die es immer wieder an die schönsten Strände der Welt zieht, vermute ich im exklusiven, mit einer Glasplatte abgedeckten Couchtisch den kostbaren Sand von Mauritius zu erkennen. „Diesen Sand haben wir von unserer Hochzeitsreise mitgebracht“, sagt die Gräfin. Sie hat das extravagante Coffee-Table-Arrangement mit einzigartigen Venusmuscheln dekoriert, die sofort mein Herz höher schlagen lassen. „Diesen Tisch hat mein Bruder Stefan für uns designed. Er hat ein sehr elegantes Einrichtungshaus in Lindau“, erklärt die Gräfin und ich stelle fest, dass es nicht das einzige Möbelstück ist, welches der Werkstatt der beiden handwerklich so talentierten Brüder entsprang. Auch Franz Clemens Graf zu Waldburg-Zeil hat dazu beigetragen, dem geschmackvollen Heim seine Glanzlichter aufzusetzen. So wurde in feinster Handarbeit ein original Josefinischer Tisch – aus dem 18. Jahrhundert – restauriert und dabei die Tischplatte mit Intarsien- und Einlegearbeiten aus Obst- und Ebenholz versehen, in denen die beiden Familienwappen meiner Schlossherren ineinander verwoben sind. Man könnte das Meisterstück für ein Kunstwerk aus dem 19. Jahrhundert halten, aber es ist das Hochzeitsgeschenk zur Vermählung von Philippa mit Graf Markus im Jahre1990 aus der Werkstatt des Kunsttischlers und Restaurateurs.

Wie ehemals ihre legendäre Vorfahrin lebt die Gräfin sehr figur- und gesundheitsbewusst und joggt beinahe täglich im schönen Schlosspark. Eine echte Traumfrau ist die modebewusste Gräfin Philippa, und ihrer Rolle als Mutter, Hausfrau und Gastgeberin hat sie sich mit Hingabe verschrieben. Das scheint auch schon auf die inzwischen 21-jährige Tochter Nathalie übergegangen zu sein, denn wann immer die Studentin einen Ausgleich vom Leistungsdruck sucht, wird seit Backfischtagen an die Küchentür ein Schild gehängt: „Do not disturb“ – und dann werden vor dem Hintergrund des Stressabbaus Muffins und dergleichen gebacken. Keine schlechte Strategie mit hausfraulichen Aktionen gegenzuhalten, wenn das Nervenkostüm schwächelt. Hingegen erklärt meine Gastgeberin Philippa, dass sie sicherlich nicht ohne ihre Meisterkurse bei österreichischen Haubenköchen in der Lage wäre, ihre vielbesungenen eleganten Menüs zu zaubern. So habe sie erst dort gelernt, wie man es bewältigt, innerhalb kürzester Zeit mit akribischer Vorplanung exzellente Speisen aus dem Ärmel zu schütteln. Da wird das Gemüse schon am Vormittag vorbereitet, Suppen angesetzt, Mengen abgewogen – so dass dann am Abend der Wirbelwind von Hausfrau mit anscheinender Mühelosigkeit auf die Schnelle das wunderbarste Tischlein-Deck-Dich aus dem Hut zaubert. Lange habe sie sich gefragt, wie im Restaurant stets soviele Gerichte verfügbar und je nach Bestellung abrufbar seien. Bis sie die semi-homemade-Methode entdeckt habe, die mit teils schon vorbereiteten Zutaten arbeitet. Eine gute Hausfrau muss eben ein Konzept haben und sich immer zu helfen wissen, auch wenn mal etwas misslingt. So wird man vom Amateur zum Profi – auch als Hausfrau!

Das Essen nehme bei den Grafen Königsegg überhaupt einen sehr hohen Stellenwert ein, bekennt meine Gastgeberin. Nicht nur zur Sättigung, nein, sondern um im Kreise der Familie mit den beiden Söhnen Constantin und Geza und zuweilen auch mit der in Wien studierenden Tochter bei Tisch zusammenzufinden, den Tag zu reflektieren und die liebevoll zubereitete Kost gemeinsam zu genießen. Aber sie allein auf ihre Erfüllung als Hausfrau und Mutter beschränken zu wollen, würde der Gräfin nicht im Geringsten gerecht werden. Ihre umfassenden Aktivitäten auf Halbturn sind breit gefächert und greifen auf, was die Baronin Waldbott-Bassenheim als Kulturinstitution ins Leben gerufen hat. Diesen Weg entwickelt Gräfin Philippa auf vielen Ebenen weiter, um die künstlerische Vision zukunftweisend zu entfalten. Ein Kulturprogramm, das mit seinen konzertanten Aufführungen im fürstlichen Ambiente Schloss Halbturn zur Erlebniswelt werden lässt, liegt der Gräfin besonders am Herzen. So steht sie als Präsidentin dem Projekt der Halbturner Schlosskonzerte vor. Ein wunderbarer Anlass, sich von Halbturn verzaubern zu lassen, bieten darüberhinaus die diversen Events im Schloss, bei denen die persönliche Note der Gastgeberin Gräfin Philippa immer spürbar bleibt. Dies alles findet zudem in idealer Kooperation mit Graf Markus statt, der die Diners und Empfänge gastronomisch perfekt ergänzt.

Der vorbildlichst sanierte Weinkeller des Grafen Markus zu Königsegg

Sehr begehrt sind im Halbturner Programm auch die Weinverkostungen in den ehemaligen Stallungen, welche auf Initiative der Baronin zur Keimzelle des „Weingutes Schloss Halbturn" umgestaltet wurden – ein Projekt, das der Schlossherr persönlich leitet, und mit dem er landesweit neue Maßstäbe gesetzt hat. Weinbau gibt es auf Halbturn schon seit dem 13. Jahrhundert – die ersten Weingärten der Herrschaft Ungarisch-Altenburg wurden 1214 gepflanzt, sodass dieser Zweig des Familienunternehmens aus der gewachsenen Tradition hervorgegangen ist. Nachdem 1960 unter Baron Paul die Weingärten in den Ländereien des Schlosses erweitert wurden, hat Schlossherr Graf Markus weder Kosten noch Mühen gescheut, den Traditionsbetrieb mit größtem Ehrgeiz umzustrukturieren und ihn auf höchstem Niveau in die Zukunft zu führen. Ergebnis dieses Engagements ist, dass Schloss Halbturn inzwischen als eines der Spitzenweingüter des Landes fest etabliert ist. So findet auch unsere Weinverkostung am Nachmittag in einem der schönsten Weinkeller des Landes statt, der sich, wie Graf Markus erklärt, durch „den bordelaiser Stil und spartanische Kellertechnik vom Feinsten" auszeichnet. Man muss schon ein Visionär sein, um Wein in Barique-Fässern aus Eichenholz in dieser Qualität und Fülle in solch ästhetischem Ambiente präsentieren zu können. Dieser Einsatz sichert eine stabile Basis für die Herausforderungen der Zukunft und den weiteren Ausbau des Weinguts. Bestätigt wird dieser bedingungslose Qualitätsanspruch durch zahlreiche Auszeichnungen im In- und Ausland, so zum Beispiel als Sieger des Pinot Noir Cup in Deutschland und mit Goldmedaillen in Japan und London.

Der gut funktionierende Familienbetrieb, bei dem sich alle Beteiligten in ihren besonderen Fähigkeiten und Neigungen ergänzen, lässt aber immer auch Spielraum für die persönliche Entfaltung der eigenen Interessen zu. Mit ihrem persönlich geführten Museumsshop, dessen Gestaltung ihr sehr am Herzen liegt, hat die Gräfin das Angebot für Gäste und Besucher Halbturns perfekt abrunden können.

Es ist klar, dass die Gräfin bei all ihren facettenreichen Aufgaben immer in Bewegung bleibt und darüber hinaus vielfältige familiäre und freundschaftliche Kontakte pflegt. Nein, eine Prinzessin, die sich den ganzen Tag die Sonne auf den Bauch scheinen lässt, wäre der Aufgabe, das schicksalsträchtige Erbe Halbturns in die Zukunft führen müssen, nicht gewachsen. Dass man dabei dann allerdings noch so hübsch und lustig, ja geradezu locker-flockig mit müheloser Eleganz zauberhaften Flair verströmt, das ist der Gräfin, die dem Renaissancepalast Schloss Hohenems zwischen Liechtenstein und Bodensee entstammt, wohl genetisch in die Wiege gelegt. Ich denke, dass an der Wiege der Gräfin Philippa schon sämtliche guten Feen versammelt waren und aus ihrem Füllhorn reichhaltig Talent, Schönheit, Charisma und Charme verteilt haben.

Manchen hat der Liebe Gott eben mehr zugeteilt als anderen. Und wo es weniger ist, da hat man eben die spannende Aufgabe, seine Kapazitäten zu entwickeln, und die Chance, an den Herausforderungen zu wachsen. Ich zumindest empfinde es als Wunder, dass ich auf den Spuren meiner Leibspeisen in einem Schloss, das schon immer die Handschrift der Frauen getragen hat, gelandet bin: Von Königin Maria von Ungarn, Königin Maria Theresia, Erzherzogin Maria Christina von Österreich, Erzherzogin Isabella von Österreich, Baronin Marietheres Waldbott-Bassenheim bis Philippa Gräfin zu Königsegg-Aulendorf wird ja wohl jemand zu finden sein, der mir hier dank der Überlieferung und mit unermüdlicher weiblicher Intuition, von zarter Hand zubereitet, das hochklassigste Soufflé in ganz Österreich servieren kann. Und richtig, mein Griff nach den Sternen hat sich gelohnt, denn was mich erwartet, ist – ganz im Stile Halbturns – eine wahrlich fürstliche Leibspeise.

Philippa Gräfin zu Königsegg-Aulendorf

Marillensoufflé Maria Theresia

Zutaten für 6 – 8 Personen:
220 g Marillenmarmelade
180 g Zucker
9 Eiweiß
Butter zum Bestreichen der Form
Mandelblättchen zum Bestreuen

Der Zucker wird mit der Marillenmarmelade und dem Eiweiß von 2 Eiern eine halbe Stunde lang gerührt, am besten mit einer Küchenmaschine. Dann schlägt man das übrige Eiweiß steif und mengt es vorsichtig darunter. Die Mischung wird in eine gebutterte Auflaufform gefüllt, dicht mit Mandelblättchen bestreut und im vorgeheizten Backofen bei 150 Grad 10 – 15 Minuten gebacken.

Die attraktive Nachfahrin „Sisis" zaubert Marillensoufflé.

Brillante Meisterköchin und charmante Gastgeberin auf höchstem Niveau

Das nenn ich mal „Prinzess“-Bohnen …

Eine der delikatesten Nachspeisen, die ich je serviert bekam, überzeugte mich beim Diner bei Gräfin Philippa auf Halbturn rundum. Die fürstliche Leibspeise ist eine uralte Raffinesse und macht mit ihren wenigen Zutaten und der raffinierten Zubereitungsweise dem großen Namen alle Ehre. Sie findet sich im Kochbuch der Baronin, die ein Leben lang damit ihre Gäste mühelos in Verzückung versetzen konnte.

Die gesamte Komposition von Rehrücken, der zartrosa auf den Punkt von zartschmelzenden Piroggen und verlockend drapierten Prinzessbohnen im Speckmantel begleitet wurde, und einem vortrefflichen lauwarmen Spargelsalat als Vorspeise, habe ich genossen. Ich habe geschwiegen und geschwelgt! Und mir gerne immer wieder Wein nachschenken lassen! Was um Himmelswillen ist das Geheimnis, eine Vorspeise „lauwarm“ zu halten? Der Ehrgeiz der Gastgeberin gebietet es, dass dieser Salat niemals „kalt“ die Tafel erreicht – ein Stress, den ich bestens kenne!

Wonach kann ich jetzt noch fragen? Richtig! Nach all den diversen Angeboten, die mir Anlass und Entschuldigung sein könnten, möglichst bald nach Halbturn zurückzukehren. Und Gründe gäbe es da viele: sei es das breitgefächerte Ausstellungsprogramm von bildender Kunst, welches immer wieder Überraschungen bereithält, das jährliche Blumenfest „Gartenlust“ oder der stimmungsvolle pannonische Weihnachtsmarkt. Wir sollten unsere Antennen viel mehr für die Wunder dieser Welt schärfen. Ein Ereignis, dessen Zustandekommen man sich gar nicht erklären kann, das menschlicher Vernunft und Erfahrung unter den Gesetzlichkeiten von Natur und Geschichte widerspricht und von dem Augenzeugen mit Erstaunen und Verblüffung berichten werden: Das ist das Wunder von Halbturn. Fahren Sie einfach mal hin! Und was soll ich sagen? Die Heimreise wird nicht nur schweren Herzens angetreten und von einem „Hoch auf die Baronin!“ begleitet, sondern durch das Wunder abgerundet, dass mich meine Gastgeberin, die Gräfin Philippa zu Königsegg-Aulendorf ihrem werten Bruder, Graf Franz Clemens zu Waldburg-Zeil, in den Renaissancepalast Hohenems und an ihr Elternhaus in Vorarlberg weiterempfiehlt. Bislang kannte ich die Region nur vom Skifahren – nun erlebe ich sie in voller Maienblüte! Auf diese Weise mache ich doch gern die Runde und lasse mich als kulinarische Autorin auf der Suche nach den Gerichten mit Geschichte innerhalb der nächsten Verwandtschaft fürstlich bewirten. Wenngleich ich mir kaum vorstellen kann, dass nach meinem Besuch auf Schloss Halbturn eine Steigerung überhaupt noch möglich ist.

Essen nimmt bei uns einen sehr hohen Stellenwert ein!

Philippa Gräfin zu Königsegg-Aulendorf

Stephanie Gräfin zu Waldburg-Zeil-Hohenems

Leibspeise: Bärlauch-Kalbsroulade

Renaissancepalast Hohenems

Kochen ist eine Kunst und keineswegs die unbedeutendste!

Stephanie Gräfin zu Waldburg-Zeil-Hohenems

Der geschichtsträchtige Hohenemser Schlossberg befindet sich am Vorarlberg in den österreichischen Alpen. Er ist von drei Schlössern umgeben. Auf dem Schlossberg thront als ehemals größte Burganlage Mitteleuropas die Ruine Alt-Ems, nördlich davon Schloss Glopper aus dem 13. Jahrhundert und zu seinen Füßen der gräfliche Palast zu Hohenems. Wie lebt es sich eigentlich in einem ausgewiesenen Renaissancepalast? Und als wäre dies nicht genug, vernimmt der interessierte Besucher, dass selbiger Palast seit Gründung durch die edlen Ritter von Ems als Residenzschloss genutzt wurde. Palast und Schloss in einem – mehr geht nicht. Wohnt dort etwa eine Prinzessin auf der Erbse und testet Matratzen?

Für mich ein triftiger Grund innezuhalten und dieser hochspannenden Frage auf den Grund zu gehen. Erfolg ist eine Frage des Vorbereitetseins – und so habe ich natürlich vorübergehend meine Schürze an den Nagel gehängt und vor Reiseantritt gründlich recherchiert. Mein Nachschlagewerk hat nur preisgegeben, dass Hohenems, am Fuße des mächtigen Schlossberges, Teil des Privatbesitzes der gräflichen Familie Waldburg-Zeil ist und Ende des 12. Jahrhunderts ins Rampenlicht der Geschichte trat. Rudolf von Ems schrieb schon im 13. Jahrhundert am Schlossberg Literaturgeschichte. Jakob Hannibal I. gründete den Kleinstaat Hohenems, Vaduz, Schellenberg, Lustenau und Gallerate, sein Sohn Graf Caspar siedelte erstmalig im 16. Jahrhundert Juden als freie Bürger an. Papst Pius IV. und der Heilige Karl Borromäus waren Oheime der Emser. Und die Handschriften A und C des Nibelungenliedes wurden im Palast Hohenems entdeckt. Hach, muss das schön sein, wenn man von so vielen Erfolgen der Urahnen berichten kann, schon bevor man das Licht der Welt erblickt! Unsereins muss sich ja alle Lorbeeren mühsam selbst verdienen!

Des Renaissancepalastes Hohenems größter Wert allerdings sind die Menschen, die ihn bewohnen, die ihm Gestalt geben, Leben einhauchen und damit die Geschichte des Hauses Waldburg-Zeil zeitgemäß und realistisch weiterschreiben. Erbsen, die unter Matratzen versteckt und von Prinzessinnen beklagt werden, gibt es eben nur in Märchenbüchern! Immer noch beseelt von meinem Dinner auf Schloss Halbturn wäre ich jeglicher Empfehlung meiner charismatischen Protagonistin Philippa Gräfin zu Königsegg-Aulendorf, welche die bezaubernde Schwester meines Gastgebers, des Grafen Franz Clemens Waldburg-Zeil ist, sklavisch gefolgt. Zumal sich auf diese wundersame Weise die familiären Bande meiner zeitgenössischen Adelschronik abermals miteinander verknüpfen. Ich musste also nach Hohenems, und zwar nicht allein aus kulinarischen Motiven. Endlich nämlich würde ich den feinen Unterschied zwischen einem Schloss und einem Palast erkunden dürfen. Diese klaffende Bildungslücke galt es dringend zu schließen!

Ein wahnsinnig charmanter Tischler: Erbgraf Franz Clemens zu Waldburg-Zeil.

Palazzo, Palais, Palace – diese feinen Nuancen spannen sich vom Justizpalast bis zum abgerissenen, asbestverseuchten „Palast der Republik" der ehemaligen DDR. Ist das Markenzeichen Palast kulturell denn tatsächlich immer ein Qualitätsmerkmal? Der monumentalste Palast der Welt ist der rumänische Parlamentspalast, der mit einem Raumvolumen von über zweieinhalb Millionen Kubikmeter und 450.000 m² Wohnfläche nach dem Pentagon in Washington das zweitgrößte Gebäude der Welt ist. Die immensen Baukosten brachten dem Volk nur zusätzliche Verarmung. Hätte man mit dem Geld doch bloß die sittenwidrigen Kinderheime Rumäniens saniert. Was will uns dieser kleine Exkurs also sagen? Ein Palast an sich muss noch kein wertvolles Kulturgut sein.

Anders natürlich verhält es sich mit gewachsenen, aus der Historie entsprungenen Kunstdenkmälern, die als repräsentative Niederlassung eines Herrschers auf jahrhundertealte Familiengeschichte zurückblicken können und meist ihre Wurzeln in der Gotik oder Renaissance haben. Welch ein Leckerbissen also für mich, bei dieser Einladung nicht nur den ab 1563 von Martino Longhi erbauten Renaissancepalast Hohenems als eine der schönsten Schlossanlagen im Bodenseeraum kennenlernen zu dürfen, sondern einem alten Bekannten wiederzubegegnen! Mein Gastgeber gibt nämlich vor, mich bereits in meiner jungendlichen Blüte bei einer Jagd auf Schloss Kreuzwertheim, bei meiner alten Freundin Elisabeth Fürstin Löwenstein, in den 90er-Jahren kennengelernt – und verehrt – zu haben. Weil er mein Tischherr und folglich ich seine Tischdame gewesen sei. Die Legendenbildung besagt weiter, dass wir wild getanzt hätten. Ich soll auch gesungen und mich auf einem Flügel geräkelt haben – erzählt man sich. Ich erinnere mich weder an das eine, noch an das andere, aber ich hatte ja auch Rotwein zum Wild getrunken. Wo ich doch nichts vertrage! Allerdings weiß ich, wie immer, noch sehr genau was ich anhatte: ein schwarzes, bodenlanges Taftkleid mit plissierten Rüschen und tailliertem „Schößchen" von Christan Dior. Klingt bombastisch, sah aber schlicht aus. Das Kleid hatte sogar akustische Effekte: Es raschelt nämlich, wenn man sich bewegt. Das passt doch zur Jagd. Da raschelt es ja auch, wenn ein Stück Frischfleisch durchs Gebüsch streift. Jahrzehnte später spielte mir also das Schicksal eine Einladung zu Franz Clemens Graf zu Waldburg-Zeil und seiner Gattin Stephanie, geborene Gräfin Blanckenstein, zu. Ich packte also völlig geplättet die Koffer!

Bislang hatte ich die Region um den Vorarlberg immer mit der Vorfreude auf meine jährliche Winterskireise nach Lech, St. Christoph und Zürs assoziiert. Ich kenne den Vorarlberg nur tief verschneit. Und so muss man ihn lieben! Dieses Mal blieb die Skiausrüstung leider im Schrank, denn mein erster schneefreier Besuch dieser erhabenen Landschaft zwischen Bayern im Norden, Tirol im Osten, Graubünden im Süden und dem Fürstentum Liechtenstein im Westen, angrenzend an St. Gallen und den Bodensee, war geeignet, das „Ländle" in ganz neuem Lichte zu erleben. Ich gebe zu, ohne winterliche Idylle, ohne in weihnachtlichem Glanze erstrahlende Tannenbäume, heiße Maroni und gebrannte Mandeln vermochte ich mir unter der Wiege des alpinen Skilaufs nichts vorzustellen. Ich ahnte allerdings, dass sich auf erfrischende Weise hier Historie und Tradition mit innovativen Ideen und solidem Kunsthandwerk verbinden würden. Denn erstens fällt der Apfel nicht weit vom Stamm und zweitens eilt dem Grafen ein exzellenter Ruf als Kunsttischler, Restaurator, Sachverständiger für Antiquitäten und als Bauunternehmer voraus.

Und so tauche ich während meiner Anreise in eine fast 1000 Jahre zurückliegende Epoche ein. Nachweisbar seit 1170 geht die Familie der Ritter von Hohenems auf eine Vorarlberger Adelsfamilie zurück. In den Auseinandersetzungen zwischen Welfen und Staufern sind bereits zwei Ritter von Ems als Ministeriale des Herzogs von Schwaben benannt. Diese Edlen kontrollierten das Rheintal von Vaduz bis zum Bodensee und hatten die ehrenvolle Aufgab, die Reichsstraße nach Italien zu überwachen. Zudem dienten sie dem römisch-deutschen Kaiser als Landsknechte auf verschiedenen Kriegsschauplätzen Europas. Die weiteren Geschicke der Familie wurden durch Priester, Päpste und Bischöfe gelenkt. Die zukunftsträchtige Heirat Wolf Dietrichs von Ems mit Chiara de Medici, der Schwester des bald darauf gewählten Papstes Pius IV., ebnete den Weg zur Standeserhöhung. Durch diese Einheirat in die damals mächtigste Familie Italiens begann ein steiler Aufstieg zur Macht – und die Familienpolitik der Emser nahm ihren Lauf. Bald nach der Wahl Giovanni Angelo de Medicis zum Papst erhob Kaiser Ferdinand I. also 1560 die Ritter von Ems, auch aufgrund des hohen Ansehens, dass sie in Italien erworben hatten, in den Grafenstand. Welch ein prachtvoller Lohn dafür, dass die Edlen immer „so schön auf die Straße nach Italien aufgepasst haben".

Auftraggeber des Renaissancepalastes war Kardinal Mark Sittich III. von Hohenems, Sohn von Wolf Dietrich und der Chiara de Medici. Die Residenz hatte standesgemäß zu sein und sie sollte mit weitläufigen Parkanlagen nach dem Vorbild italienischer Fürstenhöfe errichtet werden. Tiergarten und Lusthaus durften dabei nicht fehlen! Für Spaß war also seinerzeit schon im Planungsbüro gesorgt. Wenn heute doch nur mal einer so bauen würde!

Gleichzeitig wurde die Reichsfestung Alt-Ems auf dem Fels ob Ems, welche bis dato der Familie als Stammsitz gedient hatte, „im neuen Stil" renoviert. Durch die Vollendung des reichhaltig ausgestatteten Palastes wurde Hohenems schließlich zur Residenz. Indem Nachfolger Graf Caspar die im Marktflecken ansässige Landbevölkerung von der Leibeigenschaft befreite, wurde ein Anreiz zur Niederlassung von Handwerkern und Kaufleuten in dieser Region geschaffen.

Statt Playmobil: die Ritterburg Alt-Ems en miniature!

Leider ließen die lustigen Nachfahren der nachfolgenden Generation das umsichtige und haushalterische Denken des Grafen Caspar vermissen und die Emser Grafen machten durch eine sprichwörtlich gewordene Liderlichkeit und Verschwendungssucht von sich reden. Mit dem Tode des seligen Grafen Caspar im Jahre 1640 begann der rasche Niedergang der Familie. 1710 wurden die Herrschaften Vaduz und Schellenberg an den Fürsten von und zu Liechtenstein verkauft. Dafür wurde in Böhmen Schloss Bistrau erworben. Als der letzte Reichsgraf von Hohenems, Graf Franz Wilhelm, 1759 die Augen schloss, war die Familie im Mannesstamme ausgestorben – Tochter Maria Rebecca erbte alles, Hohenems fiel als Reichslehen an die Habsburger, die Wälder, Wiesen, der Palast und Burg Glopper aber blieben im Besitz der nachfolgenden Familie.

Nach jahrelangen Prozessen und erbitterten Rechtsstreitigkeiten mit den Habsburgern blieb als Rest der Kleinstaat Lustenau mit der Größe von 22,5 km²! Nichts hat mich auf meiner Leibspeisenrecherche so sehr erfreuen können, wie diese Tatsache – offenbart es doch, dass auch ich auf meinem Anwesen „Heinrichshöhe" im Havelland, mit 450 m² Wohnfläche mit einem Wald- und Wiesengrund von 3000 m² Herrscherin meines eigenen Besitztums bin! Wenn ich es nicht noch zu einem Kleinstaat erhebe! „Die in Lustenau" haben ja auch mal klein angefangen. Man könnte theoretisch das Land Lustenau komplett mit Teppichauslegware auslegen lassen! Der Kleinstaat Lustenau befand sich neben Hohenems, unterlag den „Erlauchten Grafen zu Waldburg-Zeil-Lustenau-Hohenems" und fungierte souverän und unabhängig. Praktisch so wie ich also! Ich liebe Lustenau – ein Land nach meinem Geschmack!

Seit 2008 sind sie Ehrenbürger der City of London: Graf und Gräfin zu Waldburg-Zeil.

Der politische Druck des Habsburgerstaates führte letztendlich zum endgültigen Ende der Souveränität. Bis heute sind die noch bestehenden Eigentumsrechte über Lustenau ungeklärt. Ich werde bald mal hinfahren und mir das Land ansehen! Vielleicht kaufe ich es?

Hohenems gelangte schließlich in Österreichisch-Habsburgischen Besitz. Damit gingen 600 Jahre unabhängiger Adelsherrschaft fast zu Ende – nur der Privatbesitz mit Landwirtschaft und Waldungen, wie auch der Palast, fielen seinerzeit dem Erben Franz Xaver Graf von Harrach zu. Dessen Erbtochter Maria Waldburga Harrach ehelichte 1779 den Grafen Clemens Alois zu Waldburg-Zeil. Dadurch ist nun seit über 200 Jahren der Palast im Besitz dieser Dynastie, deren Stammsitze die Waldburg sowie Schloss Zeil bei Leutkirch im Allgäu sind. Der Renaissancepalast stand lange leer und galt als unbewohnbar. Um 1804 wanderten viele wertvolle Gemälde und Antiquitäten aus Hohenems nach Bistrau. 1830 wurde der Besitz aufgrund der festgefahrenen Überzeugung, dass dort kein Mensch leben könne, als Kaserne genutzt. Man sprach jahrelang von Abbruch, Abriss oder Umbau zum Sägewerk. Erstaunlich, wie Gedankengut doch zur Barriere werden kann, um die Kapazitäten eines Erbes nach allen Kräften zu verleugnen. Bis jemand daherkommt, der all die Blockaden der Ahnherren ignoriert.

Gott sei Dank kam jemand! Ja, es bedurfte der Leidenschaft eines einzelnen älteren Herrn, um der totgesagten Immobilie Leben einzuhauchen. 1882 erwarb nämlich Graf Clemens zu Waldburg-Zeil große Verdienste, indem er sich nicht scheute, den Palast vor dem Verfall zu retten und mit seiner Familie das als „unbewohnbar" abgestempelte Objekt zu beziehen – und zu reanimieren. Seine Gemahlin Klementine Prinzessin von Oettingen erfreute sich höchster Beliebtheit bei der Bevölkerung und nach jahrhundertelangem Dornröschenschlaf wuchsen wieder zwei Söhne und drei Töchter im Palast Hohenems auf. Maximilian, der älteste Sohn und Erbe, hinterließ zwei Töchter. Der zweite Sohn Georg, ein k.u.k.-Major, heiratete 1912 Elisabeth Erzherzogin von Österreich, die Enkelin Kaiser Franz Josephs und der märchenhaft berühmten Kaiserin „Sisi"! 1954 erwarb deren Ältester, Franz Josef, den Besitz samt Palast und Burg Glopper von seiner Cousine Clementine. Er heiratete 1956 Priscilla Gräfin von Schönborn-Wiesentheid, die ihm sieben Kinder schenkte. Dies ist die Mutter meines Gastgebers Graf Franz Clemens. Dessen Vater Franz Josef von Waldburg-Zeil öffnete bereits 1960 als einer der ersten Schlossbesitzer den Palast für Veranstaltungen, Tagungen, Konzerte und Ausstellungen und ließ die breite Öffentlichkeit dadurch an dem imposanten italienischen Renaissancebau teilhaben. Erstaunlich, dass dieser Schritt 50 Jahre zurückliegt, während heute noch Familien mit sich hadern, ihre Besitztümer als Kulturgut Interessierten zugänglich zu machen.

Auf Hohenems war es für die Kinder immer eine Selbstverständlichkeit, mit Besuchern aufzuwachsen und der Öffentlichkeit Zugang zu dem historischen Rahmen mit 5000 m² Nutzfläche zu verschaffen. Dennoch ist Hohenems auf ausdrücklichen Wunsch der Familie kein Museum, sondern eher ein privat bewohntes Schloss, welches Gäste aus nah und fern willkommen heißt. Diese Gäste schließen den Kronprinzen von Bahrain und die Fürsten Liechtenstein ein, und außerdem finden regelmäßig Empfänge für regierende Häuser für 50 – 60 Personen statt. Meine bescheidene Wenigkeit freut sich also außerordentlich vom Gastgeber im Schlosshof persönlich begrüßt zu werden – ja, jetzt dämmert es mir dunkel, dass ich mit diesem Herrn einmal getanzt hatte. Und genauso attraktiv wie einst ist er noch heute – getoppt wird er nur von seiner sehr charmanten und aparten Gräfin „Nini", die er am 4. Mai 1991 auf Schloss Langenstein in Baden-Württemberg standesgemäß geheiratet hat. Man hatte sich idealerweise auf einem Fest im Hause Hohenlohe-Langenburg kennengelernt.

Die vier hübschen Töchter des Paares – Tatjana, Cecilia, Leonie und Sophie – sind zwischen elf und 20 Jahren alt, und trotz zeitweiliger Auslandsaufenthalte sind die Mädchen doch omnipräsent. Ich fühle mich sofort in meine Jugendjahre zurückversetzt, da ich mich mit meinen Siebensachen im weitläufigen „Mädchenzimmer" frisch machen darf. Das Gästezimmer ist derzeit langfristig besetzt! Natürlich – daraus mache ich keinen Hehl – sind meine Augen immer überall, auch wenn ich so tue als würde ich gar nichts mitkriegen. Und nach einem kurzem *touch up* meines Make-ups, kommt es mir bereits so vor, als hätte ich die bildhübschen Töchter des Hauses persönlich kennengelernt. Stehen doch in den Bücherregalen und im CD-Regal, in den silbernen Bilderrahmen und auf den Fensterbänken ähnliche Lektüren und Accessoires: Gar nicht so viel anders als bei mir daheim. Nicht auszudenken, wie es bei mir aussähe, wenn ich vier Töchter hätte! Wunderbare Hochzeiten im Renaissancepalast Hohenems dürften also innerhalb der nächsten Epoche vorprogrammiert sein!

Unseren Begrüßungskaffee nehmen wir im Büro des Grafen Franz Clemens, dessen Firmenschild „Möbelrestaurierung Franz Clemens Waldburg-Zeil" mein Interesse weckt. Können diese aristokratischen Hände wirklich so hart hobeln und schleifen? Ja, können Sie. Der Aristokrat hatte nicht die geringsten Berührungsängste, als er von 1981 bis 1983 eine Tischlerlehre als Restaurator in der Wiener Restaurierungswerkstatt Jan Makovec mit abschließender Gesellenprüfung in Wien absolvierte. Von 1983 bis 1986 nahm er dann die Arbeit als Restaurator der Möbelsammlung des Österreichischen Museums für Angewandte Kunst in Wien auf. Diese soliden Qualifikationen prädestinierten den Grafen dafür, als Chefrestaurator der Möbelsammlungen des Comte de Rougemont im Château de Crèvecœur in Frankreich tätig zu werden. 1990 widmete er sich dann als Chefrestaurator der Sammlungen des Fürsten zu Fürstenberg im Schloss Donaueschingen. Die Selbstständigkeit des Grafen begann 1992 mit der mutigen Gründung seiner Firma „Möbelrestaurierung Walburg-Zeil" in Hohenems, von wo aus er auch als Restaurator und auch als Kunst- und Antiquitätenhändler tätig ist. Der Erfolg dieses geradezu bürgerlichen Werdegangs führte zu einer ambitionierten, bauunternehmerischen Tätigkeit des Grafen, die ihresgleichen sucht. So überzeugte der einstige Tischlerlehrling mit der meisterlichen Versetzung eines ganzen Bauernhauses aus dem 17. Jahrhundert und weitete seine Tätigkeit auf den Bau von Luxusappartements am Arlberg und auf stilsichere Um- und Ausbauten edler Objekte über ganz Europa aus.

Restaurator, Kunstsachverständiger, Bauunternehmer und Skilehrer in einem: Ich bin beeindruckt von meinem Gastgeber!

Können diese aristokratischen Hände wirklich so hart hobeln und schleifen?

Désirée

Der bodenständige und leidenschaftliche Kunsthistoriker zeigt mir aus seinem Archiv die zahlreichen Chalets am Arlberg, in Deutschland und in der Schweiz, die er, angefangen bei Erkern und regionalen Stuben, bis hin zum gesamten Haus konzipiert hat. Erst jüngst stattete der Kunsttischler, Bauunternehmer und Projektleiter elf Räume in einem Schloss bei Düsseldorf aus. Das Klischee, „der hohe Herr" wolle sich nicht die Hände schmutzig machen, wird durch Graf Franz Clemens wahrlich Lügen gestraft. Ich frage mich sowieso seit Langem schon, warum Sprösslinge alter Familien sich nicht viel öfter für eine solide Handwerkslehre entscheiden, statt mit mittelmäßigen Abschlüssen so einfallsreiche Studien wie Jura oder BWL anzupeilen? Es gibt so viele wunderbare Berufe, denen gegenüber Berührungsängste herrschen – doch der Lebensweg des Grafen Waldburg-Zeil soll hier als leuchtende Inspiration gelten. Zumal die berufliche Perspektive des Frühstücksdirektors mittlerweile auch erloschen ist. Der Graf sagt: „Dadurch, dass vorherige Generationen mit viel Energie Hohenems saniert und restauriert haben, bietet sich uns eine Basis, auf der wir aufbauen können." Und das junge Paar hat sich viel vorgenommen!

So entdeckte man beispielsweise an den geschützten Steilhanglagen am Fuße des Schlossberges in den privaten gräflichen Wäldern Unmengen einer ausdauernden krautigen Pflanze, die der Zwiebel, dem Schnittlauch und der Amaryllis verwandt: den Emser Schlossberg-Bärlauch. Franz Clemens und Nini erkannten die Kapazitäten dieses besonderen, lange ignorierten Geschenks der Natur. Der Graf erläutert mit viel Sachkenntnis: „Die Bodenbeschaffenheit für unseren Bärlauch könnte nicht besser sein. Der Kalkstein mit dem alpinen Mischwald und die gute Bergluft geben dafür eine optimale Grundlage. Der schattige, humusreiche Laubwald mit kalkreichem Boden, Auen, Schluchten und Bachläufen rund um den Schlossberg ist das ideale Milieu für die Ausbreitung dieser Gattung des Bärlauchs. Das Geheimnis für das große Vorkommen am Vorarlberg liegt darin, dass die Samen immer erst eine Frostperiode durchlebt haben müssen, bevor sie erneut auskeimen." Geradezu in Massen bedeckt der Bärlauch im Frühjahr die weiten Ebenen des Waldburg-Zeilschen Besitzes und verströmt seinen prägnanten Duft. Es ist dem Unternehmergeist meiner Gastgeber zu verdanken, dass dieser ideale Lebensraum für das Wildgemüse erkannt, gefördert und durch das ambitionierte Projekt des Paares im breiten Spektrum eines kulinarischen Angebotes wirtschaftlich genutzt wurde. Es umfasst sowohl Bärlauchpesto, Bärlauchweißwurst, als auch Bärlauch-Braten. Das Sortiment eröffnet ungeahnte kulinarische Gaumenfreuden. Ich bin also zu Gast bei Gourmets, die professionelle Erwartungen in mir wecken und schon leichte Anflüge eines gesunden Appetits stimulieren. Wenn da mal nicht was mit Bärlauch kredenzt wird!

Doch nun widme ich mich beim Spaziergang im Park Gräfin Stephanie, liebevoll genannt „Nini", eine studierte Kunstgeschichtlerin, die mit Eltern und zwei Geschwistern 14 Jahre

Gräfin Nini pflückt den Hohenemser Bärlauch mit zarter Hand.

lang in Sevilla aufgewachsen ist und perfekt Spanisch spricht! Dies ist aber nur eine der Fremdsprachen, die sie beherrscht. Die lässige Gräfin verwirklicht sich kulturell als Präsidentin des Hohenemser Kammerorchesters, welches unter der künstlerischen Leitung von Professor Irakli Gogibedaschwili zu den besten der Welt gehört: Das Kammerorchester Arpeggione genießt einen exzellenten Ruf. Gräfin Stephanie sagt: „Es ist eine Ehre für mich, diese Funktion zu übernehmen. Arpeggione ist ein künstlerisches Juwel, das unterstützt werden muss und wofür ich mich mit großer Begeisterung einsetze." Das Ziel des Fördervereins Arpeggione besteht darin, ein besonderes Programm in exklusiver Atmosphäre zu bieten. „Der Rittersaal im Palast bildet einen märchenhaften Rahmen für namhafte Künstler von morgen, die mit ihren Klassikkonzerten dazu einladen, bei einem Empfang in den gräflichen Räumlichkeiten des Palastes im Beisein des Dirigenten und der Solisten die Atmosphäre des Konzerts nachklingen zu lassen", betont meine vielseitige Gastgeberin. Die rund um die Uhr energetische Gräfin engagiert sich nebenbei noch im Hohenemser Puppenfestival Homunculus, im Pfarrgemeinderat wie auch im Elternverein. Mir scheint, meine neue Freundin würde eher Matratzen für den Weltmarkt produzieren, als über die Plagen piekender Erbsen zu klagen …

Diese Gesamtverantwortung auf unterschiedlichsten Ebenen bringt den Kontakt mit vielen Menschen individueller Prägung mit sich und bewahrt davor, weltfremd nur innerhalb des eigenen Kosmos zu agieren – und zu bestehen. Zudem kommt für die stets perfekt gestylte Gräfin noch das Organisieren von vielerlei Veranstaltungen im Palast hinzu. Und wenn man meinen möchte, all dies sei doch ein umfassendes Programm, dann übernimmt Nini persönlich die historischen Führungen für zahlreiche Interessierte. Wie bei allen engagierten und talentierten Kreativen, werden meist auch die Steckenpferde, die anfangs nur dem Zeitvertreib dienten, bald zur umfassenden Passion. So sollte anfangs der neuangelegte Garten mit prächtigen Rosen der Entspannung und Muße dienen, hat sich nun aber zum rekonstruierten historischen Weingarten entfaltet. Die Wurzeln dieses Weinanbaus liegen im Jahr 1620, und unter der kompetenten Beratung des Schwagers Graf Markus Königsegg aus Schloss Halbturn gelang es, mit 130 Pinot-Noir-Reben den Weinanbau auf Hohenems zu reaktivieren.

Bei so viel lebendiger Geschichte hat sich mein Horizont jenseits der Vorarlberger Weihnachtsmärkte doch um eine gehörige Portion Bildung und Basiswissen erweitert.

Zwei Hausfrauen am Ziel ihrer Träume: die handgehobelte Meisterküche des Schlossherrn!

So edel kann eine Tafel in der Küche eingedeckt sein: Die Pfingstrosen sind ein Mitbringsel der letzten großen Hochzeit!

Natürlich klären wir auf dem Gang in die meisterliche Schlossküche unsere liebsten Skihütten und Pisten ab, doch schnell wird mir klar, dass ich mich als Berliner Gelegenheitsskifahrerin sportlich lieber nicht mit Graf Franz Clemens messen sollte. Am besten gar nichts mehr sagen, denke ich mir, da er zertifizierter Skiführer ist und mit zwei Weltrekorden ins Guinness Buch der Rekorde eingetragen wurde: 1994 mit den meist gefahrenen Höhenmetern an einem Tag und in einer Woche auf Skiern. Na denn, lieber schnell das Thema wechseln. Dort! Ein großer Bilderrahmen auf dem Flügel erheischt Gott sei Dank meine Aufmerksamkeit und führt zu einem neuen Thema! Graf und Gräfin reich dekoriert mit Orden und im November 2008 zu Ehrenbürgern der City of London gekürt. Dies natürlich nicht ohne Grund: Gräfin Nini organisiert seit Jahren den Londoner Ehrenbürgern die exklusivsten Kulturreisen und hat sich damit weit über die Grenzen des Landes hinaus einen begeisterten Kundenstamm und einen eigenen Lorbeerkranz erarbeitet. Damit ergänzen sich unsere gegenseitigen Interessen um eine weitere Dimension, da ich doch einen bedeutenden Teil meines Lebens in London verbracht habe – natürlich lange, lange bevor ich berühmt wurde.

Aus meinem grundsätzlichen Faible für Österreich kann ich auch gegenüber meiner charismatischen Gastgeberin keinen Hehl machen, trete damit aber direkt in einen Fettnapf! „Vorarlberger sind ‚eigentlich' keine Österreicher!", betont Franz Clemens vehement! Er erläutert: „Keiner versteht den Dialekt, haben die Vorarlberger doch eine eigene Sprache, ein eigenes alemannisches Gehabe und einen eigenen Humor!" Nun, in Sachen Humor versteht der Berliner Formulierungen, die andere als Beleidigung auffassen, als liebevolle Komplimente. Missverständnisse dürften sich in dieser Richtung kaum bei mir ergeben. Bei so viel Bewunderung für diese modernen und aufgeschlossenen Sichtweisen dieses mir spontan ans Herz gewachsenen Ehepaares wüsste ich kaum, was meine inspirierenden Eindrücke auf Hohenems noch abrunden könnte.

Da fehlt jetzt nur noch ein kulinarisches Highlight! Völlig perplex bin ich schließlich angesichts der edel eingedeckten Tafel in der umwerfend eleganten Küche. Mit Sicherheit die schönste, die ich auf meiner kulinarischen Rundreise kennengelernt habe. Wenn man natürlich als Gräfin den eigenen Zimmermann im Hause hat, der mit vielfältigen Formen der Holzverarbeitung seine schützende Hand über den eigenen Haushalt hält, dann bewegt man sich sogar noch in der Küche im Rahmen eines Gesamtkunstwerkes. Ein großer offener Kamin, modernste Facilitys einer edlen Landhaustraumküche lassen mein hausfrauliches Herz kollabieren! Perfekt gedruckte Menükarten dekorieren die mit prachtvollen Pfingstrosen, wertvollem Bleikristall und altem Familiensilber aufgedeckte Tafel. Welches kulinarische Erlebnis wird mir also bevorstehen? Sollte ich gar organisch gereinigt wieder heimreisen, denn der anregende, blutreinigende, entzündungshemmende und cholesterinsenkende Bärlauch fördert nicht nur die Verdauung, sondern verhindert Arteriosklerose, senkt den Blutdruck und ist ein Labsal gegen sämtliche Zivilisationskrankheiten. In der Tat zaubert Gräfin Stephanie bestens vorbereitet in kurzer Zeit routiniert eine Bärlauchroulade an frischem Gemüse aufs florale Porzellan.

Stephanie Gräfin zu Waldburg-Zeil-Hohenems

Bärlauch-Kalbsroulade

Zutaten für 1 Roulade:
200 g Kalbsrücken
Salz
Pfeffer
ca. 5 Blätter Bärlauch
50 g Putenfarce
50 g Rohschinken
Öl zum Anbraten

Den Kalbsrücken plattieren und mit Salz und Pfeffer würzen. Die Bärlauchblätter waschen, trocken schütteln und klein hacken. Die Putenfarce mit dem klein gehackten Bärlauch vermischen und dünn auf das Kalbfleisch aufstreichen. Anschließend zu einer Roulade aufrollen und diese mit dem Rohschinken einwickeln, dabei evtl. mit Rouladennadeln fixieren.

In einer Pfanne etwas Öl erhitzen und die Roulade darin rundherum scharf anbraten. Bei 160 Grad Umluft ca. 17 Minuten im Backofen fertig garen, danach aufschneiden und servieren.

Tipp: Dazu schmecken hervorragend köstliche Rahmkartoffeln und karamellisierte Karotten.

Gräfin Stephanie zaubert die Bärlauchroulade.

Ich lerne immer noch dazu: Karamellisieren der Karotten!

Im Hintergrund ein edler Tropfen des Schwagers aus Schloss Halbturn. Wie lieb ich doch aussehe, wenn mich keiner ärgert …

Irgendwie, finde ich,
bin ich auch so wie der Bärlauch:
Er fühlt sich wohl in großen Familien,
und wenn er erst einmal
heimisch geworden ist, breitet er
sich gerne üppig aus.

Désirée

Hier tafelten schon Könige: Die Autorin in der schönsten Küche der Welt mit den superben Gastgebern.

Das servierte Leibgericht spiegelt den Stil und das persönliche Flair meiner geschätzten Gastgeber wider: Eine perfekte Komposition aus besten Zutaten, die raffiniert harmoniert und bei aller Sachkenntnis und Qualität mit unbeschwerter Leichtigkeit parfümiert ist. Die gute, alte deutsche Kohlroulade nach Großmutters Art mag zwar harte Konkurrenz sein, aber dem puristischen Flair dieser zeitgemäßen Variante einer Roulade ist großes Lob zu zollen. Mit dem abgerundeten Arrangement der Aromen vom Schlossberg begibt sich der verwöhnte Gourmet auf eine sinnliche Entdeckungsreise. Mal wieder zeigt sich: Man kann auch Gutes immer noch besser machen! Das ist wie mit alten Möbeln – ohne sachgerechte Restauration wird sich die Schönheit edler Antiquitäten nicht bewahren lassen.

Am knisternden Kaminfeuer und beim Wein aus eigenem Anbau verwirklicht sich für mich im Renaissancepalast Hohenems mein ganz persönlicher Traum vom perfekten Dinner. Zum Abschluss werde ich von meinen Gastgebern mit einem bunten Sortiment zahlreicher Bärlauchprodukte beschenkt. Ich nehme die Gaben an. Und ich habe sie inzwischen alle ausprobiert. Willkommen in der Welt des Emser Schlossbergs und seiner ganzheitlich gesundheitsfördernden Wirkungen. Wie sagte doch mein Gastgeber so schön? „Im Volksglauben dachte man schon zu Zeiten der Kelten, dass die Bären nach dem Winterschlaf als erstes nach dem frischen Grün dieses Lauchgewächses zu ihrer Stärkung suchten. Daher der Name Bär-Lauch!“ Achso – daher haben also die wilden Bären ihre magischen Kräfte.

Katalin Freifrau von Hoenning O'Carroll

Leibspeise: Sünchinger Hochzeitsbombe

Schloss Sünching

Einmal im Jahr kommt ein Putztrupp.

Katalin Freifrau von Hoenning O'Carroll

Castra Regina – das Lager am Regen. Regensburg ist eine der ältesten Städte Deutschlands. Schon in der Steinzeit gab es hier eine Siedlung. Der 179 von Marc Aurel gegründete Ort entwickelte sich vom Römerkastell zum Bischofssitz und ist seit 2006 UNESCO-Weltkulturerbe. Diese wunderschöne, mittelalterliche Stadt an den nördlichen Ufern der Donau bezaubert seine Besucher mit vielen Kulturdenkmälern, einem regen kulturellen Angebot, hervorragenden Restaurants und wunderschönen Geschäften, u.a. dem größten Hutsalon Deutschlands, dem Hutkönig! Lebensqualität wird in Regensburg ganz groß geschrieben, sogar der im Voralpenland übliche Föhn erreicht hier seine nördliche Grenze und stört selten. Man darf stolz sein, wenn man in dieser bayrischen Provinzstadt ansässig ist und in den Genuss kommt, Natur, Kultur, Historie, die Regensburger Domspatzen und im alten Bischofshof Kesselfleisch mit Bier und Blasmusik vom Feinsten zu genießen oder zum Märzenbieranstich im Brauhaus St. Emmeram zur Schweinshaxen eine ordentliche Portion bajuwarischen Lebensstil verpasst zu bekommen. In der uralten Metropole Regensburg leben Geschichte und Gegenwart ineinander verwoben aufs Schönste nebeneinander her. Steinreich war die Stadt schon vor 600 Jahren und die Wappen und Gemäuer wohlhabender Patrizier finden sich noch heute an den frisch sanierten Wohntürmen, den „Luxusanwesen" des Mittelalters. Wer Deutschland kennenlernen will, sollte Regensburg auf keinen Fall verpassen – und dies ist das völlig unsentimentale Urteil einer waschechten Preußin! Wir sind ja fair, wenn wir wollen …

Sünching, mein letztes kulinarisches Ziel, liegt nun im Landkreis Regensburg – mehr habe ich nicht gewusst, als ich meine Reise antrat. Als ich wieder zuhause ankam, hatte ich die beste Erdbeereisbombe der Welt kennengelernt und einen Palast besichtigt, der dem Bilderbuch des Rokoko entsprungen sein könnte. Nur wenige Kirchen oder Schlösser Altbayerns können sich rühmen, von den besten Künstlern ihrer Zeit gebaut, geschmückt und gestaltet worden zu sein. Aber François de Cuvilliés, Ignaz Günther, Franz Xaver Feichtmayr, Georg Desmarées – die hochrangigsten Koryphäen des 18. Jahrhunderts – haben sich bei der Konzeption Sünchings einen ehrgeizigen Wettstreit geliefert. Die exzellent erhaltenen Prunkräume eines der schönsten Rokoko-Schlösser Bayerns zeugen davon, denn sie sind mit dem Besten und Feinsten, was seinerzeit erworben werden konnte, prunkvoll und prachtvoll dekoriert. Sei es die Schlosskapelle mit dem Ignaz-Günther-Altar, sei es der berühmteste Rokokosaal ganz Süddeutschlands, dessen Ausmaße bei zwölf Meter Deckenhöhe mit einem gigantischen Deckenfresko der vier Jahreszeiten schlichtweg den Atem des Betrachters stocken lassen.

Baron Johann mit Frau Katalin und Tochter Antoinette bewohnen das achteckige Rokokokleinod.

Rocaillen, Ranken, Puttengruppen, symmetrisch angeordnete Kamine, verspiegelte Blindfenster in einem riesigen zweigeschossigen Rechteckraum bei hellen, weiß-blau gehaltenen, stukkatierten Wänden mit mannshohen Ölahnen. Füllhörner, aus denen die Früchte des Sommers hervorquellen, Jagdgöttin Diana nebst Hirschen im Rudel, Venus mit Granatapfel in der Hand, Bacchus, Rebhühner, Schnepfen, Göttinnen und Götter, Tag und Nacht – so spannt sich das Deckenfresko in all seiner Pracht über den bescheidenen Gast, der in Ehrfurcht schweigt.

Soll man vielleicht sagen: „Ihr wohnt aber nett.“? Und der Ballsaal sollte erst der Auftakt sein, denn darauf folgen sämtliche Nuancen des Themas „Prunk und Pracht in bayrischen Schlössern, die keiner kennt“! Vergessen Sie einfach Ihre Schöner-Wohnen-Magazine und befreien Sie sich von kleinlichen Maßstäben – es ist eine moralische Trainingseinheit zur Seelenhygiene nach dem Motto: „Neidfrei leben“. Nein, Sünching zu besuchen, ist nichts für neidische, kleinkarierte Naturen – man muss schon akzeptieren, dass man selbst im seichten Ende des bourgeoisen Pools watet. Und auch ein schönes Heim zu besitzen, minimiert sich zu völliger Bedeutungslosigkeit angesichts Sünchings. Die Schlosskapelle, das Chinesenzimmer, der Rote Salon, der Weiße Salon, der Blaue Salon, das Winterspeisezimmer, die Bibliothek oder die unzähligen Durchgangszimmer erteilen Angebern, Aufschneidern und Großmäulern, die sich was auf ihr scheußliches „Architektenhaus“ einbilden, eine Lektion. Sünching verweist alle auf ihre Plätze und erinnert an Fürstenpaläste des Osmanischen Reichs. Im Topkapi-Palast in Istanbul wurden mittags 15.000 Essen ausgeteilt. Nur um mal eine Hausnummer zu nennen. Lass es auf Sünching 150 Mahlzeiten gewesen sein, aber das ist doch schon einmal ein ambitionierter Anfang, sich an den Maßstäben zu orientieren, die in den 400 Jahren galten, als das Osmanische Reich von den Sultanaten regiert wurde. Mit normalen Dimensionen jedenfalls lässt sich Schloss Sünching kaum beschreiben.

Die hohe Stellung des Auftraggebers, aber auch sein erlesener Geschmack, ermöglichten es, diese einzigartige Konstellation von Hofmalern, Kunsthandwerkern, Schlossbaumeistern, Architekten und Stukkateuren zu vereinigen, damit sie sich in dieser einzigartigen Komposition in höchster Ästhetik entfalten. Schloss Sünching ist erfüllt vom schwingenden Rhythmus des feudalen Rokoko – Bescheidenheit war definitiv nicht Teil dieses Konzeptes! Wer hat eigentlich mit der „Bescheidenheit“ angefangen? Es würde mich mal interessieren, an welchen Projekten die Erfinder der Bescheidenheit sonst noch so gearbeitet haben? Auftraggeber des surrealen Spektakels in Sünching war Joseph Franz Graf von Seinsheim, dessen Vorfahren bereits seit 1573 auf Sünching im Labertal, einem sumpfigen Landstrich in der Donauebene, ansässig waren. Die Geschichte des Schlosses lässt sich bis ins 8. Jahrhundert zurückverfolgen. Von der damaligen Burganlage zeugt allerdings gar nichts mehr, denn nachdem im Jahre 1648 im Dorf die Pest gewütet, und man im Schloss die Kranken untergebracht hatte, entschloss man sich nach Erlöschen der tobenden Seuche, das gesamte Areal abzufackeln. Ja, die Vorfahren waren hart im Nehmen.

Hochrangige Dynastien hatten seit jeher auf Sünching gelebt, unter ihnen das Geschlecht der Sünchinger, im 14. Jahrhundert die Hofer, gefolgt von den Staufern. Im Jahre 1573 kam das Gut an den Freiherrn von Seinsheim, die 1705 zu Grafen erhoben wurden. Auf dieser verbrannten Erde nun, und nachdem der alte Schlossherr im Dreißigjährigen Krieg verschollen und das Besiztum gebrandschatzt worden war, fingen die nachfolgenden Besitzer ganz bei Null an. Wo Chaos ist, lässt sich gestalten – und der edle Bauherr Joseph Franz hatte kein geringeres Ziel, als gleich einem Phönix aus der Asche ein Barockjuwel entstehen zu lassen, welches seinesgleichen sucht. Des Freiherrn Plan ist geglückt! Zu Beginn des 20. Jahrhunderts war Karl Graf von Seinsheim der Besitzer, er war Reichsrat der Krone Bayerns und vererbte den Besitz 1910 an seine Tochter Gabriele Freifrau von Hoenning O'Carroll geborene Gräfin von Seinsheim. Als letzte Gräfin dieser 1958 ausgestorbenen Linie von Seinsheim war Gabriele die Großmutter meines Gastgebers Baron Johann Carl, dem sie Sünching als Erbe übertrug. Und meine reizende Gastgeberin, die geborene Gräfin Zichy zu Zich und Vásonykeö, die 1956 nach der Niederschlagung des Ungarischen Volksaufstandes mit ihrer Familie aus ihrer Heimat bei Sopron nach München fliehen musste und sich mit Eltern und zwei Schwestern beim Bauern ein Zimmer teilte, ist jetzt hier die Hausfrau. Nein, einladen möchte ich die Baronin nicht, in meine bescheidene Welt. Was soll sie denken, wenn man nur eine Villa mit Hanglage, einen Garten, keinen Park und nur eine einzige Gästetoilette hat?

Baronin Katalin und Baron Johann Carl Hoenning O'Carroll bewohnen Sünching mit Tochter Gräfin Antoinette und Enkelkindern, und die kleine Familie bewegt sich in diesen ungewöhnlichen Dimensionen ganz so wie in „einer schönen Wohnung". Das, was mich vor Bewunderung verstummen lässt, ist hier Normalität – Alltag. Täglich durchschreitet meine Gastgeberin die 60 Räume und wischt dabei ganz nebenbei den Staub – mit einem Baumwollhandschuh ausgerüstet, geht das gut von der Hand! Solch einen Besitz in Schuss zu halten, gelingt der Baronin mit routinierter Selbstverständlichkeit. Vorbei die Zeiten, als Katalin mit ihrer Schwester als Kind Kopf an Fuß im selben Bett schlief, jetzt wird im Ballsaal diniert. Lässt sich solch ein Haushalt überhaupt noch führen? Mir scheint, dass ein gewisser Pragmatismus nötig ist, um die gigantischen Ausmaße in den Griff zu kriegen. Hier hilft nicht kleckern, hier muss man klotzen – und die Baronin erwidert auf meine Frage, wer die 240 Fenster eigentlich putzt, ganz gelassen: „Einmal im Jahr kommt ein Putztrupp." An die prunkvollen Salons grenzen immer wieder Räumlichkeiten und Kabinetts, in denen sich jede „normale Hausfrau" wiedererkennt:

Porzellanminiaturen und Kristalllüster lieben es, vom guten, alten Staubwedel gestreichelt zu werden …

Das Bügelzimmer, die Wäschekammer, Schränke voller hauswirtschaftlicher Utensilien, ein Wäscheständer, auf dem Socken und Geschirrtücher erahnen lassen, dass in den musealen Räumlichkeiten ein üblicher Alltag abläuft.

Überhaupt entbehrt die Schlossherrin jeglicher Abgehobenheit und päsentiert mir mit eben jener Selbstverständlichkeit, mit der bourgeoisere Hausfrauen vielleicht ihren Kleingarten, die Tiefkühltruhe oder den Schuhschrank zeigen, mal eben die Ignaz-Günther-Kapelle mit Altar, Tabernakel, kerzenhaltenden Engeln, einer güldenen Strahlensonne mit Muttergottes, dem Jesuskind und den zwölf Aposteln. Auch hier wieder Deckenfresken, himmlische Szenerien mit Cherubinen und Serafinen, den Herrschaftssymbolen der Himmelskönigin und vor allem eine in rotem Samt ausgeschlagene Balustrade, die sich über die ebenerdigen Bänke und Sitzreihen erhebt. Die Sünchinger Kapelle hat Öffentlichkeitsrecht, die Messe zu zelebrieren, und hier oben auf der Balustrade, die man über die Beletage erreicht, empfängt die Familie Hoenning O'Carroll den Segen Gottes gemeinsam mit den Bauern und Bürgern.

Zuflucht beim Heiland in den eigenen vier Wänden zu finden, und die Möglichkeit zu haben, in „Puschen" und Schlafrock mal eben in die eigene Kapelle huschen zu können, dürfte wahrlich das obere Ende auf der Skala luxuriöser Privilegien sein. Dennoch steht die Baronin ihrem Lebensstil demütig gegenüber. Sie kann ja nichts dafür, dass es daheim bajuwarisch-barock zugeht – so war's in Sünching ja schon immer!

Über den berühmtesten Rokokosaal ganz Süddeutschlands spannt sich das gigantische Deckenfresko, das schon die prachtvollsten Feste gesehen hat!

Die attraktive und elegante Dame freut sich über unseren Besuch und gibt sich die größte Mühe, uns bestens vorbereitet zu empfangen. Voller Entgegenkommen und Interesse stellen sich Katalin und die eigens aus München angereiste Tochter Antoinette auf mein Projekt ein und gewähren mir völlige Freiheit im Schloss. Wenn man als kleine Familie in einem achteckigen, von Baumeister François de Cuvilliés entworfenen Landschloss lebt, so könnte das vielleicht dazu verleiten, die Bodenhaftung zu verlieren – oder abgeschottet hinter verschlossenen Türen auf den Rest der Menschheit hinabzuschauen. Das Gegenteil ist der Fall. Meine Gastgeber interviewen geradezu mich über meine Situation als freiberufliche, alleinerziehende Künstlerin und verleihen ihrem Respekt vor meiner Leistung Ausdruck. Soviel Achtung bin ich nicht gewohnt. Regelrecht enttäuscht zeigt sich die Baronin angesichts der Tatsache, dass Termingründe es mir nicht erlauben, auf Sünching zu übernachten. Die Hoenning O'Carrolls staunen darüber, dass ich sie bestaune, und so bestaunen wir uns gegenseitig. Ich sinniere auch offen über den ungewöhnlichen Nachnamen – und Baronin Katalin erklärt: „O'Carroll ist die Urgroßmutter fünften Grades meines Mannes, die irischer Abstammung war. Bei den O'Carrolls handelt es sich um irische Kleinkönige aus Elly, Mittelirland. Über Nordamerika und Weimar gelangten sie nach Bayern."

Die älteste Schwester konnte schon heiraten, als die jüngste geboren wurde.

Johann Carl Freiherr von Hoenning O'Carroll

Ich lernte die Baronin kennen, als ich die große Ehre hatte in der Rolle meines Lebens, nämlich der Operndiva Florence Foster Jenkins, in Regensburg zu gastieren! So trafen mich meine Gastgeber als Zuschauer und begegneten zuerst der Künstlerin Désirée Nick. Gefolgt von der Privatperson. Bei einem anschließenden Empfang in Regensburg, den die Betreiber des einzigartigen Bischofshofes mir zu Ehren organisiert hatten, beeindruckte mich die Baronin durch ihre unverhohlene Begeisterung und durch ihr kluges Einfühlungsvermögen. Und – ich gebe es zu – durch ihre ehrwürdige Erscheinung. Meine Gastgeberin ist ganz Grande Dame, und ich gestehe, so etwas gefällt mir. Eine Einladung nach Sünching folgte und ich reiste unbescholten und ahnungslos zum Kaffee an. Nun, ich hatte mich zwar nicht direkt auf ein gepflegtes Haus mit Wolkenstores, Gartenzwergen und Partykeller eingestellt, wäre aber trotzdem ohne Berührungsangst der Einladung zu Kaffee und Kuchen gefolgt. Aber ein derart heruntergespieltes Understatement, wie „Kommen Sie doch mal zu uns zum Kaffee nach Sünching", wenn daheim ein Deckenfresko das andere jagt, das lässt an Nonchalance ja wohl nichts zu wünschen übrig. Mein Gott, was soll ich nur sagen, wenn ich jemanden zu mir einladen möchte und mich bescheiden geben soll? Um sich Understatement leisten zu können, muss man ja erst einmal etwas besitzen, was heruntergespielt werden kann. Aber was sagt man, wenn man nur ein Einfamilienhaus hat? Geläutert von Sünching, werde ich in Zukunft einfach in meine Laube laden müssen.

Ich tue hiermit offiziell kund, dass mich die Baronin so schnell nicht wieder loswerden wird. Es war nämlich so gemütlich! Und wir haben ausgiebig „geratscht"! Zum Beispiel darüber, dass der Baron noch 13 Geschwister hat! Und so waren wir schnell bei einer meiner anderen Protagonistinnen, der Herzogin Alexandra von Croÿ: Das ist nämlich die Tochter der zweitältesten Schwester des Barons Johann Carl, geborene Agnes Freiin von

Hoenning O'Carroll. So bin ich nun dort gelandet, wo die hübsche Herzogin Alexandra von Croÿ aufwuchs und geheiratet hat. Wieder einmal eine dieser abstrusen Querverbindungen, die all meine Gastgeberinnen und Gastgeber letztlich zu einer einzigen großen Familie werden lassen. Doch bei unseren genealogischen Analysen spielt auch der Schlossherr seine besonderen Familienverhältnisse galant herunter. Ich hake dann doch verblüfft nach, ob es sich nicht befremdlich anfühlt, eines von 14 Kindern zu sein. Baron Hoenning sagt: „Nun ja, die 14 Kinder kamen ja nicht auf einmal – wir sind ja keine Dackel. Ich war der älteste Bub und hatte Zeit, mich daran zu gewöhnen." Zugegeben, als Einzelkind zeige ich mich beeindruckt von dem absoluten Spitzenergebnis seines berühmt-berüchtigt gutaussehenden Vaters, der seine Nachkommenschaft allerdings auf zwei Ehefrauen und über 20 Jahre verteilt hat. Was seiner Leistung keinen Abbruch tut. Zwischen 1935 und 1955 wurden die 14 Kinder geboren. „Die älteste Schwester konnte schon heiraten, als die jüngste geboren wurde", setzt der Baron hinzu. Ist das nicht eine herrliche Lebensaufgabe, den Mannesstamm zu stärken und die Nachkommenschaft zu sichern?

Beim Vater meines Gastgebers war doch wirklich immer ein Kind in der Produktion, darüber lässt sich nicht streiten. Aber es war ja auch endlos Platz auf Sünching und die Ausmaße der beiden riesigen Küchen stehen natürlich proportional im Verhältnis zur Größe des Schlosses. Da gibt es einmal eine nostalgische historische Küche mit wunderbarer Bügeleisensammlung und alten Küchengeräten, an der selten Veränderungen vorgenommen worden sind. Mühelos könnte man hier einen Film über das hauswirtschaftliche Leben eines Schlosses am Anfang des 20. Jahrhunderts drehen. Die Küche mutet zwar zu originell an, um wirklich praktisch zu sein, aber die Baronin Katalin hat in der Beletage, gleich auf der Ebene des Speisesalons und des großen Ballsaals, eine moderne, komfortable, perfekt ausgestattete Küche zur täglichen Nutzung. Mit Parkettfußboden! Ich mit meinem hauswirtschaftlichen Argusauge spreche sie natürlich gleich darauf an, weil ich assoziiere, wie dieser nicht-Meister-Propertaugliche Boden wohl leiden muss, wenn er den Strapazen des Alltags ausgesetzt ist. „Ach was", wiegelt die Baronin gleich ab, „da wird gewischt wie bei jedem anderen Boden auch!"

Das versiegelte Parkett der Sünchinger Schlossküche weist keinerlei Spuren des Missbrauchs auf und wird doch schonungslos der täglichen Hauswirtschaft ausgesetzt. Und hier zieht keiner die Schuhe aus und rutscht auf Socken rum, das mal ganz nebenbei. Richtig – mal wieder ist so ein verspanntes Vorurteil entlarvt, welches den Eindruck entstehen lässt, als hätten Küchen ein Dauerabonnement für Fliesenböden.

Aber wenn ich schon einmal da bin, so die Baronin, solle ich mir den Küchenvergleich erlauben, und wir beschließen mit der patenten Tochter des Hauses, der „Noffi", deren allseits beliebten ungarischen Kartoffelauflauf mit dem verwegenen Namen „Rakott Krumpli" in der unteren, alten Küche zuzubereiten, und oben in der ersten Etage mit der legendären Sünchinger Hochzeitstorte als Leibspeise nachzulegen. Wunderbar – ich nehme alles mit, was geboten wird. Was mag es wohl mit Rakott Krumpli auf sich haben? Zumindest ist dies eine Mini-Lektion in Ungarisch, denn der Name des Rezepts bedeutet „gelegte Kartoffeln". Dahinter verbirgt sich ein fast schon beschämend praktisches Rezept, welches die Baronin dank ihrer Großmutter Piroska Szinyei Merse bereits schon an die Generation ihrer Enkelinnen Sophie und Marie-Dorothee weitergegeben hat. Und die beiden 13- und 14-jährigen Mädchen wurden dadurch schon zu Trendsetterinnen, denn Rakott Krumpli ist eine herzhafte Leibspeise, die im Zuge vieler Geburtstagspartys und Kinderfeste populär wurde. Ein Kartoffelauflauf, der bei jungen Leuten en vogue ist, weil er bereits viele Wohngemeinschaften, Studentenbuden und Junggesellenhaushalte erobert hat!

Und ich garantiere für die Leibspeisentauglichkeit dieses Gerichts von anno dazumal. Mal wieder eine Trumpfkarte, die jeder Junggeselle aus dem Ärmel zaubern kann, wenn es mal eng wird. Aber auch Karrierefrauen werden davon begeistert sein, denn sie schätzen Aufläufe mit Raffinesse, die sich im Grunde von selbst kochen. Man benötigt eigentlich nur zwei Grundzutaten – jede Menge hartgekochte Eier, man könnte sagen, für jedes dritte Sünchinger „Zimmer" eins, also bei sechs Personen durchaus 20 Eier. Jeder, der in der Lage ist, diese Eier in einen Topf zu legen und sie mit Wasser bedeckt in ca. 10 Minuten hart zu kochen, kann praktisch eine Dinnerparty geben.

Dasselbe nämlich machen wir mit den ungeschälten Kartoffeln – einfach im Wasser kochen! Klappt doch, oder? Gefahrenpotential liegt hier nur darin, sie anbrennen zu lassen, indem man zum Beispiel Kartoffeln aufsetzt und ins Kino geht. Bei einem Hausmann dieser Couleur sollte man allerdings fragen, welche Problemlösungen der Hanswurst bereithält, wenn das Leben wirklich kompliziert wird? Also nutzen Sie den Indikator und stellen Sie einen potentiellen Bewerber als Mann auf die Probe, indem er als IQ-Test Rakott Krumpli macht. Wer das nicht schafft, der wird mangels Organisationstalent alsbald sowieso an seine Grenzen stoßen!

Und: Auch für faule und träge Hausfrauen ist der Rakott Krumpli eine attraktive Allzweckwaffe, denn das Schälen der Eier und Kartoffeln lässt sich heute mit Geräten erledigen – oder ans Personal delegieren! Ein Eierschneider und eine Gurkenreibe ist ein empfehlenswertes Hilfsmittel, wenn man die geschälten und über Nacht im Kühlschrank erkalteten Kartoffeln schön gleichmäßig präparieren möchte. Am besten aber, man befogt den therapeutischen Rat der Gräfin Antoinette. Sie sagte während ich ihr zur Hand ging:

Wenn man irgendwie sauer ist, schält und schnippelt man wahnsinnig gern!

Tochter Antoinette

Katalin Freifrau von Hoenning O'Carroll

Rakott Krumpli

Zutaten für 6 – 8 Personen:
Butter für die Form und zum Bestreuen
2,5 kg Kartoffeln, gekocht und geschält
20 Eier, gekocht und geschält
Salz
2 Becher Crème fraîche mit Kräutern
Schlagsahne
Pfeffer
evtl. Cornichons
evtl. Pizzakäse

Eine mit Butter ausgestrichene, gläserne Auflaufform wird abwechselnd mit Kartoffelscheiben und Eierscheiben schichtweise ausgelegt. Jede Kartoffelschicht wird gesalzen. Creme fraîche mit Kräutern mit etwas Sahne flüssig rühren und individuell mit Pfeffer abschmecken. Man kann auch eine Tiefkühlmischung Kräuter unterrühren oder noch kleine, fein gehackte Cornichons daruntermixen. Es muss sich insgesamt ein Messbecher sämige Sauce ergeben.

Über diese erste Schicht wird nun die Sauce gegossen. Dann folgt eine weitere Kartoffel- und Eierlage, die erneut mit Sauce übergossen wird. So geht es immer weiter, bis alle Zutaten aufgebraucht sind. Die oberste Schicht sind Kartoffeln, die mit restlicher Sauce und ein paar Butterflöckchen gekrönt werden. Man kann auch eine dicke Schicht Pizzakäse zur Abrundung darüberstreuen.

Den Auflauf auf die mittlere Schiene des Backofens geben und bei 200 Grad eine halbe Stunde goldbraun backen.

Wem dieses herzhafte und schlichte Gericht nicht schmeckt, mit dem stimmt was nicht! Sogar Vegetarier müssen an dieser Stelle zum Fan meines Kochbuches werden – denn die Ursprungsversion wird noch mit ungarischer Salami verfeinert.

Ungarisches Leibgericht

Schälen, schnippeln, pellen kann sehr meditativ sein!

Obwohl als Rakott Krumpli das Prädikat „ungarisch“ vor sich hertragend, wäre selbiger Auflauf auch auf jeder schweizerischen oder österreichischen Skihütte ein Renner. Der Auflauf hat internationalen Appeal! Ich wage die Prognose zu stellen, dass mit den „Gröschtl“ der Gräfin Eva zu Castell-Rüdenhausen und dem Rakott Krumpli der seligen Piroska ganze Fußballmannschaften zu befriedigen wären. Männer brauchen eingentlich gar nicht mehr. Und je verwöhnter sie sind, desto mehr freuen sie sich über das Kontrastprogramm verblüffend simpler Leibgerichte. Diese Kost wird auch bald Ihren Speisezettel bereichern, da bin ich mir ganz sicher!

Und idealerweise folgt auf diese rustikale Hausmannskost dann nicht nur ein Wechsel der Küche, sondern auch die legendäre Sünchinger Hochzeitsbombe. Der imposanten Eisbombe eilt ein großer Ruf voraus, denn sie fehlt bei keiner Festlichkeit, krönt jedes Buffet, hat sich nie verändert und wurde in den Katakomben der k.u.k-Monarchie zur Vollendung gebracht. Eigentlich handelt es sich hierbei um eine Variante des Scheiterhaufens (den wir schon bei Jutta Gräfin Reventlow probiert haben) oder der britischen Lieblingsspeise Eton Mess. Man nehme Schlagsahne, Baiser, Vanillinzucker und Erdbeeren. Auch diese Einkaufsliste dürfte selbst von schlichten Gemütern zu bewältigen sein.

Baiser ist meines Erachtens sowieso eine völlig zu unrecht in Vergessenheit geratene Angelegenheit: keine Zutat, die man in solchen Mengen vorrätig haben kann – die Haltbarkeit entspricht in etwa der von Reiskeksen: nämlich bis in die Unendlichkeit. Nun kann man auch hier die Billigvariante oder die schön gespritzten vom Konditor wählen, welche eher eierschalfarben als blendend weiß sind und in Österreich „Donauwellen“ heißen. Eigentlich spielt aber auch das keine wirklich wichtige Rolle, weil das Baiser von helfenden Händen in mundgerechte Stücke zerbrochen werden soll – Kinder lieben es, hier zu assistieren. Dann brauchen Sie eine Plastikschüssel – am besten die zusammenfaltbaren, modernen Silikonschüsseln, die man nämlich abrollen kann, wenn es ans Stürzen geht. Gelernt habe ich auch von der im großen Stile wirtschaftenden Baronin Katalin, gleich mehrere Bomben zu machen. Wenn man eh dabei ist und das Wunderwerk nur dreier Handgriffe bedarf, warum dann nicht an Vorratswirtschaft denken? Es wäre ein Knüller, die Bomben immer in der Kühlung vorrätig zu haben, dem Überraschungsbesuch dürfte keine andere Wahl bleiben, als vor Ihnen niederzuknien, wenn Sie mir nichts, dir nichts eine Sünchinger Hochzeitsbombe aus dem Hut zaubern.

Wie einfach das Ganze aber herzustellen ist, das sollte eigentlich ein kostbar gehütetes Geheimnis bleiben – das Rezept den beeindruckten Gästen zu verraten, kommt eigentlich einer Desillusionierung gleich, die nur Männern bekannt sein dürfte, die erleben müssen, wie eine schöne Frau vor dem Zubettgehen alles raus oder runter nimmt und in eine Schublade legt. Es gibt eben gewisse Dinge, die sollte man heimlich erledigen – und die Sünchinger Hochzeitsbombe ist ein Leibspeisenrezept, das man sich zusteckt, einander vererbt oder bestenfalls der Busenfreundin flüstert. Als Autorin eines Kochbuchs über fürstliche Leibspeisen garantiere ich Ihnen in aller Diskretion, dass dieses wunderbare Geheimrezept nur unter uns bleibt!

Katalin Freifrau von Hoenning O'Carroll

Sünchinger Hochzeitsbombe

Zutaten für 1 Hochzeitsbombe:
1 l Schlagsahne
30 handtellergroße Baisers (bei kleineren, preiswerteren brauchen Sie natürlich 60 Stück, diese müssen dann aber auch nicht mehr zerbrochen werden)
5 Pck. Vanillezucker
500 g Erbeeren (geputzt und mit der unteren Kante gerade abgeschnitten, damit sie gut stehen können)

Die Schlagsahne mit dem Vanillezucker nicht ganz steif schlagen. Baisers zerteilt unter die Schlagsahnemasse heben.

Diese Mischung in eine Plastikschüssel geben und glattstreichen. Mit einem Deckel verschließen und in die Tiefkühltruhe stellen.

Nach dem Einfrieren die Plastikschüssel in heißes Wasser tauchen und kurz antauen lassen.
Dann stürzen. Bei modernen Silikonformen geht dies mühelos durch Abrollen der Hülle.
Die Eiskugel wird sodann mit den Erdbeeren verziert. Sie muss schnell serviert werden, da sie langsam, aber attraktiv vor sich hinschmilzt und die Konsistenz verändert.

Die charmante Baronin mit ihrer Assistentin …

… die die Sünchinger Hochzeitsbombe für einen Knaller hält!

Wie Mutter und Tochter, alias Baronin Katalin und Gräfin Antoinette mir versichern: Bei jedem Fest sind diese Eisbomben der Knüller und müssen en gros vorbereitet werden! Bei unserem kleinen Familienessen am Nachmittag war die Bombe so schnell verputzt, dass ihr nicht mal mehr das Stadium des langsamen Dahinschmelzens vergönnt war. Mal wieder habe ich dreimal zugelangt, sorry, zulangen müssen – ich habe ja kein Herz aus Stein! Probieren Sie dieses „Geheimrezept" aus – perfekt für jedes Familienessen und ideal auch für Tafeln mit Kindern. Nichts wird bei einer Hochzeitsbombe übrig bleiben, denn man kann dem zart schmelzenden Sahneeis in Kombination mit dem knusprigen Baiser und dem fruchtigen Aroma der Erdbeeren einfach nicht widerstehen! Die Sünchinger Hochzeitsbombe ist für die Geschmacksknospen von Zunge und Gaumen echte Erlebnisgastronomie! Eine fürstliche Leibspeise, ohne die ich jedenfalls nicht mehr leben kann, und ich verstehe auch nicht, wie es passieren konnte, dass ich bislang ein armseliges Dasein ohne Rakott Krumpli und Sünchinger Hochzeitsbombe führen musste! Das war ein grober Fehler. Ja, nach meinem Besuch auf Schloss Sünching habe ich mein Leben in zwei große Abschnitte eingeteilt: Es gibt ein Leben vor und ein Leben nach der Sünchinger Hochzeitsbombe! Auf Sünching habe ich alles bekommen, was man zum Überleben braucht: Kunst, Kultur, Kartoffeln, jede Menge harte Eier und eine Eisbombe!

Karl Graf zu Castell-Rüdenhausen

Nachwort

Das Ungewöhnliche war es, was mich an diesem Projekt reizte: „Gerichte mit Geschichte", dieser Titel gefällt mir! Nicht nur weil ich einem Kochbuch zunächst skeptisch gegenüber stand – gibt es doch wirklich genügend auf dem Markt – sondern, weil dieser Satz unser gemeinsames Werk genau beschreibt.

Eben nicht nur Leibgerichte auserwählter Namensträger bekannter Adelsfamilien werden in diesem Buch vorgestellt, auch Informationen über Familie und Haus werden zwar komprimiert, aber korrekt wiedergegeben. Zu zeigen, aus welchen Wurzeln die Vorfahren heranwuchsen und wie sie es schafften, über Jahrhunderte ihre Besitztümer zu erhalten, wird aus diesen Geschichten klar. Aber auch, wie manche Familien nach Krieg, Vertreibung und Flucht einen Neuanfang wagen mussten.

Dies alles ausgerechnet in einem Kochbuch zu vereinen ist ungewöhnlich, aber originell und neu.

Dass ausgerechnet die erfolgreichste Entertainerin Deutschlands, im ganzen Land bekannt für ihre spitze Zunge, die Texte schreibt, schien mir obendrein noch spannend zu werden.

Und Recht sollte ich haben. Es war eine sehr unterhaltsame Zeit, zusammen mit Désirée Nick von Schloss zu Palast, von Villa zu Burg zu reisen, um durchweg nette sympathische Menschen kennenzulernen. Natürlich kannte ich einige schon vorher oder bin mit dem einen und anderen verwandt. Aber einen Großteil der Familien lernte ich erst durch das gemeinsame Buchprojekt kennen. Wir waren stets willkommen und fühlten uns bei allen sehr wohl.

Désirée ist mit Feingefühl das gelungen, was viele versuchten, aber nicht hinbekamen. Ein Werk zu schaffen, das informativ und unterhaltsam zugleich ist.

Ich glaube, bei ihr macht es die Mischung aus Neugier, Humor, Menschenkenntnis, sowie guter Schreibe gepaart mit kindlicher Begeisterungsfähigkeit. Ich jedenfalls bin von ihren Texten sehr angetan und möchte diese Gelegenheit nutzen, ihr von Herzen zu danken, dass sie mich zu ihrem Fotografen auserkoren hat.

Der Fotograf mit seiner Lieblingsautorin: ein ideales Team!

Liebe Désirée, es war mir eine Freude, mit Dir dieses Buch zu machen, vielen Dank!

Karl Graf zu Castell-Rüdenhausen

Dankwort

Viele Menschen haben das Wachstum und Erblühen dieses Werkes begleitet. Ihnen sei mein aufrichtiger Dank gewidmet. Denn dieses Buch ist ein öffentlicher Liebesbrief.

Die Refugien, die ich durchstöberte, beobachtete ich stets mit liebevoller Zuneigung, mit Zurückhaltung und vor allem mit Dankbarkeit für das mir geschenkte Vertrauen. Die Fähigkeit, mich auf dieses sehr persönliche und besondere Projekt einzulassen, verdanke ich auch meiner eigenen Kinderstube. Unser häusliches Klima hat mich demütig und bescheiden werden lassen. Und es verlieh mir Antennen, mit denen ich Dinge wahrnahm, die sich anderen verschlossen.

Es ist mir eine große Ehre, Persönlichkeiten in den Mittelpunkt rücken zu dürfen, die Königinnen und Könige sind – in ihrem eigenen Reich! Und jede einzelne Schlossherrin und jeder einzelne Burgherr stellt für mich eine Kostbarkeit dar. Gleich einer polierten Perle erstrahlen meine Protagonisten, und glänzen durch ihre ganz individuelle Note, die aufzuspüren stets vergnüglich war. Somit reihen sich nach sechs Monaten meiner Schlössertour die handverlesenen Gastgeber aneinander wie die Perlen eines kostbaren Colliers: eine bezaubernder als die andere! Und neben diesem illustren Reigen standesbewusster Persönlichkeiten, die sich hier im fürstlichen Leibspeisenalmanach präsentieren, trete ich gerne in den Hintergrund.

Mein Dank gilt jenen, die mich empfohlen oder aber selbst angesprochen haben – ganz besonders jedoch danke ich den Weggefährtinnen, die mir schon immer, teilweise seit über 25 Jahren, Freundin und Vertraute geblieben sind. Die einzelnen Abschnitte der Kapitel enthüllen den Reigen langjähriger Verbindungen, auf denen unsere Freundschaften basieren, doch keine der Jugendfreundinnen konnte einst ahnen, dass „Gerichte mit Geschichte“ einmal unsere gemeinsame Vergangenheit dokumentieren würde – am wenigsten ich selbst!

Ich danke deshalb besonders dem Hause Solms-Laubach mit seiner umfangreichen Verwandtschaft unterschiedlichster Nachnamen, und den sich daraus ergebenden Familienzweigen von Cousins und Cousinen, die zum Ausgangspunkt meines Leibspeisennetzwerkes wurden. Dieser Dank schließt insbesondere meinen Haus- und Hoffotografen Karl Graf zu Castell-Rüdenhausen ein, der mir durch seine wertvolle Unterstützung, die stete Hilfsbereitschaft, zuverlässige Rückendeckung und den geduldigen Einsatz ein loyaler Kollege, Berater und vor allem harmonischer Reisekompagnon wurde. Die gemeinsamen Verköstigungen und Anekdoten zwischen Raststätte, Bahnhofshalle, Beisl, Burg und Palais, auf die wir zurückblicken können, sind inzwischen zahllos. Wir könnten dank der vielen Anfragen mühelos einen zweiten Band bestücken. Gezeigt wird hier nur eine minimale Auswahl all der Fotografien, die mein emsiger Begleiter zusammengestellt hat. Die Auswahl der stimmungsvollen Motive hat mich wahrlich schlaflose Nächte gekostet, denn „gut“ waren die Bilder alle … Ins Buch schafften sie es aber als Impression nur unter strengsten Kriterien!

Daher muss ich auch dem Fotografen, Cousin und Freund Anton Königs danken, auf dessen Empfehlung hin das Leibspeisenteam von Autorin und Fotograf zusammengeführt wurde: Er hat damit den Beginn einer richtungsweisenden Zusammenarbeit gestiftet! Ohne Anton wäre dies ein anderes Buch geworden!

Ebenso haben einige Freundinnen mit ihrer persönlichen Empfehlung starken Einfluss auf die Entwicklung dieses Werkes genommen: Überall war man neugierig auf mich und ich möchte in meinem Dank all jene hervorheben, die mich zuvor noch nicht persönlich kannten. Diese charmanten Gastgeber ermöglichten, dass ich intime Bereiche beleuchten durfte, die anderen Schlossgästen immer verschlossen bleiben.

Ohne den kooperativen Einsatz und die besondere Hilfsbereitschaft von Sophie Gräfin Trauttmansdorff wäre das Werk nicht so facettenreich ausgefallen. Denn es war Sophie, welche die Brücke zu den Gastgebern in Österreich schlug. Hier hatte ich die große Freude im Nu als Wanderpokal herumgereicht zu werden, so dass sich für mich die schmiedeeisernen Tore der schönsten und verstecktesten Refugien öffneten. Ich werde auch diese Hilfe nie vergessen und bin dankbar für den mir entgegengebrachten Vertrauensvorschuss. Neugierig bin ich schon auf die unzähligen Besitze, die wir leider dieses Mal zurückstellen mussten, die es aber verdient hätten, durch ihre Geschichte und die ihrer Besitzer aufgespürt zu werden. Daher kann ich nur wünschen, dass es nicht meine letzte Tour durch die schönen, privaten Schlösser der k.u.k-Monarchie war.

Ans Herz gewachsen ist mir auch das Engagement meiner ersten Gastgeberinnen, der Freifrau Rosalie von Landsberg-Velen, und der Gräfin Annabelle von Oeynhausen-Sierstorpff, die begeistert dazu beitrugen, dass sich durch ihre Empfehlung der Reigen der Protagonisten glanzvoll erweiterte. An dieser Stelle gilt mein Dank auch der reizenden Baronin Hoenning O'Carroll, die vorbehaltlos ihre Kontakte in Bayern zur Verfügung stellte und immer hilfreiche Unterstützung anbot. Auf das Angebot bei Kost und Logis auf Sünching zu verweilen, komme ich noch gerne oft zurück! In Regensburg möchte ich auch der Familie Birnthaler danken, die immer im Hotel Goliath und im Bischofshof für mich Platz schafften, wenn ich mich auf der Durchreise spontan ankündigte! Ich werde auf zukünftigen Schlössertouren jeden erdenklichen Umweg nehmen, um mein Haupt in euren prachtvollen Regensburger Domizilen zu betten: Gastfreundschaft auf höchstem gastronomischem Niveau!

Der Vasengang auf Schloss Dennenlohe verführt zum Lustwandeln – genau dafür wurde er konzipiert. Und weil wir brav sind, nutzen wir ihn!

Doch das wunderbare Buch wäre nicht zustande gekommen, wäre ich nicht dem Verleger Herrn Werner Schulte vom Lingen Verlag auf der Buchmesse 2010 begegnet. Er witterte sofort, was meine Vision war und ebnete gemeinsam mit meinem Lektor Heinrich Hengst den Weg für die hochprofessionelle Umsetzung dieses Adelsalmanachs der fürstlichen Leibspeisen, das in keiner gut sortierten Bibliothek fehlen sollte. Gemeinsam mit den Grafikern haben wir in diesen Monaten ein Team gebildet, auf das ich mich immer verlassen konnte und welches stets der Spur folgte, die sich auftat. Das gesamte Team des Lingen Verlags wurde mir zum treuen Begleiter und mein Leben wird eine große Leere aufweisen, wenn es keinen zweiten Band gibt!

Nicht zuletzt danke ich meinem Haus- und Hofcouturier Thomas Rath, der mir seine Kreationen lustvoll auf den Leib geschneidert hat. Couture ist eben doch etwas anderes als Prêt-à-porter! Das Düsseldorfer Atelier von Thomas und Sandro Rath trug dazu bei, dass ich mich stets nicht nur „angezogen", sondern modisch verstanden gefühlt habe. Es war mir die größte Freude, immer wieder auf Eure Kollektion zurückzugreifen! Ich danke aber auch der Unterstützung durch meine Designer-Freundin Astrid Söll für das maßgeschneiderte Prunkdirndl und Guido Maria Kretschmer für den Entwurf des cremefarbenen Spitzenkleides, das ich auf dem Buchcover trage. Mode hat in meinem Leben immer eine große Rolle gespielt, natürlich neben dem Kochen – und was gibt es Schöneres für eine Hausfrau, als elegant gekleidet am Herd zu stehen? Geschminkt und frisiert habe ich mich aber selbst – schließlich bilden wir ja das wahre Leben ab …!

Bildnachweis:
fotobeam.de – Fotolia.com: S. 50
Gut Wulfshagen / Halle400: S. 36 o., 41 o.
Michael Tovar: S. 32, 33 u.
Marion Schröder: S. 210, 211
Peter Schmelzle: S. 101 u.l.
Picture Alliance – dpa: S. 18 u., 21 r., 22.u., 75 u.l., 92
Schloss Dennenlohe: S. 42
Schloss Wocklum: S. 16
Karl Graf zu Castell-Rüdenhausen: alle übrigen Fotos

Brügelmannstr. 3, 50679 Köln

Autorin: Désirée Nick
Projektleitung und Redaktion: Heinrich Hengst
Layout: Andrea Poss
Satz: Barbara Reiser, Bischofsheim
Titelbild: Robert Recker, www.robert-recker.de
ISBN 978-3-941118-92-8
Printed in Germany

www.lingenverlag.de
www.desiree-nick.de
www.facebook.com/DesireeNick

kick.management GmbH

Büro Köln
Burgunderstr. 8
50677 Köln
Tel.: +49 (0) 221 3386-0
info@kick-management.de

Büro Berlin
Kantstr. 149 (Hinterhaus)
10623 Berlin
Tel.: +49 (0) 30 680 79 412-0